The
Complete Works
of
Yu Wujin

俞 吾 金 全 集

第 12 卷

哲学观与
哲学教育论集

俞吾金 著

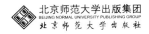

北京师范大学出版集团
BEIJING NORMAL UNIVERSITY PUBLISHING GROUP
北京师范大学出版社

俞吾金教授简介

俞吾金教授是我国著名哲学家，1948 年 6 月 21 日出生于浙江萧山，2014 年 10 月 31 日因病去世。生前任复旦大学文科资深教授、哲学学院教授，兼任复旦大学学术委员会副主任暨人文学术委员会主任、复旦大学学位委员会副主席暨人文社科学部主席、复旦大学国外马克思主义与国外思潮研究中心（985 国家级基地）主任、复旦大学当代国外马克思主义研究中心（教育部重点研究基地）主任、复旦大学现代哲学研究所所长；担任教育部社会科学委员会委员、教育部哲学教学指导委员会副主任、国务院哲学学科评议组成员、全国外国哲学史学会常务理事、全国现代外国哲学学会副理事长等职；曾任德国法兰克福大学和美国哈佛大学访问教授、美国 Fulbright 高级讲座教授。俞吾金教授是全国哲学界首位长江学者特聘教授、全国优秀教师和国家级教学名师。俞吾金教授是我国八十年代以来在哲学领域最具影响力的学者之一，生前和身后出版了包括《意识形态论》《从康德到马克思》《重新理解马克思》《问题域的转换》《实践与自由》《被遮蔽的马克思》等在内的 30 部著作（包括合著），发表了 400 余篇学术论文，在哲学基础理论、马克思主义哲学、外国哲学、国外马克思主义、当代中国哲学文化和美学等诸多领域都有精深研究，取得了令人瞩目的成就，为深入推进当代中国哲学研究做出了杰出和重要的贡献。

《俞吾金全集》主编

汪行福　吴　猛

《俞吾金全集》编委会（按姓名拼音排序）

本卷编校组

汪秀丽　张　娜

序　言

俞吾金教授是我国哲学界的著名学者，是我们这一代学人中的出类拔萃者。对我来说，他既是同学和同事，又是朋友和兄长。我们是恢复高考后首届考入复旦大学哲学系的，我们住同一个宿舍。在所有的同学中，俞吾金是一个好学深思的榜样，或者毋宁说，他在班上总是处在学与思的"先锋"位置上。他要求自己每天读150页的书，睡前一定要完成。一开始他还专注于向往已久的文学，一来是"文艺青年"的夙愿，一来是因为终于有机会沉浸到先前只是在梦中才能邂逅的书海中去了。每当他从图书馆背着书包最后回到宿舍时，大抵便是熄灯的前后，于是那摸黑夜谈的时光就几乎被文学占领了。先是莎士比亚和歌德，后来大多是巴尔扎克和狄更斯，最后便是托尔斯泰和陀斯妥耶夫斯基了。好在一屋子的室友都保留着不少的文学情怀，这情怀有了一个共鸣之地，以至于我们后来每天都很期待去分享这美好的时刻了。

但是不久以后，俞吾金便开始从文学转到哲学。我们的班主任老师，很欣赏俞吾金的才华，便找他谈了一次话，希望他在哲学上一展才华。不出所料，这个转向很快到来了。我们似乎突然发现他的言谈口吻开始颇有些智者派的风格了——这一步转得很合适也很顺畅,正如黑格尔所说,智者们就是教人熟悉思维,以代替"诗篇的知识"。还是在本科三年级,俞吾金就在《国内哲学动态》上发表了他的哲学论文《"蜡块说"小考》,这在班里乃至于系里都引起了不小的震动。不久以后,他便在同学中得了个"苏老师"(苏格拉底)的雅号。看来并非偶然,他在后来的研究中曾对智者派(特别是普罗泰戈拉)专门下过功夫,而且他的哲学作品中也长久地保持着敏锐的辩才与文学的冲动;同样并非偶然,后来复旦大学将"狮城舌战"(在新加坡举行的首届国际华语大专辩论赛)的总教练和领队的重任托付给他,结果是整个团队所向披靡并夺得了冠军奖杯。

本科毕业后我们一起考上了研究生,1984 年底又一起留校任教,成了同事。过了两年,又一起考上了在职博士生,师从胡曲园先生,于是成为同学兼同事,后来又坐同一架飞机去哈佛访学。总之,自 1978年进入复旦大学哲学系以来,我们是过从甚密的,这不仅是因为相处日久,更多的是由于志趣相投。这种相投并不是说在哲学上或文学上的意见完全一致,而是意味着时常有着共同的问题域,并能使有差别的观点在其中形成积极的和有意义的探索性对话。总的说来,他在学术思想上始终是一个生气勃勃地冲在前面的追问者和探索者;他又是一个犀利而有幽默感的人,所以同他的对话常能紧张而又愉悦地进行。

作为哲学学者,俞吾金主要在三个方面展开他长达 30 多年的研究工作,而他的学术贡献也集中地体现在这三个方面,即当代国外马克思主义、马克思哲学、西方哲学史。对他来说,这三个方面并不是彼此分离的三个领域,毋宁说倒是本质相关地联系起来的一个整体,并且共同服务于思想理论上的持续探索和不断深化。在我们刚进复旦时,还不知"西方马克思主义"为何物;而当我们攻读博士学位时,卢卡奇的《历史与阶级意识》已经是我们必须面对并有待消化的关键文本了。如果说,这部开端性的文本及其理论后承在很大程度上构成了与"梅林—普列汉诺夫正统"的对立,那么,系统地研究和探讨国外马克思主义的立场、观点和方法，就成为哲学研究（特别是马克思主义哲学研究）的一项重大任务了。俞吾金在这方面是走在前列的，他不仅系统地研究了卢卡奇、科尔施、葛兰西等人的重要哲学文献，而且很快又进入到法兰克福学派、存在主义的马克思主义、弗洛伊德主义的马克思主义、结构主义的马克思主义，等等。不久，哲学系组建了以俞吾金为首的当代国外马克思主义教研室，他和陈学明教授又共同主编了在国内哲学界影响深远的教材和文献系列，并有大量的论文、论著和译著问世，从而使复旦大学在这方面成为国内研究的重镇并处于领先地位。2000 年，教育部在复旦建立国内唯一的"当代国外马克思主义研究中心"（人文社会科学重点研究基地），俞吾金自此一直担任该基地的主任，直到 2014 年去世。他组织并领导了内容广泛的理论引进、不断深入的学术研究，以及愈益扩大和加深的国内外交流。如果说，40 年前人们对当代国外马克思主义还几乎一无所知，而今天中国的学术界已经能够非常切近地追踪到其前沿了，那么，这固然取决于学术界同仁的共同努力，但俞吾金却当之无愧地属于其中的居功至伟者之一。

当俞吾金负责组建当代国外马克思主义学科时，他曾很热情地邀请我加入团队，我也非常愿意进入到这个当时颇受震撼而又所知不多的新领域。但我所在的马克思主义哲学史教研室却执意不让我离开。于是他便对我说：这样也好，"副本"和"原本"都需要研究，你我各在一处，时常可以探讨，岂不相得益彰？看来他对于"原本"——马克思哲学本身——是情有独钟的。他完全不能满足于仅仅对当代国外马克思主义的各种文本、观点和内容的引进介绍，而是试图在哲学理论的根基上去深入地理解它们，并对之开展出卓有成效的批判性发挥和对话。为了使这样的发挥和对话成为可能，他需要在马克思哲学基础理论的研究方面获得持续不断的推进与深化。因此，俞吾金对当代国外马克思主义的探索总是伴随着他对马克思哲学本身的研究，前者在广度上的拓展与后者在深度上的推进是步调一致、相辅相成的。

在马克思哲学基础理论的研究领域，俞吾金的研究成果突出地体现在以下几个方面。第一，他明确主张马克思哲学的本质特征必须从其本体论的基础上去加以深入的把握。以往的理解方案往往是从近代认识论的角度提出问题，而真正的关键恰恰在于从本体论的层面去理解、阐述和重建马克思哲学的理论体系。我是很赞同他的这一基本观点的。因为马克思对近代哲学立足点的批判，乃是对"意识"之存在特性的批判，因而是一种真正的本体论批判："意识在任何时候都只能是被意识到了的存在，而人们的存在就是他们的现实生活过程。"这非常确切地意味着马克思哲学立足于"存在"——人们的现实生活过程——的基础之上，而把意识、认识等等理解为这一存在过程在观念形态上的表现。

因此，第二，就这样一种本体论立场来说，马克思哲学乃是一种"广义的历史唯物主义"。俞吾金认为，在这样的意义上，马克思哲学的本体论基础应当被把握为"实践—社会关系本体论"。它不仅批判地超越了以往的本体论（包括旧唯物主义的本体论）立场，而且恰恰构成马克思全部学说的决定性根基。因此，只有将马克思哲学理解为广义的历史唯物主义，才能真正把握马克思哲学变革的实质。

第三，马克思"实践"概念的意义不可能局限在认识论的范围内得到充分的把握，毋宁说，它在广义的历史唯物主义中首先是作为本体论原则来起作用的。在俞吾金看来，将实践理解为马克思认识论的基础与核心，相对于近代西方认识论无疑是一大进步；但如果将实践概念限制在认识论层面，就会忽视其根本而首要的本体论意义。对于马克思来说，至为关键的是，只有在实践的本体论层面上，人们的现实生活才会作为决定性的存在进入到哲学的把握中，从而，人们的劳动和交往，乃至于人们的全部社会生活和整个历史性行程，才会从根本上进入到哲学理论的视域中。

因此，第四，如果说广义的历史唯物主义构成马克思哲学的实质，那么这一哲学同时就意味着"意识形态批判"。因为在一般意识形态把思想、意识、观念等等看作是决定性原则的地方，唯物史观恰恰相反，要求将思想、意识、观念等等的本质性导回到人们的现实生活过程之中。

在此意义上，俞吾金把意识形态批判称为"元批判"，并因而将立足于实践的历史唯物主义叫做"实践诠释学"。所谓"元批判"，就是对规约人们的思考方式和范围的意识形态本身进行前提批判，而作为"实践诠释学"的历史唯物主义，则是在"元批判"的导向下去除意识形态之蔽，从而揭示真正的现实生活过程。我认为，上述这些重要观点不仅在当时是先进的和极具启发性的，而且直到今天，对于马克思哲学之实质的理解来说，依然是关乎根本的和意义深远的。

俞吾金的博士论文以《意识形态论》为题，我则提交了《历史唯物主义的主体概念》和他一起参加答辩。答辩主席是华东师范大学的冯契先生。冯先生不仅高度肯定了俞吾金对马克思意识形态批判理论的出色研究，而且用"长袖善舞"一词来评价这篇论文的特点。学术上要做到长袖善舞，是非常不易的：不仅要求涉猎广泛，而且要能握其枢机。俞吾金之所以能够臻此境地，是得益于他对哲学史的潜心研究；而在哲学史方面的长期探索，不仅极大地支持并深化了他的马克思哲学研究，而且使他成为著名的西方哲学史研究专家。

就与马哲相关的西哲研究而言，他专注于德国古典哲学，特别是康德、黑格尔哲学的研究。他很明确地主张：对马克思哲学的深入理解，一刻也离不开对德国观念论传统的积极把握；要完整地说明马克思的哲学革命及其重大意义，不仅要先行领会康德的"哥白尼式革命"，而且要深入把握由此而来并在黑格尔那里得到充分发展的历史性辩证法。他认为，作为康德哲学核心问题的因果性与自由的关系问题，在"按照自然律的因果性"和"由自由而来的因果性"的分析中，得到了积极的推进。黑格尔关于自由的理论可被视为对康德自由因果性概念的一种回应：为了使自由和自由因果性概念获得现实性，黑格尔试图引入辩证法以使自由因果性和自然因果性统一起来。在俞吾金看来，这里的关键在于"历史因果性"维度的引入——历史因果性是必然性的一个方面，也是必然性与自由相统一的关节点。因此，正是通过对黑格尔的精神现象学、法哲学和历史哲学等思想内容的批判性借鉴，马克思将目光转向人类社会发展中的历史因果性；但马克思又否定了黑格尔仅仅停留于单纯精神层面谈论自然因果性和历史因果性的哲学立场，要求将这两种因果性结合进现实的历史运动中，尤其是使之进入到对市民社会的解剖中。这个例子可以表明，对马克思哲学之不断深化的理解，需要在多大程度上深入到哲学史的领域之中。正如列宁曾经说过的那样：不读黑格尔的《逻辑学》，便无法真正理解马克思的《资本论》。

就西方哲学的整体研究而言，俞吾金的探讨可谓"细大不捐"，涉猎之广在当代中国学者中是罕见的。他不仅研究过古希腊哲学（特别是柏拉图和亚里士多德哲学），而且专题研究过智者派哲学、斯宾诺莎哲学和叔本华哲学等。除开非常集中地钻研德国古典哲学之外，他还更为宏观地考察了西方哲学在当代实现的"范式转换"。他将这一转换概括为"从传统知识论到实践生存论"的发展，并将其理解为西方哲学发展中的一条根本线索。为此他对海德格尔的哲学下了很大的功夫，不仅精详地考察了海德格尔的"存在论差异"和"世界"概念，而且深入地探讨了海德格尔的现代性批判及其意义。如果说，马克思的哲学变革乃是西方哲学范式转换中划时代的里程碑，那么，海德格尔的基础存在论便为说明这一转换提供了重要的思想材料。在这里，西方哲学史的研究再度与马克思哲学的研究贯通起来：俞吾金不仅以哲学的当代转向为基本视野考察整个西方哲学史，并在这一思想转向的框架中理解马克思的哲学变革，而且站在这一变革的立场上重新审视西方哲学，特别是德国古典哲学和当代西方哲学。就此而言，俞吾金在马哲和西哲的研究上可以说是齐头并进的，并且因此在这两个学术圈子中同时享有极高的声誉和地位。这样的一种研究方式固然可以看作是他本人的学术取向，但这种取向无疑深深地浸染着并且也成就着复旦大学哲学学术的独特氛围。在这样的氛围中，当代国外马克思主义的研究要立足于对马克思哲学本身的深入理解之上，而对马克思哲学理解的深化又有必要进入到哲学史研究的广大区域之中。

今年10月31日，是俞吾金离开我们10周年的纪念日。十年前我曾撰写的一则挽联是："哲人其萎乎，梁木倾颓；桃李方盛也，枝叶滋荣。"我们既痛惜一位学术大家的离去，更瞩望新一代学术星丛的冉冉升起。十年之后，《俞吾金全集》由北京师范大学出版社出版了——这是哲学学术界的一件大事，许多同仁和朋友付出了积极的努力和辛勤的劳动，我们对此怀着深深的感激之情。这样的感激之情不仅是因为这部全集的告竣，而且因为它还记录了我们这一代学者共同经历的学术探索道路。一代人有一代人的使命，俞吾金勤勉而又卓越地完成了他的使命：他将自己从事哲学的探索方式和研究风格贡献给了复旦哲学的学术共同体，使之成为这个共同体悠长传统的组成部分；他更将自己取得的学术成果作为思想、观点和理论播洒到广阔的研究领域，并因而成为进一步推进我国哲学学术的重要支点和不可能匆匆越过的必要环节。如果我们的读者不仅能够从中掌握理论观点和方法，而且能够在哲学与时代的关联中学到思想探索的勇气和路径，那么，这部全集的意义就更其深远了。

吴晓明

2024 年 6 月

主编的话

一

2014 年 7 月 16 日，俞吾金教授结束了一个学期的繁忙教学工作，暂时放下手头的著述，携夫人赴加拿大温哥华参加在弗雷泽大学举办的"法兰克福学派对资本主义的批判"的国际学术讨论会，并计划会议结束后自费在加拿大作短期旅游，放松心情。但在会议期间俞吾金教授突感不适，虽然他带病作完大会报告，但不幸的是，到医院检查后被告知脑部患了恶性肿瘤。于是，他不得不匆忙地结束行程，回国接受治疗。接下来三个月，虽然复旦大学华山医院组织了最强医疗团队精心救治，但病魔无情，回天无力。2014 年 10 月 31 日，在那个风雨交加的夜晚，俞吾金教授永远地离开了我们。

俞吾金教授的去世是复旦大学的巨大损失，也是中国哲学界的巨大损失。十年过去了，俞吾金教授从未被淡忘，他的著作和文章仍然被广泛阅读，他的谦谦君子之风、与人为善之举被亲朋好友广为谈论。但是，在今天这个急剧变化和危机重重的世界中，我们还是能够感到他的去世留下的思想空场。有时，面对社会的种种不合理现象和纷纭复杂的现实时，我们还是不禁会想：如果俞老师在世，他会做如何感想，又会做出什么样的批判和分析！

俞吾金教授的生命是短暂的，也是精彩的。与期颐天年的名家硕儒相比，他的学术生涯只有三十多年。但是，在这短短的三十多年中，他通过自己的勤奋和努力取得了耀眼的成就。

1983年6月，俞吾金与复旦大学哲学系的六个硕士、博士生同学一起参加在广西桂林举行的"现代科学技术和认识论"全国学术讨论会，他们在会上所做的"关于认识论的几点意见"（后简称"十条提纲"）的报告，勇敢地对苏联哲学教科书体系做了反思和批判，为乍暖还寒的思想解放和新莺初啼的马克思主义哲学新的探索做出了贡献。1993年，俞吾金教授作为教练和领队，带领复旦大学辩论队参加在新加坡举办的首届国际大专辩论赛并一举夺冠，在华人世界第一次展现了新时代中国大学生的风采。辩论赛的电视转播和他与王沪宁主编的《狮城舌战》《狮城舌战启示录》大大地推动了全国高校的辩论热，也让万千学子对复旦大学翘首以盼。1997年，俞吾金教授又受复旦大学校长之托，带领复旦大学学生参加在瑞士圣加仑举办的第27届国际经济管理研讨会，在该次会议中，复旦大学的学生也有优异的表现。会后，俞吾金又主编了《跨越边界》一书，嘉惠以后参加的学子。

俞吾金教授1995年开始担任复旦大学哲学系主任，当时是国内最年轻的哲学系主任，其间，复旦大学哲学系大胆地进行教学和课程体系改革，取得了重要的成果，荣获第五届全国高等学校优秀教学成果一等奖，由他领衔的"西方哲学史"课程被评为全国精品课程。在复旦大学，俞吾金教授是最受欢迎的老师之一，他的课一座难求。他多次被评为最受欢迎的老师和研究生导师。由于教书育人的杰出贡献，2009年他被评为上海市教学名师和全国优秀教师，2011年被评为全国教学名师。

俞吾金教授一生最为突出的贡献无疑是其学术研究成果及其影响。他在研究生毕业后不久就出版的《思考与超越——哲学对话录》已显示了卓越的才华。在该书中，他旁征博引，运用文学故事或名言警句，以对话体的形式生动活泼地阐发思想。该书妙趣横生，清新脱俗，甫一面世就广受欢迎，成为沪上第一理论畅销书，并在当年的全国图书评比中获"金钥匙奖"。俞吾金教授的博士论文《意识形态论》一脱当时国内博士论文的谨小慎微的匠气，气度恢宏，新见迭出，展现了长袖善舞、擅长宏大主题的才华。论文出版后，先后获得上海市哲学社会科学优秀成果一等奖和国家教委首届人文社会科学优秀成果一等奖，成为青年学子做博士论文的楷模。

俞吾金教授天生具有领军才能，在他的领导下，复旦大学当代国外马克思主义研究中心 2000 年被评为教育部人文社会科学重点研究基地，他本人也长期担任基地主任，主编《当代国外马克思主义评论》《国外马克思主义研究报告》《国外马克思主义与国外思潮译丛》等，为马克思主义的国际交流建立了重要的平台。他长期担任复旦大学哲学学院的外国哲学学科学术带头人，参与主编《西方哲学通史》和《杜威全集》等重大项目，为复旦大学成为外国哲学研究重镇做出了突出贡献。

俞吾金教授的学术研究不囿一隅，他把西方哲学和马克思哲学结合起来，提出了许多重要的概念和命题，如"马克思是我们同时代人""马克思哲学是广义的历史唯物主义""马克思哲学的认识论是意识形态批判""从康德到马克思""西方哲学史的三次转向""实践诠释学""被遮蔽的马克思""问题域的转换"等，出版了一系列有影响的著作和文集。由于俞吾金教授在学术上的杰出贡献和影响力，他获得各种奖励和荣誉称号，他是全国哲学界首位"长江学者奖励计划"特聘教授，在钱伟长主编的"20 世纪中国知名科学家"哲学卷中，他是改革开放以来培养的哲学家中的唯一人选者。俞吾金教授在学界还留下许多传奇，其中之一是，虽然他去世已经十年了，但至今仍保持着《中国社会科学》发文最多的记录。

显然，俞吾金教授是改革开放后新一代学人中最有才华、成果最为丰硕、影响最大的学者之一。他之所以取得令人瞩目的成就，不仅得益于他的卓越才华和几十年如一日的勤奋努力，更重要的是缘于他的独立思考的批判精神和"为天地立心、为生民立命"的济世情怀。塞涅卡说："我们不应该像羊一样跟随我们前面的羊群——不是去我们应该去的地方，而是去它去的地方。"俞吾金教授就是本着这样的精神从事学术的。在他的第一本著作即《思考与超越》的开篇中，他就把帕斯卡的名言作为题记："人显然是为了思想而生的；这就是他全部的尊严和他全部的优异；并且他全部的义务就是要像他所应该的那样去思想。"俞吾金教授的学术思考无愧于此。俞吾金教授以高度的社会责任感从事学术研究。复旦大学的一位教授在哀悼他去世的博文中曾写道："曾有几次较深之谈话，感到他是一位勤奋的读书人，温和的学者，善于思考社会与人生，关注现在，更虑及未来。记得 15 年前曾听他说，在大变动的社会，理论要为长远建立秩序，有些论著要立即发表，有些则可以暂存书箧，留给未来。"这段话很好地刻画了俞吾金教授的人文和道德情怀。

正是出于这一强烈担当的济世情怀，俞吾金教授出版和发表了许多有时代穿透力的针砭时弊的文章，对改革开放以来的思想解放和文化启蒙起到了推动作用，为新时期中国哲学的发展做出了重要贡献。但是，也正因为如此，他的生命中也留下了很多遗憾。去世前两年，俞吾金教授在"耳顺之年话人生"一文中说："从我踏进哲学殿堂至今，30 多个年头已经过去了。虽然我尽自己的努力做了一些力所能及的事情，但人生匆匆，转眼已过耳顺之年，还有许多筹划中的事情没有完成。比如对康德提出的许多哲学问题的系统研究，对贝克莱、叔本华在外国哲学史上的地位的重新反思，对中国哲学的中道精神的重新阐释和对新启蒙的张扬，对马克思哲学体系的重构等。此外，我还有一系列的教案有待整理和出版。"想不到这些未完成的计划两年后尽成了永远的遗憾！

二

俞吾金教授去世后，学界同行在不同场合都表达了希望我们编辑和出版他的全集的殷切希望。其实，俞吾金教授去世后，应出版社之邀，我们再版了他的一些著作和出版了他的一些遗著。2016 年北京师范大学出版社出版了他的《哲学遐思录》《哲学随感录》《哲学随想录》三部随笔集，2017 年北京师范大学出版社出版了《从康德到马克思——千年之交的哲学沉思》新版，2018 年商务印书馆出版了他的遗作《新十批判书》未完成稿。但相对俞吾金教授发表和未发表的文献，这些只是挂一漏万，远不能满足人们的期望。我们之所以在俞吾金教授去世十年才出版他的全集，主要有两个方面的原因。一是俞吾金教授从没有完全离开我们，学界仍然像他健在时一样阅读他的文章和著作，吸收和借鉴他的观点，思考他提出的问题，因而无须赶着出版他的全集让他重新回到我们中间；二是想找个有纪念意义的时间出版他的全集。俞吾金教授去世后，我们一直在为出版他的全集做准备。我们一边收集资料，一边考虑体例框架。时间到了 2020 年，是时候正式开启这项工作了。我们于 2020 年10 月成立了《俞吾金全集》编委会，组织了由他的学生组成的编辑和校对团队。经过数年努力，现已完成了《俞吾金全集》二十卷的编纂，即将在俞吾金教授逝世十周年之际出版。

俞吾金教授一生辛勤耕耘，留下 650 余万字的中文作品和十余万字的外文作品。《俞吾金全集》将俞吾金教授的全部作品分为三个部分：(1)生前出版的著作；(2)生前发表的中文文章；(3)外文文章和遗作。

俞吾金教授生前和身后出版的著作(包含合著)共三十部，大部分为文集。《俞吾金全集》保留了这些著作中体系较为完整的 7 本，包括《思考与超越——哲学对话录》《问题域外的问题——现代西方哲学方法论探要》《生存的困惑——西方哲学文化精神探要》《意识形态论》《毛泽东智慧《邓小平：在历史的天平上》《问题域的转换——对马克思和黑格尔关系的当代解读》。其余著作则基于材料的属性全部还原为单篇文章，收入《俞吾金全集》的《马克思主义哲学研究文集（上、下）》《外国哲学研究文集（上、下）》以及《国外马克思主义研究文集（上、下）》等各卷中。这样的处理方式难免会留下许多遗憾，特别是俞吾金教授的一些被视为当代学术名著的文集（如《重新理解马克思》《从康德到马克思》《被遮蔽的马克思》《实践诠释学》《实践与自由》等）未能按原书形式收入到《俞吾金全集》之中。为了解决全集编纂上的逻辑自洽性以及避免不同卷次的文献交叠问题（这些交叠往往是由于原作根据的不同主题选择和组织材料而导致的），我们不得不忍痛割爱，将这些著作打散处理。

俞吾金教授生前发表了各类学术文章 400 余篇，我们根据主题将这些文章分别收入《马克思主义哲学研究文集（上、下）》《国外马克思主义哲学研究文集》《外国哲学研究文集（上、下）》《马克思主义中国化研究文集》《中国思想与文化研究》《哲学观与哲学教育论集》《散论集》（包括《读书治学》《社会时评》和《生活哲思》三卷）。在这些卷次的编纂过程中，我们除了使用知网、俞吾金教授生前结集出版的作品和在他的电脑中保存的材料外，还利用了图书馆和网络等渠道，查找那些散见于他人著作中的序言、论文集、刊物、报纸以及网页中的文章，尽量做到应收尽收。对于收集到的文献，如果内容基本重合，收入最早发表的文本；如主要内容和表达形式略有差异，则收入内容和形式上最完备者。在文集和散论集中，对发表的论文和文章，我们则按照时间顺序进行编排，以便更好地了解俞吾金教授的思想发展和心路历程。

除了已发表的中文著作和论文之外，俞吾金教授还留下了多篇已发表或未发表的外文文章，以及一系列未发表的讲课稿（有完整的目录，已完成的部分很成熟，完全是为未来出版准备的，可惜没有写完）。我们将这些外文论文收集在《外文文集》卷中，把未发表的讲稿收集在《遗作集》卷中。

三

　　《俞吾金全集》的编纂和出版受到了多方面的支持。俞吾金教授去世后不久，北京师范大学出版社就表达了想出版《俞吾金全集》的愿望，饶涛副总编辑专门来上海洽谈此事，承诺以最优惠的条件和最强的编辑团队完成这一工作，这一慷慨之举和拳拳之心让人感佩。为了高质量地完成全集的出版，出版社与我们多次沟通，付出了很多努力。对北京师范大学出版社饶涛副总编辑、祁传华主任和诸分卷的责编为《俞吾金全集》的辛勤付出，我们深表谢意。《俞吾金全集》的顺利出版，我们也要感谢俞吾金教授的学生赵青云，他多年前曾捐赠了一笔经费，用于支持俞吾金教授所在机构的学术活动。经同意，俞吾金教授去世后，这笔经费被转用于全集的材料收集和日常办公支出。《俞吾金全集》的出版也受到复旦大学和哲学学院的支持。俞吾金教授的同学和同事吴晓明教授一直关心全集的出版，并为全集写了充满感情和睿智的序言。复旦大学哲学学院原院长孙向晨也为全集的出版提供了支持。在此我们表示深深的感谢。

　　《俞吾金全集》的具体编辑工作是由俞吾金教授的许多学生承担的。编辑团队的成员都是在不同时期受教于俞吾金教授的学者，他们分散于全国各地高校，其中许多已是所在单位的教学和科研骨干，有自己的繁重任务要完成。但他们都自告奋勇地参与这项工作，把它视为自己的责任和荣誉，不计得失，任劳任怨，为这项工作的顺利完成付出自己的心血。

　　作为《俞吾金全集》的主编，我们深感责任重大，因而始终抱着敬畏之心和感恩之情来做这项工作。但限于水平和能力，《俞吾金全集》一定有许多不完善之处，在此敬请学界同仁批评指正。

汪行福　吴　猛

2024 年 6 月

目　录

附　录

1984年

谈谈哲学的现代化问题[①]

邓小平同志关于"教育要面向现代化、面向世界、面向未来"的指示充分表明现代化是一个整体性的概念，它不仅包含着工农业生产、国防和科学技术方面的现代化，而且也包含着全部意识形态方面的现代化。而在全部意识形态现代化的过程中，哲学的现代化又起着根本的、举足轻重的作用。

记得黑格尔在《法哲学原理》一书中曾经把哲学比作黄昏到来时才起飞的密纳发[②]的猫头鹰（die Eule der Minerva），即把哲学看作事后的理论总结。马克思主义的经典作家坚决反对黑格尔的这一见解，强调哲学变革现实的先导作用和指导作用，并把这一点作为区分新旧哲学的根本标志："哲学家们只是用不同的方式解释世界，问题在于改变世界。"[③]真正有生命的哲学必须面向现实，面向未来，必须正视并回答时代提出的重大课题。在这方面，马克思主义哲学堪称一切哲学的典范。但是，我国的哲学研究却存在着信息趋于老化，特别是大部分研究都面向过去的状

---

① 原载《解放新论（未定文稿）》1984 年 10 月。收录于俞吾金：《文化密码破译》，上海远东出版社 1995 年版，第 120—123 页。——编者注

② 密纳发，现一般译为密涅瓦。——编者注

③ 《马克思恩格斯选集》第 1 卷，人民出版社 1995 年版，第 57 页。

况。这种状况和当前飞速发展着的改革的潮流显然是不相容的，因而亟须加以改变。

在建设有中国特色的社会主义的历史进程中，哲学的现代化具有特别重要的意义。哲学作为最高层次的社会意识形态，作为时代精神的本质和核心，不仅统率并决定着其他意识形态的发展，而且归根结底对现实起着重大的指导作用。恩格斯指出："一个民族要想站在科学的最高峰，就一刻也不能没有理论思维。"①在这个意义上可以说，没有哲学的现代化，要实现四化是不可能的。

什么是哲学的现代化呢？那就是说，哲学必须从经院式的烦琐争论中摆脱出来，必须探讨并回答当前国内外现实中出现的重大理论问题，必须促使四化的早日实现。哲学的现代化并不仅仅是术语上的现代化，而是关系到哲学对象、使命和方法的重大的变革。那么，怎样实现哲学的现代化呢？我认为，应当从以下三个方面做出努力：

首先，哲学应当把思考、探索的重点放在我国的四化建设中出现的一系列新的、重大的课题上。比如，物质文明和精神文明建设及其关系问题、农村经济改革和城市经济改革及其关系问题、发展生产力和改革生产关系，尤其是改革管理体制的关系问题、"一个国家两种制度"的问题等。对这些重大的课题如果熟视无睹，我们的哲学还有什么生命力呢？它只不过是在重走清儒考据的老路。当然，并不是说考据不要搞，也不是说基本理论问题不要讨论了，关键在于重点放在哪里。我们的哲学工作者如果一味埋头于显微镜下的考察，而置这些关系到广大人民利益和国家前途的重大课题于不顾，那又有什么存在价值呢？

其次，应当重视对当代西方哲学的研究。哲学包括许多分支，如马克思主义哲学、中国哲学、外国哲学（包括当代西方哲学在内）、逻辑学、美学等。在这些分支学科中，当代西方哲学提供的信息最新，探讨的问题最多并最富于代表性。它是我们了解西方资本主义社会，推动整

---

① 《马克思恩格斯选集》第 3 卷，人民出版社 2012 年版，第 875 页。

个哲学现代化的重要触媒。许多年来，由于各种错误思想的干扰，我们对当代西方哲学的研究一直未能顺利地进行。这也就使我们的哲学脱离了和世界的接触，失去了可供比较、鉴别的东西，从而思想趋于僵化。三十多年来，我们一直在讨论唯物唯心的问题、形而上学和辩证法的问题，但从 20 世纪 50 年代后期起，主观唯心主义和形而上学反而达到了极点，从而对社会主义事业造成了极大的危害。这是很值得深思的问题。我以为，忽视对当代西方哲学的研究正是造成上述严重局面的一个重要原因。不能否认，从总体上看，当代西方哲学代表了当代西方资产阶级的利益，但在一定的程度上也揭露了资本主义社会的黑暗和问题；不能否认，当代西方哲学家大都对社会主义持批评，甚至攻击的态度，但他们的有些批评还是合理的，是我们应该认真地加以考虑的；也不能否认，当代西方哲学的各个流派在探讨一些重大问题时常常得出错误的结论，这是不奇怪的，因为它们几乎都站在唯心主义的立场上。但可贵的是，它们首先提出了问题，而一个问题如果没有提出来，当然是不可能得到正确的解决的。总之，不加强对当代西方哲学的研究，不重视对当代西方哲学反映出来的当今世界上存在的一系列重大的现实问题的探讨，哲学的现代化不过是一句空话。

最后，对马克思主义哲学的研究应该有一个"重心"后移的问题。马克思主义哲学研究的现代化是整个哲学现代化的根本前提。以前我们对马克思主义哲学的研究大多偏重它本身以及它和以前的文化传统的关系，"重心"基本上在过去、在以前。但必须看到，自马克思主义诞生的一百多年来，世界形势已发生了翻天覆地的变化，许多马克思主义的创始人所未曾预料到的新问题、新情况产生了。我们必须结合这些现实中出现的新问题、新情况来研究马克思主义，或者说，必须把马克思主义作为研究这些新问题、新情况的指南。这就是"重心"后移的问题。当然，历史还是要研究的，但研究历史的目的是促进对现实的研究。比如，我们上面提到的"一个国家、两种制度"的问题就是一个重大的课题，搞历史唯物主义的同志如果只知照搬马克思的论断而不去触及这样重大的课题，又怎么在实践中丰富、发展马克思主义呢？当然，我们这里说的马克思主义哲学研究的现代化和西方马克思主义者理解的有根本的不同。他们力图用形形色色的资产阶级思潮来补充马克思主义，改变马克思主义的实质，而我们则努力运用马克思主义的立场、观点、方法来阐明新的问题、新的情况，使马克思主义在和实践的接触中始终保持强大的生命力。

　　哲学的现代化是时代的需要，是早日实现四化的需要。哲学也只有尽快实现现代化，才能站在时代的前沿，真正发挥它的先导作用和指南作用。在哲学现代化这一深刻的思想变革中，我们每个哲学工作者都应该贡献出自己的一份力量！

1985年

真理存在于各派学说之中①

　　关于真理的本质以及获取真理的途径的哲学探讨，依然是一个长期的课题。现在我国哲学界中亟须纠正的一种偏谬的真理观就是：认为真理只存在于一派学说之中。不少人把我们的一些教科书所理解的马克思主义学说当作唯一的真理，而把其他哲学、社会科学方面的学说一概视为谬误。这种做法，主观上也许是想捍卫马克思主义学说的权威地位，实际上却是在损害它的声誉。马克思主义作为一种科学的完整的世界观，不容置疑地拥有真理性；但是马克思主义并没有，也不可能囊括人类的全部真理。真理存在于各派学说之中。

　　自然科学所表达的真理具有超阶级的全人类性，在这个领域里，人们一般是容易接受"真理存在于各派学说之中"这个命题的。那么，在哲学、社会科学领域里又如何呢？这里试图做一些分析。

　　第一，从历史的纵向来看，任何一种学说、理论都可以在前人的思想材料中找到根源。大家知道，马克思学说的主要理论来源包括德国古典

---

　　① 本文为俞吾金、吴晓明、周义澄合著，原载《解放日报》1985年2月12日；《新华文摘》1985年第4期全文转载。——编者注

哲学、法国空想社会主义和英国古典政治经济学。这些学说包含着真理，这是没有疑义的。马克思主义之所以赢得了世界历史性的意义，就是因为"它并没有抛弃资产阶级时代最宝贵的成就，相反却吸收和改造了两千多年来人类思想和文化发展中一切有价值的东西"①。

那么，古典时期人类先进思想所包含的真理水滴，是否只流入马克思主义的大江之中？或者说，在与这些先进思想同样具有某种继承关系的马克思主义之外的哲学、经济学和社会理论，是否统统都不具有真理性？再追溯得远一些，我们是否能够说，两千多年来人类思想和文化发展中的一切有价值的东西只保留在马克思主义之中？

当我们以马克思主义的严肃态度沉思上述问题时，无论如何不能再做出那种以前曾经多次简单地宣布过的独断论的回答。应当承认，任何一种具有进步意义的学说都是在改造、消化、综合前人思想成果基础上形成并发展起来的。因此，如果认为真理只存在于一种学说之中，实际上是割断了人类先进文化的广阔的继承性。

第二，从同时代并存的各种学说的横向联系看，真理也同时寓于各派学说之中。

在马克思和恩格斯创立辩证唯物主义学说的同时，工人哲学家约瑟夫·狄慈根也以自己的独特方式发现了这种理论；资产阶级学者摩尔根在美国以自己的方式发现了马克思发现的唯物史观，并以此为指导比较了野蛮时代和文明时代的不同特点，在主要的观点上得出了和马克思相同的结论。如果说，人们对于数学、自然科学学说史上出现过的诸如牛顿、莱布尼茨各自独立发明微积分，波义耳和马略特分别独自发现气体体积随压强改变的规律，达尔文与华莱士各自独立提出进化论这一类事实习以为常的话，那么，在哲学、人文科学领域出现对某个真理类似的"同时发现"也不应当使人感到惊讶。

实际上，千姿百态的文化形态和理论形式不过是丰富多彩的现实生

---

① 《列宁选集》第 4 卷，人民出版社 1995 年版，第 299 页。

活的不同折射率的折光。实践的历时性、方面性和层次性，决定了理论的多重时空特征。真理是全体，不同学派所包含的真理内容就像赤橙黄绿青蓝紫的色彩一样，表达着现实的太阳。马克思主义发展着的真理性就在于它的开放、兼收并蓄，在于它面对现实，立足于人类文化的总背景下对各种学说不停地批判、借鉴、汲取。

在现时代，各个国家，包括各个社会主义国家在各自的实践中形成了具有自身特点的理论模式。面对这种事实，我们也没有理由去断然宣称，其中哪个模式唯一正确，其余模式统统是错误的。凡是现实的学说都具有其存在的合理性。

第三，从真理的本质来看，任何一种学说，哪怕最先进的学说，都蕴含着主客观的矛盾关系。主观客观永远不可能最终合一。关于事物的概念和它的现实，"就像两条渐近线一样，一齐向前延伸，彼此不断接近，但是永远不会相交"①。就像任何自然科学定律都具有某种近似性一样，哲学、社会科学理论也总具有近似性，不存在纯粹的、终极的真理。包括马克思主义在内，都不能断言自己一劳永逸地获得了全部真理权。马克思主义的创始者从未作过这种断言，作为追求真理的后辈，我们自然不应该贬低其他学说的真理性。

在这样的前提下，再来谈论哲学、社会科学领域中不同学说、学派的建立、发展和自由争鸣，就有现实的可能性了。否则，坚持那种"唯我独真"的偏狭态度，就不会真正承认其他学派存在和发展的权利，不会以平等态度与其他学派开展争论，这样的结果只会切断自己的理论与世界各种进步文化的联系，从而最终地封闭自己。面对今天飞速发展的时代，我们应当坚持马克思、恩格斯当年创立新世界观的传统，在世界范围内广泛地汲取同时代的一切先进的科学成果，使马克思主义的学说永葆其美妙之青春。

---

① 《马克思恩格斯选集》第 4 卷，人民出版社 1995 年版，第 744 页。

略论哲学改革中的若干问题^①

中国的历史正在发生令人瞩目的变化。《中共中央关于经济体制改革的决定》(以下简称《决定》)就是这一划时代的变化的表征。《决定》是新的政治经济学,广言之,也是新的意识形态学。它不仅表明了哲学改革的紧迫性,而且为这一改革提供了明确的方向。

在丰富多彩的现实生活和飞速发展的科学技术推动下,哲学界早就在酝酿改革了。尽管"左"的思想的桎梏一再阻遏人们创造性的发挥,但理论思维仍然按照自身的规律在发展着。当经济改革的闪电刚在天际出现时,哲学界就传来了隐隐的雷声。

毋庸讳言,如同在经济体制上长期存在着一个与社会生产力的发展不相适应的僵化模式一样,在理论思维上,在哲学上也存在着一个与实际生活的发展不相适应的僵化模式。僵化的经济模式最终决定了僵化的哲学模式,而僵化的哲学模式又反过来强化了僵化的经济模式。哲学上的僵化模式有各种各样的表现,其主要特征是:

(一)哲学变成了政治,政治变成了哲学。若干年来,在"左"的思想的影响下,革命时期适用

---

① 本文为谢遐龄、陈奎德、周义澄、安延明、吴晓明、俞吾金合著,原载《复旦学报(社会科学版)》1985 年第 2 期第 1—8＋29 页。——编者注

的政治观简单地搬用到社会主义建设时期中，把政治等同于阶级斗争，又把民主哲学解释为阶级斗争的工具。人们大谈马克思主义哲学的基本特征是阶级性和实践性，却忽略了它的科学性。只要人们还用非科学的眼光来看待哲学，哲学也就绝不可能成为科学。这样一来，哲学变成了政治斗争的附庸。它不再是一门独立的，有自己发展规律的学科，它的最高使命是为历次政治运动提供理论上的论证，而这种论证的理论色彩越浓，就越是加速哲学的贫困和危机。

（二）哲学的热情在于缅怀历史。新中国成立以来，我国哲学研究的重心是面向过去的。这与人们对哲学这一概念的理解密切相关。大多数的教科书都把哲学理解为对以往的阶级斗争经验和自然科学成果的概括和总结，忽略了哲学必须研究现实、探索未来这一重要的方面（当然，哲学也是"研究现实"的，但在多数情况下，它不过是图解连续不断的政治运动和为政治批判提供依据而已。所以，过去说哲学被禁锢在书斋里实在有点冤枉）。于是，哲学变成了历史，而历史则成了哲学。一方面，哲学研究的道路越走越窄，内容越来越老化，哲学的概念、体系及其表述越来越陈旧；另一方面，哲学拒斥现实生活和科学发展中涌现出来的大量有意义、有价值的新东西和新成果。

哲学终于成为荆棘丛生，令人望而生畏的领域。遗传学、心理学、控制论、宇宙学、相对论与量子力学，大至一门学科，小至一个学派，都遭到哲学的讨伐。直到 20 世纪 70 年代，中国大地上还卷起过一场批判爱因斯坦相对论的狂澜。对现代社会科学、人文科学和认识科学（思维科学）所取得的新进展，哲学也同样抱着蔑视以致全盘否定的态度。特别令人惊奇的是，哲学还抛弃了马克思主义的创始人注重经济问题研究的传统，常常使自己处于和社会主义经济建设相对立的地位。总之，哲学与现实生活，与一切新鲜的东西都显得格格不入，它的全部热情就是缅怀历史，就是退回去追寻"埃及的肉锅"。

（三）注释取代了探讨和创造。这里特别涉及对马克思主义哲学的态度问题。毫无疑义，马克思主义的学说具有巨大的包容性和真理性，但马克思主义没有也不可能穷尽全部真理，它必须在实践中不断地丰富自己、发展自己。怎样正确地对待马克思的学说？换言之，我们是站在马克思的肩上看问题呢，还是蹲在他的脚下看问题？如果蹲在脚下，那就只可能做些注释工作。我国哲学教科书几十年不变的一贯制集中表明了这一点。事实上，在任何哲学研究中，如果用注释取代了探索，那哲学本身也就失去了理论活力。这正是马克思主义的创始人所一贯反对的研究方法。

实际情况表明，哲学上的僵化模式已到了非改不可的地步了。哲学必须改革。当然，这场改革并不是一蹴而就的，而是一个长期的、极为繁重的任务。我们作为青年理论工作者，拟就哲学改革中的若干问题发表一些自己的见解，诚望哲学界的同行不吝赐教。

一

哲学要改革，就必须正视人的问题，并把它作为当前与今后探讨的一个重点。

《决定》第九条着重指出，要尊重知识，尊重人才，要起用一代新人。邓小平同志也反复强调，在《决定》的十条中，第九条是最重要的。这本身就向理论界提出了一个重大的、急切的课题，即：究竟如何评价人在社会主义社会中的地位和作用？很难想象，这一高层次的问题不解决，具体层次的问题会得到圆满的解决。

从历史上看，人思考人、人探讨人是一种不可逆转的思想潮流。古希腊神话中著名的"斯芬克司之谜"的谜底就是人，它显示了古代人对人的问题的最初思考。其实，斯芬克司这个狮身人面的怪物本身也象征着人的自我意识的最初觉醒。它的形象表明，人类已初步意识到自己和动物之间的差别，已经从自然界、动物界中抬起了自己的高傲的头颅。无论是古希腊神庙中的"认识你自己"的神谕，还是普鲁塔哥拉的"人是万物的尺度"的格言；无论是伯里克利在伯罗奔尼撒战役中慷慨激昂的演说，还是索福克勒斯在《安提戈涅》中写下的关于人的赞词，都表明了古代人对人的问题的思索和对人的地位的尊重。

在中世纪，宗教裁判所成了最高的权威，禁欲主义是虔诚的基督徒生活的最高准则。人类屈从于神的淫威，只是在此岸世界中战战兢兢地憧憬着彼岸世界的生活。然而，这人性的畸变和扭曲是不会持久的。始于文艺复兴时代的人文主义潮流无情地冲决了封建专制和神学樊篱，重新恢复了人之为人的应有形象。之后，在震惊欧洲大陆的启蒙运动中，以"天赋人权"为口号的人道主义思潮又应运而生，其范围之广，势头之猛，大有"黄河之水天上来，奔流到海不复回"的气势。然而，以机械性为本质特征的时代精神束缚了人们的视野，刚从神权的重压下解放出来的人，又在拉美特利那里被贬为"一架机器"了。

康德是在卢梭的影响下，从严格的哲学意义上来思考人、探讨人的第一位哲学家。康德的"人是目的"的著名口号，既是对封建专制统治的无情控诉，又是对机械唯物主义的理论超越。如果说，苏格拉底把泰勒斯开创的自然哲学转变为以探讨人的行为为己任的伦理哲学，那么，康德则在所有的领域里都把人视为太阳，把整个客观世界看作围绕太阳旋转的行星。康德对人的学说的发展做出了巨大的贡献，但他的思想过于理想化了，他忘记了帕斯卡关于人是一根软弱的芦苇的著名比喻。与康德比较，黑格尔要冷峻得多，现实得多。他通过对英国古典经济学著作的潜心研究，提出了异化劳动说，从而在人的问题的探讨上迈出了极为重要的一步。然而，同样令人遗憾的是，黑格尔关于人的学说淹没在他的思辨唯心主义的汪洋大海之中，以致叔本华、克尔凯郭尔、费尔巴哈都异口同声地指责黑格尔轻视人，把人视作世界精神的工具和普遍理念的一个符号。

费尔巴哈的功绩不在于一般地恢复了唯物主义的权威，而在于他从理论上把唯物主义和人道主义紧密地结合起来，创立了人本主义学说，从而扬弃并超越了17、18世纪的机械唯物主义。从哲学上看，马克思的唯物史观正是在扬弃费尔巴哈的人本主义的基础上形成的。换言之，马克思从费尔巴哈那里采纳的，正是同人本主义相吻合的唯物主义，而不是一般的唯物主义。这表明，马克思在开始他的理论生涯时，就十分重视人的问题。当然，必须看到，马克思的唯物史观和费尔巴哈的人本主义有着本质的区别，后者探讨的人是撇开社会历史过程的抽象的人，并对人的活动做了直观的理解，前者的出发点则是进行着实践活动的、现实的、社会化的人类。

上述历史的反省不仅使我们一般地意识到人探讨人、人思考人是不可逆转的思想潮流，而且还意识到，以人的历史的实践活动为出发点的唯物史观正是马克思主义哲学体系的核心和基础。但是，哲学界一种盛行的观点认为，历史唯物主义是把辩证唯物主义推广到社会历史领域的产物。"推广说"实际上否定了马克思理论思考的起点是费尔巴哈的人本主义，而把这个起点拉回到 17、18 世纪的唯物主义那里。正如我们在前面已经指出的，17、18 世纪的唯物主义者囿于机械运动或数学运动的眼光，对人采取了贬低的，甚至敌视的态度。马克思和恩格斯在谈到机械唯物主义的鼻祖霍布斯的学说时就说过："唯物主义变得敌视人了。"①其实，"推广说"的出发点是脱离人的自然观，而唯物史观同这种自然观是明显地不相容的，这样，就必然把马克思的哲学体系分裂为二元论。反之，以历史唯物主义为出发点去阐述自然观时，自然就不再是脱离人的自然，而成了人化自然了。这从马克思《巴黎手稿》中关于完成了的自然主义等于人本主义、完成了的人本主义等于自然主义的论述中可以明显地窥视出来。

总之，只有把历史唯物主义看作马克思主义哲学的核心和基础，才能正确地理解马克思主义哲学，才能看到人在马克思主义学说中所占的极为重要的地位。

从现实来看，对人的研究也是刻不容缓的。在我国的现实社会生活中，由于封建意识（如夫权思想、等级观念等）的根深蒂固的影响，违反

---

① 《马克思恩格斯全集》第 2 卷，人民出版社 1957 年版，第 164 页。

人道原则的犯罪现象，压抑人才、浪费人才的现象还时有发生。如果我们不从哲学理论上深入地研究人的问题，不能正确地认识人在社会主义历史时期的地位和作用，就有可能助长这类现象的蔓延，从而为改革设置障碍。在对当代西方哲学的审视中，我们也发现，人本主义是一股巨大的思想潮流。人本主义哲学家几乎都把以人的存在为对象的本体论问题作为他们学说的核心。尽管他们大都把人的存在归结为孤独的个人的精神（非理性的情感意志或本能）的存在，但这毕竟曲折地表述了他们对西方资本主义社会中人的地位和处境的思考。事实上，当代西方哲学的另一主流——科学主义思潮，近几十年来也不再满足于冷冰冰的语言分析和逻辑分析了，不少哲学家都开始关心起人、社会、价值、异化等问题来。科学主义和人本主义合流的趋向在哲学释义学、哲学人类学等流派中已见端倪。这是应该引起我们重视的。

无论从历史、理论、现实哪个角度去看，加深对人的问题的理论思考都是十分必要的，并且是禁锢不了的。与人的问题密切相关的异化问题，马克思主义和人道主义的关系问题、人性问题等当然也属探讨之列。在这些重大而复杂的理论问题上，轻易地下一个结论是不妥当的，只有在长期的、自由的讨论中，才能逐步达到比较全面的、准确的结论。

二

在哲学所面临的改革中，真理问题也是一个必须重点加以反思的课题。其实，我国理论界早就在思考这个问题了。这可追溯到 1978 年开始的关于真理标准问题的大讨论。这场大讨论是一场伟大的思想解放运动。它冲决了"两个凡是"的罗网，恢复了唯物史观的权威，使我们党顺利地召开了十一届三中全会，实现了工作重心的转移。这场讨论的影响是巨大的，意义是深远的，但它触及的主要是真理和实践的关系问题，至于真理的本质是什么，如何准确地、完整地理解马克思主义的真理理论等更深层的问题基本上没有涉及。这就需要进一步加以讨论，而贯穿于《决定》的一个根本思想——破除旧的固定观念，也从理论上提出了重新审视、重新反思我们的真理观的客观要求。

在对真理问题进行再思考时，首先遇到的是真理的客观性的问题。所谓真理的客观性当然不是指它的形式。在形式上，真理作为主体——人的一种认识，永远带着人的主观印记，永远表现为主观和客观统一，这是毫无疑义的。真理的客观性主要是指它的内容，即真理包含着一种不以人的意志为转移的、绝对必然的客观内容。

其实，上述关于真理的客观性的见解至少在以下两点上是不严密的：（一）任何经验的真理都不具有绝对的、普遍的必然性。现代科学表明，严格的机械的决定论只是一种幻想，任何经验科学的理论都只能预言事件发生的概率，而不蕴含绝对的必然性。这就要求在实证科学的一切领域中，用概率的结构取代严格决定论的结构。事实上，经验科学对严格决定论的挑战早为哲学家所瞩目。莱布尼茨把真理划分为"事实的真理"（或然）和"推理的真理"（必然），就已经明确地否定了经验的真理的普遍必然性。以后，休谟对因果律的批判性理解、当代逻辑实证主义者关于"逻辑的真理"（必然）和"经验的真理"（或然）的划分，也都表明，笼统地强调真理的客观必然性是片面的、不严密的。（二）真理和人的意志之间的关系是十分复杂的。如果说，在自然科学的领域中，人们的意志不能改变自然规律而只能对它加以利用的话，那么，在社会历史领域中，情况就更为复杂了。尽管社会历史的发展体现为一个自然的过程，但和自然界的区别在于，这一过程是融合了各个人的意志在内的。恩格斯认为，这些意志并不等于零，"相反地，每个意志都对合力有所贡献，因而是包括在这个合力里面的"。① 如果我们片面地夸大社会历史领域的真理的客观性和绝对必然性，那么，主观上的任何努力势必成为多余，无产阶级只要坐待历史必然性的恩赐就是了。我们应当克服这种片

---

① 《马克思恩格斯选集》第 4 卷，人民出版社 1995 年版，第 697 页。

面性，把真理理解为主客观的统一体。

其次，任何真理都不应被视作顶峰，视作不可超越的终极真理。真理是一个过程，是一个活生生的、永远开放的系统。正如我们对"两个凡是"的批判不可能完全肃清教条主义的影响一样，对林彪的"顶峰论"的批判也远未肃清形而上学的流毒。

事实上，马克思主义的创始人，特别是恩格斯早就对这种形而上学的真理观做过透彻的分析和批判。恩格斯指出，在科学研究中，任何关于终极真理的提法都是非常幼稚可笑的。许多问题常常要花上数百年时间的研究才能得到解决，而许多新情况的产生总是一再迫使我们在所谓最后的、终极真理的周围造起茂密的假说之林，甚至迫使我们抛弃过去所达到的一切。比如在生物学的发展史上，细胞的发现"迫使我们不得不对以前生物学上已经确立了的一切最后的、终极的真理做全面修正，而且还不得不把这些真理整堆整堆地永远抛弃掉"①。恩格斯甚至主张，真正的科学著作应避免使用像谬误和真理这种教条的、道德的说法。在社会历史领域中，终极真理的提法就更不合适了。他在谈到基督教的封建道德、资产阶级的道德和未来的无产阶级道德的并列时指出："哪一种是有真理性的呢？如果就绝对的终极性来说，哪一种也不是。"②

实践屡屡昭示我们，任何试图把某种观点学说真理神化、顶峰化，并强使人们在划定的地域内兜圈子的做法，都只能损害它的声誉和威望，与马克思主义学说的固有精神相悖。马克思主义并不封闭真理，相反，它为人们开辟了寻求真理、认识真理的广阔道路。

再次，真理并不是单一的，更非唯一的，相反，它是综合的，存在于各派学说之中。长期流行于我国哲学界的一个偏谬观点是：真理只存在于一种学说之中。不少人把我们的教科书所理解的马克思主义的学说看作唯一的真理，而把其他学说，特别是哲学社会科学方面的其他学说

---

① 《马克思恩格斯全集》第 20 卷，人民出版社 1971 年版，第 97 页。
② 恩格斯：《反杜林论》，人民出版社 1970 年版，第 86、91 页。

一概斥之为谬误，讥之为"反面教员"。这种做法，主观上也许出于捍卫马克思主义学说的权威地位的良好愿望，实际上却窒息了它的生机。诚然，马克思主义作为一种科学的完整的世界观，拥有巨大的真理性，但真理不可能只为马克思主义所独有。

自然科学所表达的真理具有超阶级的全人类性，在这个领域中人们一般是容易接受"真理存在于各派学说之中"这一观点的。那么，在哲学社会科学领域内，情况又如何呢？我们认为，结论是相同的。这是因为：(一)从历史的纵向看，任何一种学说或理论都可以在前人的思想材料中找到根源。马克思主义的主要理论来源是德国古典哲学、法国空想社会主义和英国古典政治经济学。这些学说包含着真理是没有疑义的。马克思主义之所以赢得了世界历史性的意义，就是"因为它并没有抛弃资产阶级时代最宝贵的成就，相反地却吸收和改造了两千多年来人类思想和文化发展中一切有价值的东西"①。因此，当我们以马克思主义的严肃态度来思考真理问题时，无论如何不能再做出那种以前曾经多次简单地宣布过的独断论的结论。应当承认，任何一种具有进步意义的学说都是在改造、消化、综合前人思想成果的基础上形成并发展起来的。如果坚持真理只存在于一种学说之中，实际上也就割断了人类文化的继承性。(二)从同时代并存的各种学说的横向联系看，真理也是寓于各派学说之中的。在马克思和恩格斯创立辩证唯物主义学说的同时，工人哲学家约瑟夫·狄慈根也以自己的独特方式发现了这种理论；资产阶级学者摩尔根在美国也以自己的方式发现了马克思发现的唯物史观，并以此为指导，比较了野蛮时代和文明时代的不同特点，在主要观点上得出了和马克思相同的结论。实际上，千姿百态的文化形态和理论形式不过是丰富多彩的现实生活的不同折射率的折光。实践的历史性、方面性和层次性决定了理论的多重时空特征。不同学派所包含的真理内容就像赤橙黄绿青蓝紫的色彩一样表达着现实的太阳。在古代希腊和古代中国的先秦

---

① 《列宁选集》第 4 卷，人民出版社 1972 年版，第 362 页。

时期，学派林立，学说纷纭，我们能说哪一派拥有绝对的真理权吗？显然不能。在现时代，各个社会主义国家都在自己的实践中形成了具有自己特点的理论模式。面对这个事实，我们当然没有理由去宣称其中某个模式是唯一正确的，而其余则统统是谬误。要知道，凡是现实的学说都具有其存在的某种理由。（三）从真理的本质来看，任何一种学说所蕴含的主客观关系都不可能绝对合一。事实上，事物的概念和它的现实"就像两条渐近线一样，一齐向前延伸，彼此不断接近，但是永远不会相交"①。哲学社会科学的真理和自然科学的真理一样具有近似性，不存在纯粹的真理。马克思主义的创始人从未断言自己已一劳永逸地获得了全部真理权。因此，作为追求真理的后辈，我们当然不能贬低或无视其他学说的真理性。

没有一个准确的真理观，学术自由、学术宽容和学术繁荣都将是不可能的。我们应当抛弃"唯我独真"的偏狭心理，进一步解放思想，开阔视野，在世界范围内广泛地汲取同时代的一切先进的科学成果，唯其如此，才能使马克思的学说永葆其美妙之青春。

三

哲学改革的一个根本方向是：在马克思主义哲学的指导下，立足于中国化的优秀传统，全方位地汲取国外文化的精华，以建设既富有民族特色又广泛开放的当代中国哲学。

建设当代中国哲学是时代向我们提出的客观要求。现在，发生在中国大地上最重要的变化是：科学技术的迅猛发展和广泛应用正在引起人们的思维方式和生活方式的极大改变，人与人之间的关系、人在自然和社会中的地位和作用也将随之发生巨大的变化。这种态势要求哲学重新

---

① 《马克思恩格斯选集》第 4 卷，人民出版社 1995 年版，第 744 页。

思考宇宙、人生等重大问题。而现代自然科学和社会科学的发展又要求哲学重新反思科学的哲学基础问题，因为哲学的使命不是归纳式地总结科学的新成果，而是探讨科学所运用的但科学本身又不加以研讨的基本范畴和某些基本概念；当以往的哲学思想不利于甚至阻碍科学进一步发展时，科学就迫使哲学改变自己。有些科学家加入哲学研究的行列中来，也表明了解决此类问题的紧迫性。引人注目的是，当代西方哲学从生长它们的土壤中汲取营养，提出问题，获得了不少新成果。当代马克思主义的研究，无论在西方，还是在苏联、东欧各国，都有不少新收获。所有这些方面，在建设当代中国哲学时，都必须认真地加以考虑。然而仅止于这些还是远远不够的。我们是中国人，是在中国文化传统的环境中成长起来的。我们必须研究中国古代的、近代的、现代的哲学，汲取其中活的因素，摒弃其中死的东西，这对于创建当代中国哲学是绝对必要的。

现代中国哲学是原来的中国哲学（截至康有为、梁启超以前）同经由日本引进的现代西方哲学（由新康德主义始）相互作用的结果。现代中国哲学所使用的基本概念如物质、精神，实体、心灵等，所讨论的基本问题如本体论、认识论、方法论等，都体现出西方哲学传统的重大影响。由于实现我国的现代化还需大量引进西方的技术和文化，上述状况必然还会持续一个很长的时期。

这是外国哲学对中国的第二次冲击。第一次是佛教哲学。2世纪中叶佛教传入中国，经由四个半世纪的译经阶段，后由禅宗到宋明理学，终于被中国的儒、道哲学所同化。佛教全盛时期的隋唐，思想界几乎完全受这种外来哲学的支配，但这一时期中国经济、文化的发展却出现了高峰。这段历史表明：外国哲学的输入，对中国经济、文化的发展起着推动、促进作用，是有利因素。然而，不管外国哲学在中国达到什么样的兴旺程度，最终仍不能同化中国哲学。相互作用的结果形成了一种新哲学，这种新哲学虽然汲取了外国哲学许多有价值的东西，但毕竟还是以从古代就形成了的中国固有的思想为其基础的。

与佛教哲学传入中国不同，西方哲学是跟着侵略者的炮舰而来的。

炮声惊醒了中华民族：要变法，要学技术，要研究西方的社会政治思想；否则就无法在这个世界上生存下去。经过漫长的实践和反思，中国的优秀分子终于认识到，要自救自强，光学习西方的技术、法制还是不够的，还必须研究其思想基础——哲学。尽管严复是系统地介绍西学的第一人，但他只注目于西方的社会思想。西方哲学的系统介绍，还是五四运动以后的事情，是和马克思主义同时传入中国的。

与佛教哲学不同，西方哲学还有艺术、科学技术、经济、政治、法律等各方面取得的巨大成就为其张大声势，它本身也在不断向前发展，并获得新的成就。这些，都是佛教哲学传入中国时所不具备的。中华民族消化西方哲学比消化佛教哲学要快得多。西方哲学的主导性影响表现为：研究、讲授中国哲学的人都不得不运用西方哲学的范畴、方法。当人们争论某个中国古代哲学家是唯物主义者还是唯心主义者时，当人们主张"道"属于本体论、"格物致知"属于认识论时，其实都是用西方哲学的眼光看待中国哲学。

然而，在西方文明的高度发展中，由于缺乏社会的有远见的控制，因而破坏了人与自然的和谐以及人与人之间的和谐。西方哲学所讨论的异化问题正表明了人们对这种不和谐的关注。西方哲学家认识到，必须对西方文明的基础进行深入的哲学探讨，海德格尔哲学、释义学、分析哲学等都是这一努力的表现和结果。在这种情况下，一些有见识的西方学者，开始把目光转向东方哲学，特别是中国哲学。

当前，中国紧迫的需要却不同于西方。如果说，西方是过度工业化，那么中国却必须加速工业化。不同的历史条件和任务对当代西方哲学、当代中国哲学提出了不同的要求。当代中国哲学更需要探讨促进工业化、促进科学技术发展、促进经济体制改革的有关哲学课题。这绝不意味着重走西方社会发展的老路。中国文化的某些基本的方面可能使中国的社会发展比西方社会更为健康，可能避免西方社会的许多弊病。因此，在建设当代中国哲学时，深入开展对整个中国哲学的研究，开展中西哲学的比较研究，发掘蕴藏在中国文化根柢里的哲学观念，是非常重要的。

我们今天还很难预见西方哲学同中国哲学相互作用的最终产物是什么样子，只想就整个中国哲学的研究方面提出一些不成熟的见解。我们认为，对中国哲学的研究应注重以下三个方面：

第一，以先秦诸子和魏晋玄学为代表的中国本土哲学未曾区别本体和现象，比起西方哲学把宇宙分裂为二，这实在是一种很健全的观点。把宇宙视为本体与现象两者，给西方哲学带来了许多困难，当代西方哲学中的某些流派正致力于解决这一困难。我们研究清楚中国的本土哲学未区分本体和现象这一特征，一方面可向西方哲学家提供解决困难的启示；另一方面，又可使我们在研究西方哲学时少走弯路。

第二，中国哲学在本质上是知行合一的。关于宇宙人生的学问，都以道德行为的修养为落脚点。求知为了善行。真和善没有截然的区分，真就是善，善就是真。西方哲学却倾向于把知行分裂为两个领域，把真和善对立起来。过去的中国学者不像西方学者那样追求知识，因而中国的科学不发达。在近代，西方哲学传入后，中国学者在重视知识的同时又往往忽视了身心修养。我们研究清楚中国哲学知行合一、真善一体的特点，将有利于中国哲学的健康发展。

第三，中国哲学有一根本观念，即："天人合一"，主张天道与人道本出一道。西方哲学则倾向于主张主体与客体、理性和宇宙、社会和自然的对立。中国哲学的这一特点颇受西方哲学家的注意，认为对克服异化，恢复人与自然界的和谐、人与人之间的和谐提供了启示。然而，这一特点却又使中国哲学具有忽视人的物质文化生活、轻视科学技术等诸多不良倾向。在当前，这是特别需要加以克服的。研究清楚"天人合一"的观念，将使我们在努力发展科学技术，提高物质生活水平的同时，重视个人的价值，注意确立与维护人与自然、人与人之间的和谐。

还可以指出中国哲学的许多特点。不过，上述三方面是当前首先应予注意的。我们深信，在改革的大好形势的推动下，哲学工作者一定能以马克思主义为指导，融合中西方文化的精华，逐步建立起有民族特点的当代中国哲学，并使它同古代中国哲学一样，成为世界思想文化的一个瞩目点。

我们要使哲学讲汉语①
——谈改革与哲学的使命

经济改革的热浪把哲学推到了一个巨大的转折点上。哲学如果不改变它的存在方式，就再也无法适应新的生活了。

为了认清这种紧迫的形势，我们有必要反省一下历史。然而遗憾的是，当我们站在现实的高度上，重新透视新中国成立以来哲学走过的道路时，犹如面临着一片荒芜的土地。我们的心情是非常沉重的。

哲学虽然是高度抽象的学问，但作为丰富多彩的现实生活的折光，它理应是生机勃勃，充满活力的。然而由于"左"的思想的束缚，我们以往的哲学研究却显得贫乏而枯燥。特征之一是简单化。哲学的探讨被转换为唯物主义、唯心主义的简单的分野，理论的争论被变形为生物学中的标本分类。特征之二是经院化。模仿取代了创造，注释取代了思索。哲学把生动的生活扭曲为凝固的化石，反之，又把凝固的化石理解为生动的生活。特征之三是信息老化。面对过去，哲学成了

---

① 原载《书林》1985 年第 3 期。收录于俞吾金著：《寻找新的价值坐标——世纪之交的哲学文化反思》，复旦大学出版社 1995 年版，第 268—271 页；《生活与思考》，复旦大学出版社 2011 年版，第 54—56 页。——编者注

历史，或者说，历史成了哲学。人们无休止地谈论着过去，却忘记了现在和未来。这使人想起黑格尔关于哲学是黄昏到来时才起飞的密纳发的猫头鹰的著名比喻。

这些特征反映了以往的哲学所陷入的深刻的危机。然而危机是不可能永远持续下去的。正如雪莱所说，如果冬天已经来临，那么春天还会远吗？

经济改革的春风给哲学注入了新的生命，但哲学的复苏是痛苦的，因为它必须舍弃旧时的积弊，必须正视时代的挑战。

经济改革本身就展示了一系列严峻的哲学课题。其中之一是思维方式的问题。多少年来，小生产式的狭隘眼光束缚着我们的思维方式。我们的哲学教学的最高宗旨不是去培养有国际声望的哲学家或思想家，而只是去造就一些肤浅的注释者或宣传者。这种小生产式的思维方式使我们匍匐在一些远离生活大道的、僵化的观念之下，不敢抬起炎黄子孙的高傲的脑袋。其实，伟人之所以伟大，是因为我们还跪着。只要我们挣脱小生产式的思维框架，摆脱"左"的思想的羁绊，勇敢地站起来，我们一定能创造出惊世骇俗的业绩。

其中之二是人的问题。经济改革重新提出了人的问题，并把它上升为一个中心的课题。为什么在今天，浪费、压制人才的事情还时有发生？违反人道主义的现象还时有所闻？这是因为我们并没有从哲学理论的高度上真正回答人在社会主义社会中的地位和作用这个大问题。这个问题不解决，人才问题就是一句空话。其实，人探讨人，人反省人，正是人类文明进步的必然趋势。如果说，人面狮身的斯芬克司是人类摆脱自然界、动物界的最初的象征，那么，古希腊神庙中的著名箴言"认识你自己"则是人类自我意识觉醒的最初的标志。经过中世纪的漫漫长夜之后，人思索人，人尊重人，汇成了一股浩浩荡荡的人文主义的巨流，大有"黄河之水天上来，奔流到海不复回"的宏大气势。从康德到费尔巴哈，人文主义的传统不但没有衰落，相反，却获得了真正的哲学意义。马克思继承了这一伟大的传统，并以唯物史观的科学方法重新审视了人的本质、作用和价值。马克思主义经典作家的一系列论述为我们深入研讨人的问题提供了指南。在社会主义的历史条件下，我们更应理直气壮地谈论人，探讨人，这是加快精神文明建设步伐的一个重要契机。

其中之三是真理的问题。党的十一届三中全会前后开展的关于真理标准问题的讨论，是一场伟大的思想解放运动。这场讨论破除了"两个凡是"的迷信，科学地回答了真理和实践的关系问题。然而，这场讨论还没有触及更深层的问题——真理的本质。真理是不是唯一的？有没有纯粹的真理？真理是寓于一个学派之中，还是寓于众多的学派之中？真理和学术自由的关系如何？在关于真理本质的探讨中，又涉及一个更为根本的问题：究竟怎样看待马克思主义的学说？我们是站在马克思的脚旁，满足于给经典著作做注释，还是站在马克思的肩上，思考和探索新的生活？我们是满足于马克思主义的旧有的结论，还是力图在实践中丰富和发展它们？这些问题如果不解决，学术自由和学术民主的空气是无法形成的。其实，中国的学派之所以如此之少，一个重要的原因是我们在真理问题上的偏见没有得到根除。

每个有识之士都已经看到，经济改革对哲学提出了严峻的挑战。我们必然正视这些挑战，必须跟上时代前进的步伐。一百多年前，黑格尔以慷慨激昂的口吻宣称自己的使命是使哲学讲德语，换言之，要使德国的哲学在世界理论舞台上演奏第一小提琴。黑格尔的预言后来得到了应验，德国哲学曾一度成了西方思想界的宙斯。今天，我们也有充分的信心宣布：我们的使命是使哲学讲汉语。在我们伟大的、悠久而灿烂的历史中，曾经出现过老子、孔子、庄子这样伟大的哲学家。他们的传世之作引起了整个西方世界的仰慕，他们的光辉名字书写在第一流的国际哲学百科全书中。当然，历史毕竟是历史，传统毕竟是传统。留恋过去而放弃现实中的努力，只不过是弱者的表现。强者的逻辑永远是努力，是探索，是超越。

不用说，要创立现代中国的哲学，并使它成为世界学术界瞩目的中心，这并非易事。在长期实行闭关锁国政策后的今天，哲学显得贫乏而凋零，它必须面对现实，走向世界，了解世界，全方位地吸收国外文化的精华。然而这仅仅是手段而不是目的。我们的目的是创立熔东西方文化的精华为一炉的现代中国哲学。

这个使命也许是太沉重了，这个理想也许是太遥远了，但我们没有理由自卑，也没有时间自卑。真正的哲学从不崇尚空谈，它注重的是行动和进取。写到这里，我不禁想起伊索寓言中的那句著名的箴言："这里是罗陀斯，就在这里跳跃吧！"

开创哲学发生学的研究^①

在我国的哲学史研究中，至今仍存在着两大空白：一是，对哲学的史前史，即哲学的形成或发生史缺乏研究。在迄今为止的人类历史的发展中，有文字记载的历史只占非常小的一部分。人类的史前史，即原始社会史是漫长而久远的。在这段历史中，人们思维的特点和方法是什么？这种思维和文明时代的思维有何区别和联系？这种原始思维是如何过渡到以后的哲学思维的，或者说，哲学究竟是如何发生的？对这些问题，我们几乎可以说是茫然无知。二是，对具体的哲学学派的形成或发生史缺乏研究。在对哲学史上各种不同的哲学学派的研究中，我们的方法基本上是"静态的"，即注重对各个哲学学派的成熟著作、代表著作的研究，忽视对早期著作及对哲学家的性格、气质、生活轶事和书信、日记、传记的研究。这种狭隘的、单一的研究方法当然很难全面地、客观地揭示出各个哲学学派的形成和发生史。即使我们对哲学史上的少数较大的哲学学派的发生史作了某些研究，也没有自觉地把这种研究上升为一门具有普遍意义的学科。这就好像我国有自己的文献学、训诂学而无更高层次上的释

---

① 载《学术月刊》1985 年第 4 期第 17—18 页。——编者注

义学一样。

要填补上述两大空白，必须建立一门新的学科——哲学发生学。哲学发生学，顾名思义，就是研究哲学如何发生和形成的。它又可细分为两个分支学科：一为宏观哲学发生学，即通过对原始文化，特别是原始思维的研究来揭示哲学发生的过程和规律。这门分支学科还可衍生出另一门分支学科——宏观哲学发生比较学，对不同文明发源区域，如中国、希腊、印度等哲学的发生和起源做比较研究以揭示哲学发生的普遍规律。二为微观哲学发生学，即通过对哲学史上各种有影响的哲学学派形成史的研究来揭示一般哲学学派发生、发展的普遍规律。这门分支学科也可衍生出另一门分支学科——微观哲学发生比较学，以便对不同文化系统的不同哲学学派的发生进行比较研究。

迄今为止，国外学者还未明确地提出哲学发生学这门新学科，但他们的许多研究成果却为这门新学科的开拓和创立提供了有价值的启发。

在宏观哲学发生学的研究方面，我们面临的最大困难是缺乏人类史前史的文献和资料。国外学者解决这一困难的主要办法是：（一）直接研究至今还存在的土著部落的生活方式、原始宗教、神话和民间传说等文化形式。法国著名哲学家列维-布留尔在他的《原始思维》《原始人的心灵》《原始人的灵魂》等一系列著作中，深入地探讨了原始思维的基本特征和方法，认为原始人在时空、因果关系、机遇等许多问题上的思维方式都根本不同于文明人。这是因为原始人的意识是彻头彻尾地社会化了的，是完全受"集体表象"的支配的，这种"集体表象"就是原始的宗教信仰、神话、风俗和语言。列维-布留尔史前思维方式的研究具有开创性的意义。在中国，不仅有丰富多彩的古代神话传说，有形形色色的原始宗教巫术，而且在现有的 55 个少数民族中，其中不少民族，如鄂伦春族、苦聪人（现划为拉祜族）、独龙族、傈僳族、景颇族、崩龙族（现称德昂族）、拉祜族、布朗族等，仍然保留着原始公社的残余。这就为宏观哲学发生学的研究提供了极为丰富、极为宝贵的第一手资料。（二）开展对梦的研究。这一研究始于精神分析学派的开山鼻祖弗洛伊德，在荣格那里获得了更为深刻的含义。荣格主张，在人类心理的底层中，储存着一种通过许多代的遗传而积淀下来的"原始意象"或"集体无意识"。梦就是这种"原始意象"的复现。通过对梦的研究和解释，可以揭示出原始人思维的特征和规律。在中国，对梦的解释和探讨也是源远流长的。《周易》的睽卦描述的就是奇谲怪诞的梦境，在民间的传说中还流传着不少有趣的梦，如黄帝的"华胥梦"、庄子的"蝴蝶梦"、卢生的"黄粱梦"等。问题是要把梦的解释从迷信变为科学，这就可以为宏观哲学发生学的研究提供有价值的资料。（三）开展对儿童心理学的研究。在这方面，瑞士心理学家、哲学家皮亚杰的工作是开创性的。他在《发生认识论原理》的"英译本序言"中明确指出，对儿童心理的个体发生情况的研究可以弥补对史前人类认识功能的研究，因为原始人的思维和现代儿童的思维有不少相近之处。正是在对儿童心理的研究中，皮亚杰创立了发生认识论的学说。其实，把发生学的观点局限在认识论上，还显得狭隘，可以把这一研究扩展到整个哲学发生学的范围中去。

在微观哲学发生学的研究方面，国外学者也提供了不少有价值的见解和方法：（一）重视对哲学家早期著作及思想的研究。比如，伏尔泰对黑格尔早期思想的研究、卢卡奇对黑格尔和马克思早期著作的研究，分别对黑格尔哲学和马克思哲学的发展史的研究产生了重大的影响。（二）重视对哲学家的书信、日记、传记、生活轶事和个人性格、气质等方面的研究。伏尔泰把这方面的研究看作哲学史研究的一个不可或缺的方面。因为这方面的资料对我们了解一个哲学家或一个哲学学派的发生、发展说来是绝对必要的。萨特在分析福楼拜的小说《包法利夫人》时，也深入地剖析了作者的生平以及他的性格、气质等方面的因素。尽管《包法利夫人》是文学作品，但这种多层次的分析方法也正是微观哲学发生学的研究所必须遵循的方法，否则，是很难在这方面取得进展的。

开创哲学发生学的研究不仅会大大开拓哲学史研究的视野，打破长期以来在"左"的思想禁锢下形成的学科单一、内容老化的落后局面，而且也会大大地丰富并深化我们对一系列重大哲学理论问题的认识和理解。

哲学的超越性新解①

自从列宁批判了马赫主义者巴札罗夫的"超越说"以来，超越这个概念似乎成了贬义词。诚然，巴札罗夫把人对客观世界的认识称作"超越"是荒谬的，但绝不意味着这个概念就不能用了，更不意味着它和哲学从此就无缘了。关键在于如何理解、解释并运用这个概念。笔者力图从全新的意义上来阐明哲学作为一门独立的科学所必然具有的超越性。哲学的超越性主要表现在以下三个方面。

一、哲学对现实的超越

哲学既有干预现实，和现实建立联系的一面，又有超乎现实，保持其相对独立性和完整性的一面。以前人们在谈论哲学和现实的关系时，常常只看到前者而忽视后者。由于这种理解上的片面性，导致了一系列理论上和实践上的失误。

我们之所以强调哲学和现实关系中的后一方面，主要基于以下两点理由：一是因为哲学和其

---

① 原载《文汇理论探讨（内稿）》1985 年第 6 期。收录于俞吾金：《文化密码破译》，上海远东出版社 1995 年版，第 124—127 页。——编者注

他意识形态不同，它离开现实基地最远，它和现实基地的关系是通过一系列中介环节才得以发生的。如果把哲学和现实简单地、直接地联系甚至等同起来，那就违背了哲学远离现实基础这一本质特征。二是因为哲学是一门具有相对独立性的科学，尽管它的发展归根结底受制于现实，尤其是现实中的物质经济基础部分，但哲学有其自身发展的内在规律，有其系统性和完整性。固然，哲学需要走出书斋，需要通俗化，但通俗化也有一个度的问题。越过了这个度，通俗化就会变成庸俗化，哲学就会丧失自己的理论素质和科学性。

人们过去在谈论马克思主义哲学的根本特征时，往往只强调它的实践性、阶级性而忽视了它的科学性，这显然是片面的。而承认马克思主义哲学的科学性，也就表现它对现实的某种超越。这就是说，一方面要尊重从马克思主义的基本立场中逻辑地引申出来的一切结论，不能用实用主义的态度去对待它们；另一方面既要运用马克思主义的基本观点大胆地探索、干预现实，又不能无原则地随风转舵，匆忙地对现实问题下结论。只有充分兼顾到这两个方面，哲学才能成为一门生机勃勃的学科。

二、哲学对传统观念的超越

综观整个西方哲学史，哲学的进步总是在对旧的传统观念的超越中实现的。以培根为肇始人的西方近代哲学和以伽利略为代表的西方近代科学正是在扬弃、超越亚里士多德学说的基础上形成起来的。同样，马克思主义的学说也正是在扬弃并超越德国古典哲学、英国古典经济学和法国空想社会主义的基础上诞生出来的。如果马克思没有超越黑格尔唯心主义的思维方式，那他就只是黑格尔主义者而不是马克思主义者。马克思主义之所以不可超越，是因为它从不封闭真理，相反，它开拓了寻求真理的广阔的道路。马克思和恩格斯一生都坚决反对他们的后继者用教条主义的态度来对待他们的学说，教条主义是缺乏任何创造性和开拓性的。

传统观念是一种巨大的、惰性的、僵化的精神力量，它融入人们的常识之中，深深地禁锢并支配着千百万人的心灵，成为他们在实践生活中的行为标准和在精神生活中的评判标准。在这个意义上可以说，超越传统观念，也就是超越自我。尽管超越是困难的，甚至是痛苦的，但如果哲学不敢承担起这个伟大的使命，它就会丧失自己的创造性和进取性，沦为传统观念的可怜的附庸。

三、哲学对时代的超越

在哲学和时代的关系中，人们过去强调的只是两者相统一、相和谐的一面，即哲学是时代的产物，而忽略了某些哲学具有的超时代性。这里所谓的超时代性，并不意味着哲学可以在时代之外形成，这里的意思只是指某些哲学的反潮流性和对未来时代的卓越的预测力。

先看哲学的反潮流性。每个时代的思潮都有自己的主流，而邻近两个时代的主流常常存在着重大的差别，甚至是正相反对的。在一个时代的主流下，常常隐蔽着当时还未引起人们注意，但在下一个时代中注定要成为主流的某种思潮。具有卓越的洞察力和反潮流精神的哲学家，常常能够在他所生活的那个时代的主流还盛极一时的情况下，起来反对这种主流，同时倡导那种当时还被人们视若蝉翼的思潮。这样的哲学无疑具有一种超时代性。比如，当黑格尔的唯心主义哲学还在德国思想界占统治地位的时候，马克思主义的创始人就起来反对它，并创立了历史唯物主义这一崭新的世界观。这一新世界观刚诞生时，不少资产阶级学者对之嗤之以鼻，但数十年后，马克思主义学说的影响已遍及全世界。过去我们总是从时代条件的变化和新的需要上来解释这种现象，这当然是必要的。但完全忽略了哲学家的主观方面，即他的哲学自身所具有的非凡的洞察力和超时代性。事实上，当绝大多数人还陶醉在一个时代的主要思潮中时，总有一些敏锐的思想家率先认识到并说出了下一个时代的理论需要。

现在来看哲学对未来时代的预测力。哲学不仅要为历史和现实画像，而且更要跨越时代之间的屏障，为未来画像。哲学对未来时代的憧憬和预测，正是它的超时代性的又一个表现。过去最流行的一种偏见是把逻辑思维和想象力对立起来，认为前者是哲学的事，后者则是艺术的事。其实，哲学同样需要想象力，特别是对未来时代的想象和预测。凭借这种想象力，哲学可以向前做跨越时代的飞行，否则，它就只是它所赖以产生的那个时代的"囚犯"了。

综上所述，哲学的超越性是一个重要的课题，有必要运用马克思主义的基本观点做深入的研究。

哲学研究要提倡发散式思维[①]

长期以来，由于"左"的思想的禁锢，我国的哲学研究缺乏生动活泼的场面，显得拘谨有余而开拓不够、收敛过头而发散不足。近几年来，这种局面已有所改观，但起色不大。笔者认为，要打破这种单调沉闷的氛围，有必要在哲学理论工作中大力提倡发散式思维。

发散式思维是一种开拓型、创新型的思维，它将整个地改变我们在过去的哲学研究中所采取的做法。

(一)研究对象、研究领域上的发散

从以往哲学研究的对象或领域来看，都显得过分狭隘，过分密集。如马克思主义哲学史的研究，兴奋点都集中在马克思、恩格斯、列宁、斯大林、毛泽东的学说上，很少有人去研究拉布里奥拉、狄慈根、梅林、拉法格、普列汉诺夫、卢森堡、邓小平等人的思想。不研究这些对象，能完整地描述出马克思主义哲学史发展的整个过程吗？又如，我们对外国哲学的研究，几乎都密集在西方哲学上，对西方哲学的研究又密集在其主

---

① 原载《文汇报》1985 年 6 月 6 日；《新华文摘》1985 年第 8 期全文转载。收录于俞吾金：《寻找新的价值坐标——世纪之交的哲学文化反思》，复旦大学出版社 1995 年版，第 178—180 页；俞吾金：《生活与思考》，复旦大学出版社 2011 年版，第 51—53 页。——编者注

要代表人物,如柏拉图、亚里士多德、休谟、康德、黑格尔等人的身上,研究的面非常狭窄。诚然,这些人物是重要的,应当重点加以研究,但为什么不组织更多的力量去开拓阿拉伯哲学、印度哲学、日本哲学等新的领域呢?即使在西方哲学的研究领域里,也有好多"飞地",为什么我们不去开垦呢?大家都挤在少数对象和领域中,这并不合乎我们全方位地吸收国外优秀文化遗产的宗旨。

西方有些学者在运用发散式思维,开拓新领域方面为我们提供了有益的启示。比如,一般的哲学家只研究成年人的认识规律,而瑞士心理学家、哲学家皮亚杰则独辟蹊径,开创了研究儿童认识发生、发展规律的新领域,他的发生认识论已为国际学术界所瞩目。因此,我们在哲学研究中,也要敢于发扬哥伦布的精神,去发现新大陆,开垦新领地。坐井观天,偏于一隅的做法都是缺乏创造性的表现。

(二)学术观点上的发散

治学贵新,这几乎是古今学者的通论。然而,审视新中国成立以来我国的哲学研究的成果,我们不无遗憾地发现:绝大多数专著、论文立论平稳,行文拘谨,缺乏探索性和发散性。比如,我们对西方哲学的研究长期停留在介绍、描述的阶段,真正有见地的研究专著和论文简直是凤毛麟角。说句不客气的话,我们的哲学研究实际上不过是哲学介绍,它只是起了一个"传声筒"的作用。

综观整个西方哲学史,凡是优秀的哲学家在学术观点上都敢于发散,敢于标新立异,一方面是大胆怀疑前人的结论和传统的见解,另一方面是敢于发前人之所未发。出生于奥地利的著名分析哲学家维特根斯坦一生创立了两种不同的哲学,这两种哲学都对西方学术界产生了巨大的影响。维特根斯坦在哲学观点上的卓越的创造性表明了他的思维的高度的发散性和超越性。当然,在哲学观点上讲发散,讲标新立异,多少是要担一些风险的。在我国理论界,这样的事是屡见不鲜的:每当一种新的、不同的观点出现时,总有人指责它离经叛道。其实,新观点所离之经不过是教条主义之经,所叛之道不过是教条主义之道。诚然,新观点中也可能会有错误，但如果大家都怕犯错误，都不敢去探索，那哲学这门学问岂不是可以取消了吗？

(三)思维振荡幅度上的发散

从时间上看，思维振荡幅度是由历史、现实、未来这三部分组成的。在以往的哲学研究中，思维振荡的幅度很小，大多局限在历史的范围内，即对以往的思想资料进行注释、介绍或研究，哲学工作者的思维很少振荡到现实中去，至于未来，就更少有人问津了。因为研究未来，不仅要有对历史和现实的深刻的洞察力，而且更需要卓越的想象力和预测的能力。我们的哲学研究必须大大地扩展思维的振幅，把它发散到现实和未来的领域中去，这也正是邓小平同志提出的"三个面向"的指示所蕴含的意思。

在当今世界上，对未来的研究和预测已蔚然成风。美国的未来学学会已拥有数万名会员。这种变化值得引起我们的高度重视。总之，不研究现实的哲学是胆怯的，不探索未来的哲学是近视的。坚定不移地把思维振荡、发散到现实和未来的领域中去，不满足于在历史的尘埃中蠕动，正是我们青年理论工作者的责任和使命。

(四)思维方式上的发散

以往的哲学研究在思维方式上几乎只使用演绎法，即从某个高层次的原理出发，去理解、说明和规范事实。演绎法是一种收敛式的思维方式，它并不产生新的知识，因为结论早就蕴含在大前提中了。仅仅运用这种方法，思维是不可能有创造性和开拓性的。试问，列宁关于社会主义革命有可能在一个或几个国家中率先取得胜利的理论能从马克思的学说中演绎出来吗？试问，毛泽东关于农村包围城市的理论能从马克思、列宁的学说中演绎出来吗？试问，《中共中央关于经济体制改革的决定》中关于"有计划的商品经济"的概念能从《哥达纲领批判》中演绎出来吗？思维的创造性和开拓性体现在归纳法中。归纳法要求我们的思维不断地向外发散接触和研究新的事实，从事实中提炼概括出一般的原理，上述新观点都是在接触实际、研究新事实的基础上提出来的。哲学研究如果只使用演绎法，就会不可避免地导致教条主义。当然，我们并不主张抛弃演绎法，我们主张把演绎法和归纳法结合起来，而在这个结合中，归纳法始终应占主导地位。没有这一条，就不可能有发散式思维，就不可能有创造性和开拓性。

哲学的常识化与常识的哲学化[①]

　　唯物史观告诉我们，现实生活，尤其是经济生活中的深刻的变动必然会引起意识形态领域，特别是哲学领域中新旧观念之间的激烈冲突。旧的固定观念由于其根深蒂固的传统力量和漫长久远的历史影响，已经积淀、凝固并通俗化为妇孺皆知的常识。这种常识渗入人们的血液之中，内化为他们心目中的神圣不可侵犯的权威，成了他们选择、评价各种知识的不可动摇的潜在的认知结构，也成了他们从不加以反思、从不加以怀疑的思想标准和行为标准。

　　在上述意义上，哲学被常识化了，或者说被凝固化、僵化了。这一过程所付出的惨重代价是：常识已不再是哲学了。正如黑格尔所说，常识作为一个时代的思想方式，"其中包含着这个时代的一切偏见"[②]。特别值得注意的是，在哲学常识化的过程中，马克思主义哲学的某些基本原理被误解乃至被歪曲了。因此，哲学改革的使命就是正确地运用马克思主义的立场、观点、方

---

　　①　原载《学术月刊》1985 年第 9 期第 22—25＋21 页。收录于俞吾金：《寻找新的价值坐标——世纪之交的哲学文化反思》，复旦大学出版社 1995 年版，第 23—31 页。——编者注

　　②　[德]黑格尔：《哲学史讲演录》第 2 卷，贺麟、王太庆译，商务印书馆 1960 年版，第 33 页。

法，通过批判性的透视，重新从常识中拯救出哲学的灵魂，或者说，重新把常识恢复并提升为哲学。

一

许多人习惯于用学到的哲学观点去思索实际生活中发生的一件事情，但很少对自己信奉的哲学观点本身进行再思索，似乎哲学提倡思索只是为了使自己获得不被思索的豁免权似的。对哲学本身的审视，必须从一些最基本的"常识"开始。

(一)哲学的定义

翻开任何一本教科书，几乎都能找到这样的定义：哲学是关于世界观的学问。什么是世界观呢？世界观就是人们对整个世界的认识或根本观点。整个世界指的又是什么呢？那就是无限的宇宙整体。这样，问题就随之而产生了：人们对整个世界或世界整体的认识是可能的吗？如果是可能的话，这种认识又具有怎样的性质呢？

众所周知，人类经验到或接触到的周围世界的范围尽管在不断地扩大（朝着宏观方向和微观方向），但它总是有限的、具体的，并且永远只可能是整体世界的一部分。在认识活动中，人们凭借抽象的思维概念，从有限中认识无限，从具体中认识一般，但这种认识的基本方法是经验的、归纳的，因而不具有普遍必然性。关于这一点，莱布尼茨在《人类理智新论》中就已经指出了："印证一个一般真理的全部例子，不管数目怎么多，也不足以建立这个真理的普遍必然性，因为不能得出结论说，过去发生过的事情，将来永远会同样发生。"[1]以后，许多思想家，如休谟、康德、黑格尔、波普等都以不同的术语重复过同一观点。特别是波普关于经验真理只能证伪，不能证实的见解使上述观点广为人知。

---

① ［德］莱布尼茨：《人类理智新论》(上)，陈修斋译，商务印书馆 1982 年版，第 4 页。

更棘手的问题是，即使我们能通过有限或具体的尝试去获得无限或一般的知识，但我们能不能从部分(我们生活的周围世界)中去获得整体(整个外部世界)的认识呢？列宁告诉我们："人不能完全把握＝反映＝描绘全部自然界、它的'直接的整体'，人在创立抽象、概念、规律、科学的世界图画等等时，只能永远地接近于这一点。"①所谓"接近"，也就是说，到达是不可能的。因为整体总是大于部分的，它并不等于部分的简单总和。这在格式塔心理学、布尔巴基数学理论、结构主义学说中都得到了透彻的说明。既然整体大于部分，包含着部分的单纯积累所没有的东西，那么，如果就人类的思想只能无限地接近世界整体这个意义上来看，世界整体是人类的认识所无法达到的。恩格斯在谈到思维的至上性和非至上性时，明确指出，思维的至上性只是就其本性和可能性而言的，在其现实性上，它总是不至上的和有限的。② 恩格斯在谈到存在的时候，还说过："在我们的视野的范围之外，存在甚至完全是一个悬而未决的问题。"③因此，从哲学上看，当康德和维特根斯坦认为世界整体不可知或不可说的时候，如果我们仅仅据此而指责他们为不可知论者或神秘主义者，那恐怕是不够慎重的。

因此，当人们把哲学定义为关于世界观的学问的时候，哲学认识实际上就变形为自由的想象和猜测，就很难超出黑格尔唯心主义思辨说的窠臼。当然，哲学有理由部分地保留自由想象和猜测的权利，但它主要的研究对象应该是我们生活、实践、经验到的周围世界，用马克思的术语来说，就是"人化自然"。这样哲学就可以免去许多无谓的、抽象的争论，真正成为现实生活的指南。

(二)哲学的功能

一般的哲学教科书都认为，哲学的功能有两个方面：一方面，哲学对自然科学和社会科学的成果进行概括和总结；另一方面，哲学又对自

---

① 列宁：《哲学笔记》，人民出版社 1960 年版，第 194 页。
② 恩格斯：《反杜林论》，人民出版社 1970 年版，第 84 页。
③ 同上书，第 41 页。

然科学和社会科学的研究、对人们的实际生活起指导作用。这两方面的功能并不是历时性的，而是共时性的，即同时发生、同时起作用的。这个理解显然是有道理的。但从理论上看，不够完整，在实践上也存在一定的问题。

众所周知，概括和总结总是面向过去的，或者说面向已存在的东西的。因为人们不可能概括和总结将来的、尚未存在的东西。对哲学功能的这一理解本身就已排斥了哲学对现实生活中正在发生的事情的思考，更排斥了哲学对未来的思考和探索。这很容易使我们联想起黑格尔关于哲学是黄昏到来时才起飞的密纳发的猫头鹰的著名比喻。① 根据这一比喻，哲学的功能或使命就是回首白天已发生的事情，进行事后的理论概括和总结。

由于对哲学功能的这一偏执的理解，以往的哲学研究基本上滞留在历史的范围内，即对过去的自然科学和社会科学成果进行总结，对已有的说明这些成果的哲学学说进行注释、介绍、研究或批判。哲学工作者的思维很少振荡到现实中去，至于未来，就更少有人问津了。

其实，纵观西方哲学发展史，不难发现，对现实和未来的研究正是哲学的基本功能之一。柏拉图的《理想国》、莫尔的《乌托邦》、培根的《新大西岛》、康帕内拉的《太阳城》都是研究未来、预测未来的杰作。作为马克思主义的三个来源之一的法国空想社会主义也非常注重对未来社会的研究。尽管这些研究具有很多空想的成分，但是得到了马克思的高度评价。

马克思本人也非常重视对正在发生的现实生活和未来的研究。1848年的欧洲革命开始后，马克思对正在发生的现实事件做出了深刻的分析。这种研究完全可以说是同步的，即平行于正在发生的历史事件的。马克思主义创始人对未来共产主义的大量论述更表明了他们对未来的重视和研究。邓小平同志提出的"三个面向"的指示也蕴含着同样的意思。

---

① ［德］黑格尔：《法哲学原理》，张企泰译，商务印书馆 1961 年版，序言第 14 页。

有人也许会反驳说，肯定了哲学的"指导"功能，不正表明哲学是面向现实、面向未来的吗？恐怕不能这样简单地下结论。哲学的指导作用并不一定是指向未来的，还得看你的研究领域是历史、现实还是未来。即使你运用哲学观点去研究现实和未来，也还有一个用什么哲学观点指导的问题。如果用从过去时代的自然科学和社会科学中概括和总结出来的错误的哲学观点去研究现实和未来，就有可能把未来拉回到历史的怀抱中去。哲学如果不与最新的自然科学和社会科学并驾齐驱，那它的指导作用就是一句空话。

总之，我们过去对哲学功能的理解是过于狭窄了，这是哲学研究趋于僵化的一个重要原因。

(三)哲学基本问题

过去对哲学基本问题理论的运用存在着简单化的倾向。产生这种倾向有两个层次的原因：一是对哲学基本问题理论的理解存在着简单化的现象；二是哲学基本问题理论本身是否也面临着一个丰富化、立体化的问题。我们这里感兴趣并准备讨论的是第二层次的问题。

在《路德维希·费尔巴哈与德国古典哲学的终结》一书中，恩格斯提出了哲学基本问题的两个方面，从中必然会引申出哲学基本问题的第三个方面：

如果思维和存在具有同一性，它们是怎样同一的？如果没有同一性，它们何以不能同一？

假如把哲学基本问题的第一方面对应于本体论，第二方面对应于认识论，那么第三方面就可以对应于方法论。事实上，任何哲学都有一个基本的方法论的问题。不从属于一定的方法论的哲学是不存在的。当代科学哲学家费耶阿本德虽然提出了"反对方法"（against method）的口号，但"反对方法"本身仍是一种方法。从当代西方哲学发展的趋向看来，方法论的重要性变得越来越突出了。

因此，把方法论整合进哲学基本问题，从而使哲学基本问题立体化、丰富化是极为重要的。如果仍然把方法论游离于哲学基本问题之外，那对哲学的研究就很难最终摆脱简单化的倾向。同时，必然会把哲学的能动性，特别是马克思主义哲学的能动性看作一种外在的、附加上去的东西，实际上，这种能动性正是内在于马克思主义的唯物主义基础之中的。

二

在对哲学自身的一些基本"常识"进行了透视之后，让我们再来看看哲学和其他方面的关系。

（一）哲学与解释

在《关于费尔巴哈的提纲》中，马克思说过这样一段话："哲学家们只是用不同的方式解释世界，问题在于改变世界。"①长期以来，人们把这段话误解为：以前一切旧哲学是只讲"解释世界"的，而马克思主义哲学是只讲"改变世界"的。诚然，与一切旧哲学比较，马克思主义哲学的根本特征之一是强调实践，强调对客观世界的改造，但"改变世界"是不可能脱离"解释世界"来进行的。实际上，"改变世界"蕴含着"解释世界"。反之，"解释世界"却并不一定会导向"改变世界"。

在马克思主义哲学中，"解释世界"和"改变世界"从来都是统一的。和任何其他的理论体系一样，马克思主义哲学也是对客观世界的一种解释，不过由于它在解释中特别强调实践的作用和意义，因此它比其他的理论拥有更多的真理性。

不仅哲学学说本身是一种解释理论，而且人们对任何哲学学说阐释与发挥也是一种解释模式。但由于上面提到的那种误解，由于人们对解释或理解的普遍性的忽略，以致常常会把被理解的对象和对对象的理解简单地等同起来。这种等同特别表现在对马克思主义学说的研究中。比

---

① 《马克思恩格斯选集》第 1 卷，人民出版社 1995 年版，第 57 页。着重号为引者所加。

如，我们经常见到书名为《马克思主义哲学基本原理》的著作，这里就有一个对解释或理解的忽视问题。在严格的哲学意义上，这本著作的书名应当写成《我对马克思主义哲学基本原理的理解（或解释）》。至于这种理解或解释在多大程度上正确地、完整地描述了马克思主义哲学的真谛，这应当诉诸学术讨论，由讨论来确定。

一旦人们把对对象的理解和被理解的对象区分开来，人们对周围世界的认识、对任何一种哲学理论的认识就不会被绝对化、凝固化、僵化了。

理解或解释涵盖一切，这正是哲学在揭示周围世界的奥秘时面临的一个重要课题。

(二)哲学与创造

对创造这个概念，人们似乎已习以为常了，以致对它反倒缺乏创造性的见解了。在提到创造概念时，应当注意以下两个层次的区别：一是量的创造与质的创造的区别。所谓量的创造是指人在干劲上、热情上的迸发。质的创造则是指人在智慧上的迸发，人对科学技术和文化的大幅度推进。比较起来，质的创造是更重要的，它是人类文明发展的真正杠杆。二是在质的创造中，又可以进一步划分出应用性创造和开放性创造。讲到这里就涉及哲学的思维方式的问题了。

所谓应用性创造，就是凭借演绎的方法，从某个高层次的原理出发，去理解、说明和规范事实。演绎法是一种收敛式的思维方法，从理论上看，它并不产生新的知识，因为结论早就蕴含在大前提中了。但从它推进了实践和实际生活的角度上来看，它仍然具有一定的创造性。所谓开放性创造，就是运用归纳的方法，不断地去接触和研究新的事实、新的材料，从中提炼出新的观点。比如关于"一国两制"的新构想，关于"有计划的商品经济"的概念，都是开放性创造的结果。正如我们在上面已经指出过的那样，归纳法尽管有它的局限性，尽管得不出普遍必然的结论，但作为发散型、开放型的思维方式，无论在理论上和实践上都有很大的创造性。

当然，我们并不主张把归纳法和演绎法对立起来，我们也主张把它们结合起来，但这种结合相对于原来的理解而言，必须有一个结构性的变动，即应以归纳法为主导方法。一旦达到了这一点，我们就不会留恋于一些早已不适合于实际生活的固定观念，而会始终面向生活、面向实际。这样，人们的创造性就会极大地焕发出来。实际上，哲学研究的使命之一就是促进创造性，开发创造性。

(三)哲学与超越

我们这里讨论的超越，指的是哲学作为一门科学所必然具有的独立性和反潮流性。

独立性：对现实的超越。哲学要超越现实，这并不等于说，哲学要脱离现实。相反，哲学必须密切地联系现实，否则它就失去了自己的生命力。问题在于，光认识到这一点还是不够的。众所周知，哲学和现实的关系是通过一系列中介的环节才得以实现的。哲学要联系现实，但它有自己独特的方式，它不可能像各种应用科学一样，成为实际生活或事务的管家婆，更不能匆匆忙忙地对现实下结论，尔后又去推翻这个结论或去维护一个新的结论。哲学要维护自己的科学性、独立性和完整性，在联系现实时就不能为现实所淹没，更不能沦为现实的简单的附庸。哲学在接触现实的时候，同时又应该有一种超越现实的素质。在这个意义上说哲学和现实应当保持一段距离并不是错误的。

反潮流性：哲学对时代的超越。过去我们在理解哲学与时代的关系时，常常只注意到哲学受制于时代、哲学是时代的产物这一方面，而忽略了优秀的哲学所具有的超时代性。这种超越性集中表现在优秀哲学的反潮流的特征中。

一般说来，优秀的哲学常常具有反时代潮流的精神，它们能够在当时笼罩一切、盛极一时的时代主潮中，洞见或说出下一个时代的需要。比如，在 19 世纪 40 年代，黑格尔哲学在德国乃至整个欧洲大陆上盛极一时，是公认的时代精神或时代主潮。当时，马克思主义的创始人就勇敢地起来反对它，并在这一批判的历史过程中形成了自己的哲学。马克思对黑格尔的批判和超越，本质上是对他所生活的那个时代的批判和超越。如果马克思没有超越他所生活的那个时代的主潮流，那他就只是一个黑格尔主义者而不是一个马克思主义者。

偏执地强调时代对哲学的束缚，就不可能正确地评价哲学本身的创造性和能动性，也无法解释人类文化史的发展。哲学从一定时代中产生而又可能改造并超越这个时代，这就是我们在探讨这个问题时所得出的结论。

任何哲学，如果要在人类思想发展史上占有一席之地，首先，就必须有自己的风格。哲学的风格主要表现在主导性原则上，其次，还应表现出一定的民族特色、语言特色和哲学家本人的文风、气质、性格等。这样一来，哲学才可能像实际生活一样显得千姿百态，生机勃勃。

在改革开放的伟大历史潮流中，到处都充斥着哲学和常识、新观念和旧观念的冲突。哲学工作者的使命不是用旧观念和常识去裁剪、规范新的事实和新的观念，而应该立足新的事实和新的生活，在剖析、批判这些常识和旧观念的过程中，去促进新观念的发展，促进哲学的繁荣，促进历史的进步。

1986年

论哲学发生学①

在我国的哲学史研究中，至今仍存在着两大空白：

一是对哲学史的史前史，即哲学的发生史或形成史缺乏研究。众所周知，在迄今为止的人类历史中，有文字记载的历史只占非常小的一部分，人类的史前史，即原始社会史是漫长而久远的。在这段历史中，人们思维的特点和方法是什么？它和文明时代的思维有何区别与联系？原始思维是如何过渡到以后的哲学思维的，或者说，哲学究竟是怎样发生的？对这些问题，马克思主义的创始人是非常重视的，这从马克思和恩格斯对摩尔根《古代社会》一书的高度赞扬中可以窥见。而恩格斯在1890年致康拉德·施米特的信中强调，哲学、宗教等思想领域"它们都有一种被历史时期所发现和接受的史前的东西"②，实际上已经提出了研究哲学的史前史，即哲学发生史的重大理论课题。

---

① 原载《复旦大学学报（社会科学版）》1986年第1期第55—66页。收录于俞吾金：《俞吾金集》，黑龙江教育出版社1995年版，第93—117页；《寻找新的价值坐标——世纪之交的哲学文化反思》，复旦大学出版社1995年版，第348—372页。后改写为《重视对哲学发生学的研究》，原载《光明日报》1986年5月12日。收录于俞吾金：《文化密码破译》，上海远东出版社1995年版，第128—131页。——编者注

② 《马克思恩格斯选集》第4卷，人民出版社1995年版，第703页。

二是对具体的哲学家或哲学流派的思想形成或发生史缺乏研究。在这方面，我们沿用的方法基本上是静态的，即把各个哲学家或哲学流派的思想作为一个结果、一种状态、一个抽象的点来研究，而不是作为一个过程、一种发展、一条线索来研究，其结果往往是重视哲学家的晚期著作，忽视了他们的早期著作。20 世纪初以来，狄尔泰对早期黑格尔思想、卢卡奇对黑格尔和马克思早期著作的研究，在国际学术界产生了巨大的影响，这表明了静态研究方法的极大的局限性。诚然，我们已建立了"马哲史"这门学科，以研究马克思主义哲学的发生、发展的历史，但这种发生学的研究尚未上升为一门普遍的学科，把所有哲学家和哲学流派的思想无例外地作为发生过程来研究。

　　要填补上述两大空白，有必要建立一门新的学科——哲学发生学。它作为研究哲学如何发生、如何形成的科学，有两个分支：一为宏观哲学发生学，即通过对原始文化，尤其是原始思维的研究来揭示哲学的史前内容的特征，它与历史时期的哲学思维的区别和联系，以及它是如何过渡到真正的哲学思维的；二为微观哲学发生学，即通过对哲学史上有影响的哲学家和哲学流派思想的发生和形成的研究来揭示一般哲学家或哲学流派学说发生的普遍规律。

　　迄今为止，国外学者还未明确提出哲学发生学这门新学科，但他们的许多研究成果，特别是发生学的方法却为我们提供了有益的启示。发生学方法的酝酿和提出，尤其要归功于瑞士心理学家、哲学家让·皮亚杰。皮亚杰关于发生认识论著作的问世，标志着这一方法日趋成熟。这是 20 世纪以来哲学方法论发展中的一个富有历史意义的事件。尽管皮亚杰的发生学方法主要是和关于儿童智力的实验联系在一起的，比较具体、狭隘，但我们可以赋予它更抽象、更宽泛的意义，从而把它作为考察各种哲学思想形成、发展的基本方法。

　　开展哲学发生学的研究具有重要意义。首先，它将大大拓宽哲学研究的领域，打破长期以来学科单一、内容老化的局面，并使我们的研究方法得到提高和完善，使辩证法在各方面都得到彻底的贯彻。其次，哲学发生学的研究除了可推动人类学、民族学、传记学等诸多学科的发展外，还将对艺术、宗教、伦理等其他意识形态领域的研究提供启发，因为这些学科乃至人类的整个文化都有一个发生的问题。最后，在宏观哲学发生学和微观哲学发生学的研究中，我们将得出一些有重要价值的结论。这些结论将使那些在哲学和哲学史研究中令许多哲学家感到困惑和难解的问题获得新的解释和出乎意料的解决。

下面，我们分别就宏观哲学发生学和微观哲学发生学作一初步的介绍和探讨，以期这门新学科能引起学术界的兴趣和重视。

一、宏观哲学发生学

如前所述，宏观哲学发生学主要研究原始社会或史前人类思维的基本特征、规律及向文明社会的哲学思维过渡的条件、契机等。

这一根本的研究方向决定了宏观哲学发生学的主要研究对象是原始部落的生活方式、风俗制度、原始宗教、神话传说和语言等文化形式。这些文化形式，有的是通过发掘、考据发现的，有的是至今还存在着的"活化石"，有的则是通过世世代代的流传而保存下来的。在中国，不仅有世代相传的丰富多彩的神话故事，有形形色色的原始巫术宗教，而且在现有的 55 个少数民族中，有许多民族，如鄂伦春族、苦聪人（现划为拉祜族）、独龙族、傈僳族、景颇族、崩龙族（现称德昂族）、布朗族、拉祜族等，仍保留着原始公社的遗迹。这就为宏观哲学发生学的研究提供了极为宝贵的第一手资料。

除上述的主要研究对象外，还有两个补充的、间接的研究对象：一是对梦的研究。这一研究始于精神分析学派的开山祖弗洛伊德（S. Freud），在他的弟子荣格（C. G. Jung）那里获得了更为深刻的意义。荣格主张，在人类心理的底层中，存储着一种经过许多世代的遗传而积淀下来的"原始意象"或"集体无意识"。梦就是这种"原始意象"的复现。

因此，通过对梦的分析，在一定程度上可以复现出原始思维的某些特征。在中国浩如烟海的各种文献中，记载着大量的梦，而越接近原始社会的梦对我们越有价值。比如，《周易》的睽卦描述的就是奇谲怪诞的梦境。只要我们用批判的眼光去看待这些梦的记录，使梦的解释从迷信变为科学，就可为宏观哲学发生学的研究提供重要资料。二是对儿童心理学的研究。皮亚杰的一个基本观点是，儿童的思维在一定程度上对应于原始人的思维。这对我们研究原始思维显然是有帮助的。

以原始文化，特别是原始思维为主要研究对象的宏观哲学发生学和民族学(也叫人种学)①、人类学研究的侧重点不同。民族学主要对不同的原始团体的生活方式进行比较研究，人类学则研究人的本质和行为方式。这两门学科相互补充，能较完整地透视原始社会。

对原始文化的研究始于英国学者泰勒(E. B. Tylor)。1871 年，泰勒出版了《原始文化》一书。他的基本观点是，野蛮人的思维与文明人的思维并没有质的差别。原始人的思维看起来是古怪的，但实际上既不荒谬，也不矛盾。他认为，原始人有"一个相当一致和合乎理性的原始哲学"，他甚至称原始人为"原始哲学家"或"古代野蛮哲学家"。另一个英国的著名学者弗雷泽(J. G. Frazer)在 1922 年出版的巨著《金枝》中描述了世界各国的神话故事。他和泰勒持同样的观点，完全以现代人的理智的方式去理解原始人，从而忽视了原始人思维与文明人思维的重大差别。这很容易使我们想起马克思对瓦格纳的《尼伯龙根的指环》歌词的批评。当瓦格纳在《尼伯龙根的指环》的歌词中说"谁曾听说哥哥抱着妹妹做新娘?"时，表明他完全不懂得这在原始人中是司空见惯的事情。

法国人类学家列维-布留尔激烈反对泰勒和弗雷泽的观点，但他又陷入了另一个极端，主张原始思维与文明思维是完全不同质的。正如卡

---

① 特别需要指出的是，我国的民族学研究几乎只涉及原始人的生活方式、婚姻、制度等情况，对原始人的思维则很少研究，今后有待加强。

西尔(Ernst Cassirer)指出的："如果这个理论是正确的，对神秘思想的任何分析总是不可能的。"①布留尔后来放弃了这种极端的观点。他在《原始思维》的俄译本序中写道："在人类中间，不存在为铜墙铁壁隔开的两种思维形式———一种是原逻辑的思维，另一种是逻辑思维。但是，在同一社会中，常常(也可能是始终)在同一意识中存在着不同的思维结构。"②这一理论对我们揭开原始思维之谜是极有价值的，在后面的论述中将详细地加以讨论。

当代法国著名的结构主义人类学家列维-斯特劳斯(Lévi-Strauss)和卡西尔一样，不同意列维-布留尔的观点。他主张，两种思维的差别仅在于：原始人的思维对周围世界抱着一种不仅是一般的而且是总体的理解："如果你不能理解每一样东西，你就不能说明任何东西。"他称此为"野蛮思想的总体主义野心"③。由于这种野心是虚妄的，因此，神话只是单纯的幻想。而与此不同的是，文明人的科学的思维是分析的、逐步进行的，因而能获得成功。列维-斯特劳斯强调得更多的是两种思维的共同点。他认为，原始人既富于激情，又不乏理智，他"确切地是作为一个哲学家或甚至在某种程度上是作为一个科学家"出现的。④ 这在某种程度上是泰勒观点的回复。从结构主义的立场出发，列维-斯特劳斯主张，原始思维和文明思维一样是有结构的，所以，对于人类学家说来，"他的目标就是超越意识和总是变化着的印象，去把握无意识可能性的全部范围"。⑤

这些人类学家对原始文化，尤其是原始思维的研究，提供了极有价值的借鉴。下面，我们先来探讨宏观哲学发生学关心的第一个问题：原

---

① E. Cassirer, *The Myth of the State*, New Haven：Yale University Press，1946，p. 12.

② [法]列维-布留尔：《原始思维》，丁由译，商务印书馆1981年版，第3页。

③ E. Cassirer, *The Myth of the State*, New Haven：Yale University Press，1946，p. 17.

④ Ibid.，p. 16.

⑤ Levi-Strauss, *Structural Anthropology*，New York，Basic Books，1974，p. 23.

始思维的根本特征是什么？

列维-布留尔主张，原始思维的根本特征是"集体表象"。对此，他并没有下一个简洁明了的定义，但我们从他的许多论述中可以概括出如下的特点：集体表象不是像现代人那样的单个人的意识，而是充分社会化了的、世代相传的原始意识，它对集体的每个成员都有巨大的约束力，甚至带有某种强制性；集体表象并不是现代人所理解的认识论意义上的冷静的感知，而是充斥着对客体的尊敬、恐惧、崇拜等神秘的情绪、热情和某种运动的因素。那么，集体表象又是受什么规律支配的呢？不同的集体表象之间又是怎样得到关联的呢？列维-布留尔告诉我们："事实上，原始人的智力活动，由于是集体的智力活动，所以也有它自己特有的规律，而其第一个也是最一般的一个就是'互渗律'。"[1]其"实质恰恰在于任何两重性都被抹杀，在于主体违反着矛盾律，既是他自己，同时又是与他互渗的那个存在物"[2]。比如，原始人常把自己和其影子等同或互渗起来，认为自己的影子一旦受到侵犯，也就是自己的人身受到侵犯。又如，原始人还常把现实和梦境互渗并等同起来。如果梦见自己的住房被烧掉了，他就认为这是神的旨意和命令，因此期待自己的住房真的烧起来。此外，把人互渗或等同于各种各样的动物、植物等更是层出不穷。

总之，受互渗律支配的集体表象对矛盾采取完全不关心的态度，这使我们很难想象这种原始意识起作用的过程。根据列维-布留尔的看法，正是在以互渗律为基础的集体表象的支配下，原始人的思维采取了"原逻辑思维"的形式。现在，我们开始触及宏观哲学发生学关心的最核心的问题了。

原逻辑思维是什么意思呢？据说，列维-布留尔的这一概念引起了许多误解，不少人把它解释为"非逻辑的思维"。布留尔申辩道，原逻辑

---

① ［法］列维-布留尔：《原始思维》，丁由译，商务印书馆1981年版，第72页。
② 同上书，第450页。

思维并非是超越、背离一切逻辑规则的思维，问题是不能像我们那样去判断、去推理的。这个解释既苍白又多余。既然原始思维是在违背矛盾律的互渗律的基础上进行的，那又怎么可能引申出合乎逻辑的任何结论来呢？可见原逻辑思维也就是非逻辑思维。实际上，列维-布留尔真正想说明的意思是，在原始思维中，原逻辑思维是主体，同时也包含着少许逻辑思维。正如他所说："在原始民族的思维中，逻辑的东西和原逻辑的东西并不是各行其是，泾渭分明的。这两种东西是互相渗透的，结果形成了一种很难分辨的混合物。"①

那么，原始人思维的主要表现形式——原逻辑思维又具有怎样的基本特征呢？或者具有哪些普遍的、带规律性的东西呢？从列维-布留尔的大量论述中，可以归纳、概括出如下五方面的特征：

1. 综合性

现代人在思维中做出综合之前总是先进行分析，先了解、整理、条理化各种事实、材料。而"原逻辑思维本质上是综合的思维"②。这一特征很容易使我们想起列维-斯特劳斯说的"野蛮思想的总体主义野心"。根据列维-布留尔的观点，原逻辑思维几乎完全是拒斥分析的。这是因为集体表象乃是每个原始人头脑中的综合的思维模式。在集体表象中，包含着原始人对周围世界的总的看法。用现代的语言来说，这是一个给定的、不可违背的世界观。它如此根深蒂固地左右着原始人的认识和思维，以致他们很少去分析事物，很少去重视经验的作用。甚至当原始人头脑中的集体表象和经验发生冲突时，他们宁可舍弃后者而服从前者："在原始人那里，这个知觉的产物立刻会被一些复杂的意识状态包裹着，其中占统治地位的是集体表象。原始人用与我们相同的眼睛来看，但是用与我们不同的意识来感知。"③这种思维的综合性、不可动摇性在希腊哲学家那里仍然占有很大的优势。正如恩格斯指出的："在希腊人那

---

① ［法］列维-布留尔：《原始思维》，丁由译，商务印书馆1981年版，第100页。
② 同上书，第101页。
③ 同上书，第35页。

里——正是因为他们还没有进步到对自然界进行肢解、分析——自然界还被当作整体、从总体上来进行观察。"①从中可以窥见原始思维和文明思维之间的内在联系。

2. 具体性或直观性

列维-布留尔告诉我们:"在原始人那里,思维、语言差不多只具有具体的性质。"②原始人的思维构成了一个极为丰富的宝藏,而"这个宝藏则整个地或者差不多整个地以直观的形式表现在语言本身中"③。在原始人的思维和语言中,虽然也有手、耳、足等概念,但与现代人的概念完全不同,列维-布留尔称之为"心象—概念",并把它看作一种完全特殊化的东西。原始人"所想象的手或足永远是某个特定的人的手或足,这个人是与这个手或足同时被叙述出来的"④。我们所考察的社会越原始,"心象—概念"在其中的统治地位就越强。这尤其表现在原始人"是用一种在与我们相比之下完全可以叫做具体的方法来数数和计算的"⑤。大量研究资料表明,原始人在计数时,总是把数和具体的对象联系在一起的。⑥ 原始思维的具体性或直观性还表现在手势语言的盛行中。手实际上构成了脑的一部分;用手说话,在某种程度上也就是用于思维。由于它完全可以用来说明原始人的一切活动和各种各样的客体,以致澳大利亚土著部落的一个老年妇女 25 年没说过一句话。

原始思维的上述特征使我们很容易想起皮亚杰对儿童认识发生过程中活动和具体运演作用的强调。它表明,最初的人类和早期儿童的思维一样,不可避免地带有具体性和直观性的印记。原始思维的这一特征的影响还延伸到早期哲学史中,这就使我们很容易理解希腊哲学的另一特

---

① 《马克思恩格斯选集》第 4 卷,人民出版社 1995 年版,第 287 页。
② [法]列维-布留尔:《原始思维》,丁由译,商务印书馆 1981 年版,第 414 页。
③ 同上书,第 168 页。
④ 同上书,第 162 页。
⑤ 同上书,第 176 页。
⑥ 拉法格认为,"野蛮人不懂在脑子里计算,他们必须把要计算的东西放在眼前"。见[法]拉法格:《思想起源论》,王子野译,生活·读书·新知三联书店 1963 年版,第 65 页。

征——直观性了。同样，这一特征，特别是在计算方法中集中表现出来的具体性，又使许多哲学家争论不休的数学与经验的关系问题变得如此简单，真有走出柏拉图式的"洞穴"而重见天日之感。结合原始思维的研究，重温恩格斯关于"数和形的概念不是从其他任何地方，而是从现实世界中得来的"结论①，我们倍感亲切。

3. 跳跃式的因果性

在现代人的眼光中，因果之间有着某种稳固的、内在的联系，但对于原始人说来，因果的关系是可以随意设想出来的，甚至可以把风马牛不相及的东西拉扯在一起。这种跳跃式的因果性令现代人啼笑皆非，可在原始人那里却是再自然不过的了，他们在这样推论时又是非常认真的。比如，太平洋塔纳岛上的土著居民有一天晚上捉住了一只爬到岸上在沙里下了一些蛋的乌龟。由于在他们的记忆中还没有过这样的事情，于是他们立即得出结论：基督教是乌龟在岸上下蛋的原因。他们主张必须把乌龟献给那个带来新宗教的传教士。总之，原始人觉察不到自然界发生的真正的因果律，他们能看到的，到处都是神秘的互渗。这不禁使我们想起歌德的名言"各人所听见的只是他所懂得的"②。

4. 神秘性

正如利普斯所说，"原始人的世界是一个巫术的世界"③，到处都充斥着一种不可理喻的神秘的力量。在原始人的视野中，周围世界的每个存在物、每种自然现象、每个动物都是神秘的。列维-布留尔通过大量研究得出了如下的结论："原始人的思维本质上是神秘的。这个基本特征决定了原始人的思维、感觉和行为的整个方式，这一点使得探索他们的思维的趋向变得极端困难。原始思维从那些在他们那里和在我们这里都相似的感性印象出发，来了一个急转弯，沿着我们所不知道的道路飞

---

① 《马克思恩格斯选集》第3卷，人民出版社1995年版，第377页。
② ［德］歌德：《歌德的格言和感想集》，程代熙、张惠民译，中国社会科学出版社1982年版，第69页。
③ ［德］利普斯：《事物的起源》，汪宁生译，四川民族出版社1982年版，第325页。

驰而去，使我们很快就望不见它的踪影。"①特别有趣的是把数神秘化的现象。在原始人那里，头十个数几乎无一不具有神秘的意义。比如，在北美各部落中，印第安人一直认为 4 是一个特别神圣的数；在爪哇，5是一个神圣的数，当地原住民的一个星期只有 5 天；在中国、马来西亚、印度等地，7 这个数常常具有神秘的性质。由此出发，我们就不难理解毕达哥拉斯的哲学。而黑格尔在阐述毕达哥拉斯哲学时，还进一步引申说："我们在将宇宙解释为数的尝试里，发现了到形而上学的第一步。"②能不能说，原始人关于数的概念是哲学发生的一个重要契机呢？

5. 稳定性

列维-布留尔认为，"几乎在一切低等民族中间我们都见到了这种思维是稳定的、停滞的、差不多是不变的，不但在其本质因素上而且也在其内容上，乃至在其表象的细节上都是这样"③。原始思维的这种稳定性主要导因于在集体表象支配下，原始人对任何新经验的拒斥。这显然是和原始社会本身在经济上的缓慢发展相适应的。同样明显的是，只有从经验和逻辑的要求对互渗律占上风的时候起，集体表象才会逐步分解。一旦原始思维过渡到文明思维，它就一反常态，开始穿上"七里神靴"大步向前。

从对原始思维的基本特征的考察中，我们实际上已触及宏观哲学发生学所要考察的第二问题：原始思维与文明思维的区别和联系。因此，这个问题我们不打算详细论述，只是简略地把它勾勒出来。原始思维与文明思维之间的巨大差异主要表现在：前者以集体表象为基础，是一种彻头彻尾地社会化了的思维，后者则从原子化了的个体出发，多少带有自主性和独立性；前者只遵循神秘的互渗律，不管这样思考多么荒谬，和现实世界又多么矛盾，后者则严格地遵循逻辑思维的规律，特别是同一律和矛盾律；前者包裹在情感或情绪的厚厚的外套中，后者则更多地

---

① ［法］列维-布留尔：《原始思维》，丁由译，商务印书馆 1981 年版，第 412 页。
② ［德］黑格尔：《小逻辑》，贺麟译，商务印书馆 1980 年版，第 230 页。
③ ［法］列维-布留尔：《原始思维》，丁由译，商务印书馆 1981 年版，第 102 页。

体现理性的主宰作用，情感退居到次要的地位；前者是具体的、直观的，在"心象—概念"的基地上进行的，后者则完全是用抽象概念来进行的。原始思维和文明思维共同之点在于：原始思维尽管是具体的，但作为思维，它又不可避免地带有抽象化的倾向。黑格尔在《精神现象学》中告诉我们，当人们在不同场合下使用"这一个"的概念时，实际上已不自不觉地把它抽象化、普遍化了。因此，原始人的思维不管多么不可思议，它总是文明思维得以产生的基地和源泉。

现在我们来探讨宏观哲学发生学关心的第三个问题：原始思维是怎样过渡到文明思维的？换句话说，历史时期的真正的哲学思维是如何发生的？

我们现行的哲学教科书通常是这样回答哲学如何产生的问题的：由于生产的发展，原始社会逐步瓦解，随着脑力劳动和体力劳动的分工，哲学开始作为一门独立的学科产生了。这样解释在基本方向上是正确的，但过于笼统，以致完全忽视了观念方面的考察。毫无疑问，原始人的集体表象是和原始人的集体生活方式一起陨落的。问题是要具体考察原始思维衰落和文明思维兴起中起着重大作用的因素。在这方面，列维-布留尔的论述并不是很系统的，如加以条理化，可以发现其中隐藏着下面四大因素：

1. 个体意识的崛起

我们通常认为，唯心主义萌芽于原始人关于灵魂不死的虚假观念。列维-布留尔则反对这种笼统的见解。因为当原始人完全受集体表象控制的时候，这种人格化的灵魂还未出现，"只是在后来，当个体开始清楚地意识到作为个人的自我，当个人开始清楚地把自己和他感到自己所属的那个集体区别开来，只是在这时候，自己以外的人和物才开始被个人意识觉得是在活着的期间和死后都具有个体的精神或灵"[1]。

个体意识是和人格化灵魂的观点同时崛起的。随着社会生活的发

---

[1] ［法］列维-布留尔：《原始思维》，丁由译，商务印书馆 1981 年版，第 432 页。

展，不少原始部落开始选定具体的人，如首领、巫医等充当神秘力量的"容器"和互渗的媒介物。这样一来，神圣的人和物与世俗的人和物之间便产生了裂痕和分离。大多数世俗的人对神秘的互渗逐渐失去了兴趣，个体意识逐渐觉醒，与这一过程同步的是以互渗律为基础的集体表象的瓦解。这就为原始思维向文明思维的过渡创造了条件。

2. 知觉经验和矛盾律的揳入

随着集体表象的瓦解，智力的认识因素，特别是知觉经验在这些表象中占有越来越重要的位置。在神秘的互渗和预定的关联变得最弱的地方，不附加任何神秘因素的客观关系开始袒露在人们的眼前。列维-布留尔写道："当原始民族的思维成长到比较能让经验进得去，这时，这种思维也变得对矛盾律比较敏感了。"①于是，原始思维中的原逻辑部分开始逐渐减少，而其中的逻辑部分则迅速发展起来。

3. 概念的"沉淀"

知觉经验和矛盾律的揳入同时伴随着概念的变化。原始思维中占主导地位的"心象—概念"渐渐让位于抽象概念。概念越是明确、固定下来，它们的分类也越是清楚，矛盾律的作用也越来越大；反之亦然。但列维-布留尔坚持，概念的进化和"沉淀"是一个长期的过程，抽象概念并不能完全摆脱原逻辑的神秘因素，"概念仿佛是它的先行者——集体表象的'沉淀'，它差不多经常带着或多或少的神秘因素的残余"②。

4. 想象力的飞跃

在思维过渡和哲学发生的过程中，想象力也起着不可忽视的作用。列维-布留尔把休谟的名句"任何东西可以产生任何东西"作为原始思维的座右铭。确实，对原始思维来说，没有一个古怪的念头、一种远距离的作用是不可想象的。原始人的想象力可以任意驰骋，不受任何成规的束缚。这种想象力具有两面性：既创造出了许多荒谬的、虚假的观念，

---

① ［法］列维-布留尔：《原始思维》，丁由译，商务印书馆1981年版，第442页。
② 同上书，第446页。

又为原始人逐步摆脱这种观念提供了条件。既然人们的想象力能创造并改变神话，也就可能有朝一日用科学和哲学的思维来取代神话。当代，想象力是和上述因素一起起作用的。

从原始思维过渡到哲学的、逻辑的思维后，原逻辑的思维是否就销声匿迹了呢？列维-布留尔的回答是否定的。他宣称："实际上，我们的智力活动既是理性的又是非理性的。在它里面，原逻辑的和神秘的因素与逻辑的因素共存。"①我们并不否定文明思维中保留着某些神秘的因素，这从人类思想史上一些神秘主义哲学家的学说中可以特别清晰地窥见，但必须肯定，总的来说，在文明人的思维中，尤其是哲学思维中，理性是占主导地位的。这正是文明人思维和原始人思维的最本质的区别。

宏观哲学发生学的建立将开拓出一个全新的领域。当然，我们在这方面的探讨还是初步的，正如格罗塞（Ernst Grosse）在谈到原始艺术时所说："有许多广大的地域，因为它们全部都隐藏在浓雾里，我还不能窥察它们的底里；有些我们以为我们能够在地平线上看见的山峰，常常只是欺人的云片。"②在前面等待我们的是艰苦的、深入的研究工作。

二、微观哲学发生学

如果说，宏观哲学发生学是从纵向上来补充哲学史的研究，那么，微观哲学发生学则是从横向上来补充哲学史的研究。哲学史把每个哲学家或哲学流派看作一个点，微观哲学发生学的任务则是把每个点重新恢复为线。它主要研究不同哲学家和哲学流派的理论发生、发展的整个过程。这一根本宗旨决定了它的研究对象除哲学家和哲学流派的成熟著作

---

① ［法］列维-布留尔：《原始思维》，丁由译，商务印书馆1981年版，第452页。
② ［德］格罗塞：《艺术的起源》，蔡慕晖译，商务印书馆1984年版，第234页。

或代表著作外，还研究哲学家的早期著作、手稿、日记、书信、自传、生活轶事、气质性格等，研究有关哲学流派形成的一切文献，以便从中探索出普遍的、带规律性的东西来。它还特别重视对哲学家与哲学流派的交叉点——代表人物或创始人的研究。总之，正如卢梭所呼吁的："要彻底认识我，就应该从我的一切方面来认识我，不管是好的方面还是坏的方面。"①

在微观哲学发生学这一个新的领域中，我们的研究多少带有尝试性，但也不难发现，几乎在每个哲学家的出现或哲学流派的形成中或隐或现地起着作用的是以下三条规则：

1. 知识组合律

从历史上看，任何一个哲学家，不管如何蔑视传统，他总得从前人提供的思想资料出发。这些思想资料大致可分为四类②：a. 各种哲学理论；b. 自然科学所属各学科的理论；c. 社会科学所属各学科的理论；d. 数学。即使是学识渊博的亚里士多德，也不可能深入研究人类全部知识领域。面对着浩如烟海的思想资料，总有一个选择的问题。波普（K. R. Popper）曾呼吁："我们必须有所省略，有所选择。"③按照知识组合律，这种选择和组合是无限多样、无限丰富的，充满了随机性或任意性，因而形成了人类思想史上千姿百态的哲学理论。不管选择和组合多么难以测度，但有一点是不变的：所有哲学家都必须从前人提供的思想资料中批判地或者无批判地选择若干种，以形成自己独特的知识结构；舍此，任何哲学思想的发生都是不可能的。这一规则同样适合于各种哲学流派的发生。

哲学家对以前思想资料的选择和组合大致有以下四种情况：a. 从各

---

① ［法］卢梭：《忏悔录》(第二册)，范希衡译，人民文学出版社 1982 年版，第494 页。

② 这还是传统的学科分类方法。在科学技术迅速发展的今天，随着新兴学科和交叉学科的兴起，老的分类方法正面临挑战。当然，这不是本文所要讨论的问题。

③ 田汝康、金重远选编：《现代西方史学流派文选》，上海人民出版社 1982 年版，第 157 页。

种哲学理论中进行选择和组合。比如，德国唯意志主义流派的创始人叔本华明确宣称，他的哲学思想的来源是柏拉图、康德和《奥义书》。其中，康德的学说在他的知识组合中起着主导性的作用。因此他多次声明"我的哲学是从康德哲学出发的"①。b. 从哲学和社会科学中进行选择和组合。试以马克思为例，他既指出费尔巴哈唯物主义的弱点，又吸收其基本内核，并且彻底发挥唯物主义，把它运用于社会现象，消除了以往历史理论的缺点。他认为黑格尔辩证法是最全面、最深刻的发展学说，接受并发展了黑格尔哲学中这一革命的方面。c. 从哲学和自然科学中进行选择和组合。试以科学哲学中历史主义流派的奠基人波普为例，他在《自传》中追溯当时在维也纳大学学习的情况时写道，在他感兴趣的四种理论中，最重要的是爱因斯坦的相对论，它起着主导作用；另外三种理论是马克思的历史理论、弗洛伊德的性心理分析和阿德勒（A. Adler）的个体心理学。d. 从哲学和数学中进行选择和组合。在这方面，笛卡尔、斯宾诺莎、罗素、怀特海是众所周知的代表人物。当然，在他们的知识结构中，还包含着其他学科的成分，但数学的方法却起着极为重要的作用。

从上面的分析中，我们可以引申出以下三点结论：其一，任何哲学家思想的发生，至少得受到他以前的或同时代的一种哲学理论或思潮的影响。其二，一切哲学思想的发生都不是神秘的，都可以在前人的思想资料中找到它的起源。反过来说，只要我们从 n 种理论中选出若干种（其中至少有一种是哲学），并且它们有某种可组合性的话，就有条件形成各种新的理论。当然，新理论的组合者必须有敏锐的批判力，否则他就是在搞"大杂烩"了。其三，在哲学家组合成的知识结构中，起主导作用的理论知识规定了其思想发生发展的根本方向和可能实现的程度。

一般说来，哲学家选择和组合出自己独特的知识结构的初始动机，

----

① ［德］叔本华：《作为意志和表象的世界》，石冲白译，商务印书馆 1982 年版，第16 页。

主要是由以下因素决定的：a. 时代背景、重大历史事件和个人的社会经历。比如：波普之所以对爱因斯坦、马克思、弗洛伊德和荣格的学说有兴趣，一个重要原因是，这四大理论正是当时西方世界最风行的思潮；英国历史哲学家汤因比（A. J. Toynbee）承认，第一次世界大战对他观点的形成产生了重大的影响，因为他有半数中学和大学的同学都死于这次战争；而尼采的权力意志的理论则是在他亲身经历的1870年的普法战争中形成的①。这样的例子还可以举出许多。b. 自然科学的重大的，尤其是划时代的发现。相对论和量子力学对许多科学哲学家的影响便是一例。c. 个人的性格、气质和爱好。费希特说过："一个人选择哪种哲学取决于他是哪一类的人。"詹姆士（W. James）特别强调气质在哲学发生中的作用，他甚至认为："哲学史在极大程度上是人类几种气质冲突的历史。"②尽管他把这种影响夸大了，但这些因素确实是在起作用的。

总之，从知识组合律的角度去透视各种哲学思潮的兴起，对哲学史研究有许多启发。

2. 问答律

从问答律的角度来透视整个哲学史，就会发现，每个哲学家或哲学流派的学说本质上都是一种对话，其思想乃至整个哲学史都是在提出和解答问题的过程中发生、发展起来的。当代哲学家越来越重视从这一视角去审视所有的哲学理论。德国哲学家文德尔班的名著《哲学史》就主要是按问题的提出和解答进行叙述的。这一见解在另一位德国哲学家克洛纳（Richard Kroner）那里获得了更为明确的形式。克洛纳认为，研究哲学史的最好方法是"问题史的方法"。根据这一方法，哲学史上的许多偶然的、外在的因素都消失了，剩下的只是一连串问题和答案。要言之，哲学史就是问答史。他的这种观点也得到了德国哲学家、释义学的重要

---

① Friedrich Wilhelm Nietzsche, *The Will to Power* (*The Complete Works of Friedrich Nietzsche*, Volume 14), London: G. Allen; New York: Macmillan, 1924, pp. ix-x.)

② ［美］威廉·詹姆士：《实用主义》，陈羽纶、孙瑞禾译，商务印书馆1979年版，第7页。

代表人物伽达默尔（Hans-Georg Gadamer）的呼应。伽达默尔主张人类思想中有三种逻辑，即科学的"独白式"逻辑、黑格尔的"辩证式"逻辑和哲学释义学的"对话式"逻辑；其中"对话式"逻辑最为活跃、开放。任何理解本质上都是一种对话，理解一段文本就是理解一个问题，文本就是这个问题的答案。斯蒂尔（R. S. Steele）非常准确地把握了释义学的这一精髓，他写道："释义学的核心是问题。"①从哲学史研究中导出的对问题的结论，同样也由波普在科学史研究中发现了。在《猜测与反驳》一书中，波普提出了科学源于问题的著名观点，并且列出科学发展的公式：P_1（问题）→TT（尝试性的理论）→EE（通过检验消除错误）→P_2（新的问题）。在波普看来，问题是无止境的，因此，科学的发展和人们认识水平的提高也是无止境的。

哲学史和科学史研究中发现的这一规则同样也适用于微观哲学发生学，即适用于对各种哲学家、哲学流派理论发生过程的考察。在一种哲学理论发生的过程中，与之相关联而又力图加以解决的问题，可以粗略地划分为两大类：一类是哲学问题，另一类是其他学科向哲学提出的问题。

先看哲学问题。它们又可进一步细分为基础问题和局部问题。

基础问题即支点问题。从历史上看，任何一个哲学家，不管他的思想多么深刻，其学说总有一个支点，一个阿基米德点。这是他理论的基本假设，其他命题均由此引申出来，从而形成一个自足的哲学体系。这些基本假设是未经证明的，事实上也无法证明。当以后的哲学家试图对它们提出疑问，并代之以新的基本假设时，一种新的哲学或一个新的哲学流派也就随之而发生了。比如，"我思故我在"是笛卡尔全部形而上学的基石。从这一支点出发，他导出了作为精神实体的自我、物质和上帝的存在。在这一基本命题中，牵涉到"我""思""在"三个概念。就"在"的

---

① Robert S. Steele, *Freud and Jung: Conflicts of Interpretation*, London: Routledge, 1982, p. 3.

概念而言，笛卡尔和绝大多数古典哲学家一样，实际上是把它理解为"在者"，即某种必然存在的、具有稳定性和持久性的精神实体或物质实体，从而造成了"在"的遗忘及对"在"的意义的疏略。在海德格尔（Martin Heidegger）看来，"在"并不是一种实体，而是一种显现，一个过程。"在者"只有在"在"中才能得到领悟。从对包括笛卡尔在内的古典哲学家的"在"的概念的重新理解开始，海德格尔的基本本体论学说便随之发生，严格意义上的存在主义思潮也就由此而兴起了。萨特则对笛卡尔的"我"与"思"概念的平列提出了诘难。他认为，笛卡尔的错误是把"我"与"思"放在同一个平面上。问题是，"我"并不是原初的，它只是出现在第二级，即反省意识的水平上。在原初的前反省的意识中，意识是无我的。基于此，萨特形成了自己独特的现象学本体论思想。

一般说来，一个哲学家选定自己的理论支点总是经过精心思考的。因此，要对它提出疑问并超越它，非常困难；没有卓越的洞察力和批判力，是无法涉足其间的。在一个哲学家的思想发生过程中，他提出并解答的问题越是根本，越是重要，他所创立的哲学也越有价值，并必然在人类思想史上拥有不朽的地位和影响。在这个意义上可以说，问题的层次和价值决定了由此发生的哲学的层次和价值。简言之，问题就是哲学家。

所谓局部问题，指的是对任何哲学的基础问题和全局性问题关系并非很大的具体问题。当后人对前人哲学中的一个局部结论提出不同的意见时，他的目的并不是要否定或超越前人的哲学，而是要使它完善化或得到修正。同时，这一局部问题也决定了哲学家的命运：使自己从属于前人创立的某一哲学流派。任何哲学流派的发生，都是以这样的问题为纽带的。比如，泛性欲主义和把人生物化是弗洛伊德创立的以无意识理论为基础的精神分析学说的两个局限性。阿德勒和荣格在赞同、拥护这一学说的大前提下，特别对弗洛伊德学说的第一个局限性提出了疑问和修正。虽然他们各自创立了"个体心理学"和"原始意象说"等有价值的理论，但他们提出的问题的性质决定了他们的历史地位仍然是从属于弗洛伊德的。当反对是出于一种使对象完善化的目的时，反对本身就是拥护。同样，当弗洛姆(Erich Fromm)着重对第二个局限性提出疑问，并力图融合马克思的社会理论来修正这种学说时，他的观点不过是弗洛伊德学说的一种延伸。又如，波普是科学哲学中历史主义流派的奠基人，他的证伪主义理论提出后，尽管拉卡托斯(Imme Lakatos)、库恩(T. S. Kuhn)和费耶阿本德(Paul Feyerabend)分别提出了质疑，但他们都是在科学的历史发展这一基地上设问的，因此，他们仍然在历史主义的罗陀斯岛上跳跃。

再看其他学科向哲学提出的问题。克罗齐(Bendetto Croce)认为，哲学并不老是固定地面对着一个问题，它面临的问题是无限的："由于时代不同和民族不同，占上风的哲学问题时而是有关道德的，时而是有关政治的，有关宗教的，时而是有关自然科学和数学的。"[①]哲学作为抽象度最高的学科，和所有具体的学科都有联系。因此，当一个思想家站在某一门具体科学的立场上来审视哲学，并对哲学提出重大问题时，一种新的、独特的哲学学说也就随之发生。用这种方法可以解释一系列新的哲学分支学科的发生和形成。政治哲学、道德哲学、历史哲学、精神哲学、法哲学、数学哲学、语言哲学、宗教哲学、教育哲学、科学哲学、艺术哲学、文化哲学等，无一不是以这种方式发生和形成的。

试以语言哲学为例。其代表人物维特根斯坦在早期著作《逻辑哲学论》中为了解决命题和事实的关系或语言和世界的关系这一中心课题，提出了图式理论，并在此基础上形成了独特的意义理论。他认为，在关涉事实的条件下，一个命题要有意义，就必须能够成为一个事实的图式。凡是作为图式的命题，不论真假都是有意义的，反之则无意义（分析命题除外）。比如"人只是善的""上帝是永恒的和不可知的"这类命题和任何可能的事实都是不对应的，因而是无意义的。由此入手，他对传

---

① ［意］贝奈戴托·克罗齐：《历史学的理论和实际》，傅任敢译，商务印书馆1982年版，第121页。

统的哲学提出了质疑："借口哲学的问题而表示的大多数命题和问题，不是假的，而是无意义的。因此我们根本不能回答这类问题，我们只能规定它们的无意义。哲学家的大多数命题和问题出自我们误解我们语言的逻辑。"①因而他反对传统的形而上学，主张哲学的全部使命是对命题作语言批判和逻辑分析。为什么维特根斯坦后来放弃了前期的理论？换言之，他后期的理论又是怎么发生的呢？这还是导源于他对语言问题的深入思考。前期的《逻辑哲学论》实际上是以罗素和怀特海在《数学原理》中创立的理想语言为基础的。在这种语言中，命题和事实、词和对象都是严格地一一对应的。维特根斯坦后期把目光投向人们每天都要经验到的自然语言，发现在这种语言中并不存在严格的一一对应关系，语言（命题和词的总和）的意义是在一定的语境中、在实际使用中确定的。正是基于对语言的新的设疑和解答，他在《哲学研究》中系统地提出了"语言游戏"的理论，并主张把哲学归结为语言使用中的治疗术。可见，维特根斯坦的整个哲学都是在语言问题的土壤中发生并成长起来的。他的一句名言就是："当语言休息时哲学问题就产生了。"②

问答律告诉我们，任何哲学或哲学流派都是在问题中发生的，同时也都是在新的问题中陨落的。问题是哲学的起点，同时也是它的归宿。于是，我们又回到了一句古老的谚语之前："我们始于迷惘，终于更高水平的迷惘。"③

3. 主导性原则泛化律

对哲学和哲学史的透视使我们有可能提出这样的看法：哲学是由一系列原则或范畴的环节构成的链条。在这根链条中，任何环节都是决定性的，其中任何一节的承受力等于零，整根链条的承受力也就等于零。

---

① Ludwig Wittgenstein, *Tractatus Logico-Philosophicus* (*Logical-Philosophical Treatise*), London: Really Simple Media, 1922, 4.003.

② Ludwig Wittgenstein, *Philosophical Investigations/Philosophische Untersuchungen*, London: Macmillan, 1963, p. 38.

③ ［英］A. F. 查尔默斯：《科学究竟是什么？》，查汝强、江枫、邱仁宗译，商务印书馆1982年版，第8—9页。

当一个思想家或一群思想家，从中选取一个环节（即一个原则或一个范畴）作为自己的主导原则，并把它加以泛化，去解释所有哲学问题和各门具体学科中的问题时，一种哲学学说或一个哲学流派便由此而诞生了。

对这一普遍的法则，有必要先做出理论上的说明。首先要消除对片面性和全面性关系的误解。人们习惯于向某一种哲学学说索取全面性，希望它面面俱到地论述哲学中的每一个原则，否则就指责它是片面的。其实，这种全面性只应该向整个人类思想史去索取，个别哲学的存在价值就在于它的片面性；唯其如此，它才在人类思想史的整体中占有一席之地。根据黑格尔的观点，历史上的每一个哲学系统都贯穿着一个主导性的原则或范畴。单独地看，这些原则或范畴都是片面的，但正是这些片面原则的有机结合，构成了哲学史整体。因此，当一种哲学被推翻的时候，其中的原则并没有失去，失去的只是这种原则的绝对性和至上性。① 狄尔泰在谈到拉斐尔的《雅典学院》时，也以同样的口吻写道："每种世界观都在它自己的范围内反映了宇宙的某一方面。就这一意义来说，每种世界观都是正确的。然而无论如何，每一种世界观却又都是有其片面性的。要就它们的整体来衡量各个方面，我们都还办不到，所以我们也只能在各种各样的残光余辉中看到真理的完美之光。"②

当我们用上述观点去透视西方哲学史时，就会发现，柏拉图哲学不过是理念原则，斯宾诺莎哲学不过是实体原则，黑格尔哲学不过是理性原则，叔本华、尼采哲学不过是意志原则，柏克森哲学不过是生命冲动的原则，布里奇曼（P. W. Bridgman）哲学不过是操作原则，等等。也就是说，几乎所有的哲学系统都是在把某一片面的、主导性原则或范畴泛化到各个领域的过程中发生的。比如，弗洛伊德在精神病研究中发现了

---

① ［德］黑格尔：《哲学史讲演录》第 1 卷，贺麟、王太庆译，商务印书馆 1959 年版，第 40—41 页。

② 田汝康、金重远选编：《现代西方史学流派文选》，上海人民出版社 1982 年版，第 7 页。

无意识原则。当他把这个原则作为主导性原则提到哲学的高度上，并泛化到宗教、伦理、美学、历史等各个领域中去的时候，他也就创立了一种新的哲学学说。又比如，索绪尔在语言学的研究中运用了结构这一原则。当这个原则被提升到哲学的高度上，并被列维-斯特劳斯、拉康（J. Lacan）、福柯（M. Foucault）、巴特（R. Barthes）等哲学家作为主导原则泛化到对人类学、社会学、心理学、史学、文学等研究领域中去时，结构主义流派也就随之而发生了。

这种主导性原则在有些场合下是直接从哲学中选择出来的；在更多的场合下，则是从其他学科中选取出来并被提升到哲学高度上的。一个主导性原则的泛化，可以由一个哲学家来进行，也可以由一群哲学家或其他学科的专家来进行。达尔文确立的进化原则，和索绪尔的结构原则的命运一样，是被斯宾塞、斯宾格勒（O. Spengler）、杜威、夏尔丹（Teilhard de Chardin）等一大群学者泛化到社会学、史学、教育学、宗教等各个领域中去的。

当一个主导性原则泛化的时候，具有一种无限膨胀的心理。这种心理必然超越该原则本身具有的力量和价值。于是，在泛化中逐渐出现了单凭这个原则所无法解释的现象，从而导致另一个与此不同的新原则的兴起。它又走完同样的旅途，被一个更新的原则所取代。人类思想史就是在这些主导原则的跌宕起伏中前进的。

当我们从各种不同哲学和哲学流派的发生、发展中总结出具有普遍意义的主导性原则泛化律时，就会发现任何新哲学的诞生都不是神秘的、高不可攀的。一个思想家只要选取一个有价值的、还未被前人泛化过的原则或范畴，潜心研究并加以泛化，他就可望提出一种新的哲学学说。我们和前人的区别在于，前人运用这一法则是不自觉的，而我们则有条件自觉地实践这一法则。这是微观哲学发生学提供给我们的最重要的启示之一。

简短的结论

当前，开展哲学发生学的研究不仅是必要的，而且具有某种程度的急迫性。哲学研究再也不能在概念来、概念去的经院式争论中消磨自己的光阴了。研究者应当大胆地把马克思主义的闪电注入新的领地中去，探寻新的东西，获取新的果实。哲学发生学为我们打开的正是这样一个崭新的、未知的领域。在这个领域中，既有史前原始人类的喁喁私语，又有历史上哲学家的生活轶事。当哲学研究触及这些丰富的但很少为人们重视的思想资料时，它就会重新获得力量、信心和价值。

当然，我们对哲学发生学的探讨还是初步的。这个领域的深度尚无法测量，在这里我们只需指出一点，即：哲学发生学不仅有宏观哲学发生学和微观哲学发生学的区分，而且当我们对中国、希腊、印度等不同文明区域的哲学或具体哲学流派的发生进行比较研究时，又会面临两门新的分支学科——比较宏观哲学发生学和比较微观哲学发生学。这同样是两个宽广而难以测度的领域。富有意义的是，伴随着哲学发生学研究的开展和深入，发生学的方法将对众多学科的研究产生重大的影响。愿哲学发生学这株新苗在我国的学术园地中破土而出，茁壮成长。写到这里，我不禁想起了泰戈尔说的一句含义隽永的话：

"小草呀，你的足步虽小，但是你拥有你足下的土地。"①

---

① [印度]泰戈尔：《飞鸟集》，郑振铎译，上海译文出版社1981年版，第11页。

思考与超越^①

  "哲学是提倡思考的"——人们异口同声地这么说。然而，这个流行的识见远远没有道出哲学的本质。诚然，哲学是提倡思考的，但提倡思考的并不一定是哲学。哪一门具体的科学不主张思考呢？另外，哪一个理智健全的人不会思考呢？当葛兰西把所有的人都看作哲学家时，他并没有前进一步，因为实际上他已把哲学贬为常识。正如常识并不是哲学一样，会思考的人也并不就是哲学家。

  哲学之为哲学，它倡导的不光是思考，更重要的是超越。超越精神是哲学所要培育的基本精神。谢林主张哲学的超越体现为现实世界的消逝，这就等于承认，他说的超越不过是想入非非的别名。真正的超越是建基于现实之上的，它既是理性的吁求，又是实践的力量。它兼具怀疑、批判、尝试、创造诸含义。如果说思考使人景仰哲学的话，那么超越才使人理解哲学。

  怀疑是超越的起点。当一个人夸耀自己有多少知识时，他十有八九是一个缺乏智慧的人。赫拉克利特说过："博学并不能给人智慧。"然而，当一个人宣布自己有多少困惑和疑问时，他常常

---

  ① 原载《书林》1986年第1期，笔名"于文"。收录于俞吾金：《俞吾金集》，黑龙江教育出版社1995年版，第89—92页。——编者注

是一个有智慧的人。可以这样说：一个哲学家在多高的层次上设疑，他的学说也就处在多高的层次上。手拿显微镜，沉溺于为经典作品作注的学究是提不出重大的哲学问题的，正如席勒在《华伦斯坦》中所说的，"在狭隘的环境中使精神狭隘，人要有更大的标准才能大成"。纵观人类思想史，凡在理论上有重大建树者都具有卓越的怀疑精神。哥白尼不怀疑托勒密的学说，能创立日心说吗？伽利略不怀疑亚里士多德的运动理论，能发现自由落体定律吗？爱因斯坦不怀疑牛顿的经典力学，能创立相对论吗？同样，笛卡尔和培根不怀疑经院哲学，能开启近代哲学的新潮流吗？马克思没有"怀疑一切"的洞察力，能从官方思想家编织的无数谎言下揭示出社会发展的规律吗？对于普通人说来，轻信是最可原谅的缺点，但对于从事哲学思维的人说来，轻信则是他背离哲学的起点。轻信总是和盲从做伴的，正如怀疑总是和超越做伴一样。

批判是超越的通行证。每当人们要摆脱一种传统的错误的观念时，总是要诉诸理论上的批判。马克思主义学说的本质之所以是批判的、革命的，因为它本身就是在批判形形色色的错误思潮的过程中诞生、发展起来的。试问，不批判林彪"四人帮"的极左路线，不打破"两个凡是"的迷信，党的工作重心能转移到经济建设上来吗？不批判僵化的经济模式和不适合于实际的固定观念，经济体制的改革能搞起来吗？在中国人的心目中，"批判"是个不祥的字眼，人们谈"批判"而色变，这和"四人帮"借"大批判"为名搞残酷斗争，无情打击不无关系。其实，在西文中，criticism（英文）、kritik（德文）、critique（法文）都兼有"批判""批评""评论"的含义，因此，似乎大可不必视批判为畏途。批判、批评或评论，也就是消化和扬弃，这是超越的必由之路。

尝试是超越的存在方式。超越总是面向未来的，而未来是没有现成的模式可以依据的，因此，超越永远具有尝试的性质。许多初学哲学的人都欢喜使用"不以人的意志为转移"的口头禅。确实，客观规律是不以人的意志为转移的。一个不会游泳的人跳到深水里肯定会溺死，这里不会有超规律的奇迹发生。一个人想废弃客观规律，是很愚蠢的。歌德说过："人即使是在抗拒她（指自然）的规律的时候，也是在服从她的规律。"问题是，人们把"不以人的意志为转移"这个术语泛化到周围发生的一切现象之中。比如，把不正之风、官僚主义、某种僵化的制度、某些固定的观念、某一生活方式等也都凝固化为"不以人的意志为转移"的东西。总之，一切都是严格决定的，于是，人们只能束手无策地等待。这样一来，任何尝试、开拓、选择似乎都显得无意义了。其实，生活中的许多现象都是以人的意志为转移的。恩格斯早就告诉我们，历史是每个人的意志的合力所创造的。如果每个人的意志都处在静止的状态，大家都袖手旁观，坐在树下乘凉，那么世界是不会改变的。尝试不仅是理论上的，也是实践中的，正如英国诗人布莱克所说："仅有欲望而无行动的人只能产生瘟疫。"当然，尝试难免会有错误，谁如果要求探索者只能在无谬误的状态下进行探索，谁也就等于要求人类永远处于襁褓之中。如同马克思说的："人要学会走路，也得学会摔跤，而且只有经过摔跤他才能学会走路。"如果没有人率先尝试着去吃蛇、蟹、蜗牛的话，这些东西也许至今仍不是人类食品柜中的佳品。敢于尝试，正是超越的存在方式和内在要求。

创造是超越的归宿。如果说怀疑和批判容易使人停留在否定的阴影中，而尝试又容易使人徘徊在十字路口，那么，创造才是超越的收获和归宿。马克思主义的优点恰恰不是教条式地预见未来，而是力图在批判、改造旧世界中发现和创造新世界。创造是人的思考和实践力量的最本质的确证。谁拒斥创造，也就是拒斥哲学。

总之，思考与超越是统一于哲学之中的。无超越的思考只是模仿，反之，无思考的超越只是梦幻。如果把哲学比作跳高的话，那么思考是起跑，而超越则是越过横竿。超越归根结底是对自我的超越，因为一个人一生下来后就处在常识和流行见解的包围中。当他长大的时候，这些先入的知识就逐步内化为心中的权威。一个人不能超越自己已接受的识见，他就不能超越任何东西。超越是心灵的对话，是心灵的辩证法。马克思主义的学说是人类文化的总汇，是无产阶级的完整的、科学的世界观，马克思主义之所以不可超越，因为它倡导的正是超越的、开放的精神。它告诫我们，对真理的追求和探索，对生活的实践和创造是永无止境的，谁也无权宣布他已经终结了哲学和生活，会终结的只能是他自己。

哲学改革的思考①

随着经济体制改革的不断深入，我国的意识形态领域里正在发生重大的变化。哲学的改革，确切些说，哲学研究和哲学教学的改革也被提到议事日程上，引起了理论界人士的共同的关注。

马克思曾经说过，已经发育的身体是比细胞更容易研究的。如果说，在几年前经济体制改革刚起步时，我们还很难对哲学改革的方向和使命做出系统分析的话，那么，今天这样做的条件就比较具备了。

下面谈谈对哲学改革的一些思考。

一、哲学面临的挑战

中华人民共和国成立以来，在马克思主义的指导下，我们在哲学研究中取得了一定的成绩。然而，由于"左"的思想干扰，也造成了一些挫折和失误，一度使哲学研究和教学陷入贫乏、闭塞的氛围中。从理论上看，之所以产生这样的现

---

① 原载中共上海市委宣传部编：《改革时代的理论探索》，上海人民出版社 1986 年版。收录于俞吾金：《寻找新的价值坐标——世纪之交的哲学文化反思》，复旦大学出版社 1995 年版，第 161—177 页。——编者注

象，一个重要的原因是没有处理好下述关系。

（一）哲学与现实

一谈起哲学与现实的关系，我们就会碰到一种有趣的现象：有人批评过去的哲学研究、教学与现实的联系太紧密了；另一些人则指责过去的哲学研究、教学与现实的联系太疏远了。乍看起来，这两种批评是截然相反的，其实都是合理的。只需要对现实这一概念做一番分析，就会明白其中的道理。

前一个批评涉及的"现实"是指政治现实，即阶级斗争。以前，人们通常把哲学看作阶级斗争的工具，哲学的最高使命是为历次政治运动提供理论依据。在提到马克思主义哲学的基本特征时，人们也习惯于片面地强调阶级性、实践性而忽视了科学性。

后一个批评涉及的"现实"是指经济建设、科学技术等方面的现实。从这些方面来衡量，以往的哲学探索离开现实又确乎太远了。讲得严重一点，哲学还常常对这些方面的现实抱着敌视的态度。仿佛哲学躲在抽象思维的"云中鹁鸪国"①中就可以回避实际生活的质询，并对它做出判决。

如果要从总体上对哲学与现实的关系做出评价，那就必须同时顾及两个方面：第一，哲学必须联系现实，不管是政治现实、经济现实还是科学技术方面的现实，无一可以例外。现实生活本身是丰富多彩、千姿百态的，哲学的触角只有伸入其内部去汲取营养和乳汁，才能使自己青春常在。正如歌德在《浮士德》中所说的："理论是灰色的，而生活之树是常青的。"第二，哲学必须具有高瞻远瞩的目光。要达到这一点，它又不能无原则地跟着现实去转，它必须保持自己的相对独立性、科学性和完整性。

马克思主义经典作家告诉我们，哲学是离经济生活最远的意识形态。它和经济现实的关系是通过许多中介环节才得以实现的。如果哲学

---

① 参见[古希腊]阿里斯托芬喜剧《鸟》，此处指鸟国。

无视自己的科学性，经常撇开自己独特的研究对象，同具体科学一样去解释现实，匆忙地对现实下结论，就难免把自己搞得支离破碎，面目全非。一言以蔽之，哲学既要深入现实，与现实水乳交融，又要脱颖于现实，以保持自己的远见卓识。

(二)哲学与时代

在哲学与时代的关系上，以前强调得比较多的是问题的客观方面，即哲学是时代的产物，哲学受制于时代。如同风筝受制于那只牵引它的手一样。看到这一方面是必要的，但仅仅停留在这一方面却是迂腐的。问题的另一面是，哲学并不是风筝，并不是时代的消极的产物，它本身是一种巨大的能动的力量，凭借着自己的翅膀，它既可超越旧时代的樊篱，又可引导新时代的潮流。唯其如此，人类的文化史、思想史才会不断向前发展，获得新的成果。

哲学超越时代、塑造时代主要表现在以下两个方面：

第一，优秀哲学所具备的反时代潮流的精神。一般说来，在每一时代的思想潮流中，都有一种主潮，不同时代的思想主潮常常是不同的，甚至是正相反对的。在旧时代奄奄一息、行将就木时，和它同命运、共呼吸的时代主潮常常会受到一种新思潮的挑战。在这样的历史条件下，目光迟钝的人们往往对新思潮不屑一顾。然而，这种新思潮虽然轻若蝉翼，却总是先声夺人地宣告了下一个时代的理论需要。当新时代在旧世界的陨落中诞生时，它就一跃而成了新时代的主潮流。这样的事在历史上是屡见不鲜的。

19世纪三四十年代，当黑格尔主义还占据着德国思想界的王座时，马克思和恩格斯就揭竿而起，以大无畏的革命精神批判他的唯心主义学说，并写下了《共产党宣言》这部伟大的作品。这部著作是新时代诞生的标志，或者毋宁说，它缔造了整整一个新时代。它的诞生表明，马克思主义创始人的思想已远远地超越了作为旧时代主潮的黑格尔哲学。需要强调指出的是，马克思主义学说之所以是不可超越的，就是因为它本身倡导了一种不断超越、不断进取的精神。它开辟了寻求真理的道路，并且从未把这条道路封闭起来。马克思之所以把"怀疑一切"作为自己的座右铭，因为他崇仰的正是不断进取、不断探索、不断超越的革命精神。也正因为马克思主义有这样的特征，它才在一百多年后的今天，仍拥有强大的生命力。正如英国《新左派评论》主编佩里·安德森说的："如果马克思当初不是有时超越了他所生活的十九世纪后半叶的话，他就不可能在二十世纪后半叶在政治上和理论上仍然这样重要。"①

第二，优秀的哲学不仅着眼于过去和现在，而且更重视对未来的研究。作为马克思主义的三个来源之一的法国空想社会主义，就是以其关于未来的思考而著称的。马克思主义的创始人批判并剔除了这一学说中的非现实的成分，但充分肯定了其中蕴含着的合理的、天才的思想，特别是憧憬未来社会时提出的那些有价值的思想。

毋庸讳言，马克思和恩格斯对未来共产主义社会的论述是建基于对现实生活的深刻的洞察之上的，因而这些论述不仅昭示出非凡的想象力，而且也显露出巨大的科学性。这正是马克思主义与空想社会主义判然有别的地方。

马克思对未来的思考和探索贯穿于他的许多著作之中。举例说来，在 1851 年年底到 1852 年年初写的《路易·波拿巴的雾月十八日》一书中，马克思曾做出了如下的预言："如果皇袍终于落在路易·波拿巴身上，那么拿破仑的铜像就将从旺多姆圆柱顶上倒塌下来。"②20 年后，英勇的巴黎公社社员果然推倒了拿破仑的铜像。这个应验了的伟大预言，表明了马克思对未来的卓越的想象力。

如同任何徽章都有两面一样，对未来社会、未来时代的探索和思考也有两个方面。一方面是，思考的主体的视界和预测力受到他所生活的那个时代的限制和约束；另一方面是，主体内蕴着超越那个时代的气质和力量。只要哲学对未来时代的思考是科学的，它同时也就塑造了未来

---

① ［英］佩里·安德森：《西方马克思主义探讨》，高铦等译，人民出版社 1981 年版，第 141 页。

② 《马克思恩格斯选集》第 1 卷，人民出版社 1995 年版，第 580 页。

的时代。

总之，哲学与时代的关系是一种双向的关系，即时代创造哲学，哲学也创造时代。

(三)哲学与它的功能

哲学的功能究竟是什么呢？通常的教科书的回答是：概括和总结。换言之，哲学是对自然科学和社会科学成果的概括和总结。这种理解尽管有其合理的成分，但它无形中把哲学推入了历史的怀抱之中。尽管法国哲学家列维-斯特劳斯随口说出了下面的格言——Everything is history①，但他能把尚未形成的未来也算作历史吗？

毫无疑义，概括和总结总是面向过去的。因为它们的对象都是已存在的东西，都是堆积在历史的货栈中的东西。而当哲学踌躇满志地在历史的尘埃中蠕动时，它对正在发生的现实世界和尚笼罩于迷雾中的未来世界必然失去兴趣，或视之为一种异己的、格格不入的东西。

众所周知，在《法哲学原理》一书中，黑格尔曾把哲学比作"黄昏到来时才起飞的密纳发的猫头鹰"。这里有一种视哲学为事后的理论总结的强烈的倾向。不幸的是，我们在相当的程度上受到了这种消极的倾向的感染。当历史成为包袱的时候，一个人的目光永远是近视的。

当然，我们并不主张哲学对历史采取虚无主义的态度。历史既是过去的事件，也是深深地植根于现在的人的思想深处的一种传统。人们是无法把历史抛入硫酸池的。全部问题在于哲学的功能和活动范围不能光局限在历史中。面向现实，面向未来，才是哲学的真正的内驱力。

(四)哲学与哲学基本问题

粉碎"四人帮"以来，人们一直在思索下列问题：几十年来，我们一直在宣传唯物主义，宣传辩证法，为什么在"文化大革命"的十年中反倒出现了唯心主义横行、形而上学泛滥的局面？为什么我们反复讲实事求是，而在现实生活中反倒常出现违心的举动呢？这些现象显然与哲学研

---

① "一切都是历史"，见 Claude Lévi-Strauss：Anthropologie Structurale，1977，p. 12。

究中的简单化倾向有关。

当人们把哲学简单化的时候，哲学也把人们简单化了。这种双重的简单化在相当大的程度上可以归咎于对哲学基本问题的肤浅的、偏执的理解。

众所周知，恩格斯对哲学基本问题的表述包含着两个方面：（一）思维与存在何者为先，何者是第一性的？（二）思维与存在是否具有同一性？其实，这两个方面直接蕴含着第三个方面，即如果思维与存在有同一性，它们是如何同一的？如果没有，又为何不能同一？这并不是三个不同的问题，而是同一个哲学基本问题的三个不同的方面。这三方面如同长高宽三维一样，不可分割地统一在一起。如果说，第一、第二方面大致对应于世界观和认识论的话，那么，第三方面就大致对应于方法论。马克思主义经典作家关于方法论的大量论述，特别是毛泽东关于"两个对子"（唯物主义与唯心主义，辩证法与形而上学）的见解都暗示我们：方法论是内蕴于哲学基本问题之中的。事实上，任何一种哲学都不可能没有方法论。当代西方的科学哲学家费耶阿本德以"反方法"自居，但他忘记了，"反方法"本身也是一种方法，不过是一种特殊的方法罢了。

把方法论从深处提升上来，契合进哲学基本问题，我们对哲学基本问题的理解就丰富化、立体化了。当我们以这样的目光去审视历史上的形形色色的哲学流派时，就不会把它们简单化、标签化了。比如，我们不会得出结论说，现代西方哲学的特点是回避哲学基本问题，相反，由于它的各个流派特别注意方法论的问题，特别重视对思维和存在之间的中介物的寻求，因此，可以毫不含糊地说，现代西方哲学比以前的任何哲学都更重视、更积极地在探索哲学基本问题。尤其值得一提的是，当我们从这样的视界出发，去探讨、研究马克思主义哲学时，就不会把能动性看作附加在唯物主义基础上的东西，而会如实地把它看作内在于基础本身中的东西。这样一来，马克思主义学说的形象就得到了完整的理解和再现。

（五）哲学与创造

当学究们手拿放大镜，孜孜不倦地为经典著作作注，并毫不惋惜地把全部时间都花费在这一工作上面时，他们的劳动是缺乏创造的热情的，即使有创造性的话，也是一种幅度很小的创造性。在以往的哲学研究中之所以出现这样的局面，是有原因可寻的。

第一，在对马克思主义哲学的理解和解释中，实践的核心作用还未充分凸显出来。我们对实践作用的强调还主要局限在认识论的范围内，而认识论不过是"辩证唯物主义"中的一个组成部分。事实上，实践不光是认识论的基础和出发点，还是整个自然观和历史观的基础和出发点。

在阐述自然观时，一开始就触及世界统一于物质的观点。但这一观点是如何获得的呢？无非是通过科学实践活动获得的。离开科学实验，你能证明自然界是先于人而存在的吗？如果说，离开实践去谈自然界，自然界不过是一种直观的、抽象的东西，而不是现实的、人化的自然，那么，离开实践去谈历史，历史也就成了单个人的复合物。马克思说过："从前的一切唯物主义——包括费尔巴哈的唯物主义——的主要缺点是：对对象、现实、感性，只是从客体的或者直观的形式去理解，而不是把它们当作人的感性活动，当作实践去理解，不是从主体方面去理解。"①因而，人们反倒在唯心主义哲学家的阵营中发现了更多的能动性和创造性。

由此看来，只有把实践看作整个马克思主义哲学大厦的基础和核心，才能真正发挥出马克思学说所包孕的巨大的创造性。不要把创造性推到灵感的神秘的浓雾中去，创造就是大胆思考，就是勇敢实践。

第二，对演绎法的过分倚重。众所周知，所谓演绎法也就是从一个高层次的、普通的原理出发，推论到个别事物。这是一种收敛式的思维方式。即使它有利于实际生活，但却和创造性无关，因为结论中出现的东西早就包含在大前提，即作为演绎出发点的普遍原理之中了。真正有创造性的东西总是面向生活，面向实际的。也就是说，总是通过与演绎法相反的归纳法而获得的。

---

① 《马克思恩格斯选集》第1卷，人民出版社1995年版，第58页。

尽管归纳法是经验的，导不出普遍必然的结论来，但它总是向创造性洞开大门的。不用说，从党的十一届三中全会以来，之所以特别强调从实际出发、实事求是的思想路线，其目的正是为了重新赋予人们的思想以创造的活力。光看重演绎法，必然导致思想的僵化，导致教条主义的盛行。

　　试问，毛泽东关于农村包围城市的理论能从马克思、列宁的革命理论中简单地演绎出来吗？邓小平关于"一国两制"的构想能从列宁的国家理论中简单地演绎出来吗？同样，有计划的商品经济的概念能从《哥达纲领批判》中简单地演绎出来吗？

　　当然，演绎法仍然是需要的。事实上，人们在思考中是不可能离开演绎法的。问题是，不应该只强调它而舍弃归纳法，应该把两者有机地结合起来。一方面，在使用演绎法时，要善于把马克思主义的革命原理和那些不适合实际情况的固定观念区别开来。只有始终不渝地坚持马克思主义的基本立场、观点和方法，用以指导演绎法的进行，这种思维方式才不至于僵化，凝固化。另一方面，在演绎法与归纳法的关系中，归纳法始终应占主导地位。只有坚持这一点，人们的逻辑思维才能充分地向生活敞开，向新鲜经验敞开，向各种各样的可能性敞开，向未来敞开。正如法国哲学家萨特说的：Man is the future of man。①

　　第三，忽视了想象力在哲学探讨中的作用。长时间来，人们习惯于把哲学与严格的逻辑思维对应起来，把想象力与生动活泼的艺术创造对应起来，仿佛哲学与想象力是无缘的。这无论如何是一种误解。

　　纵观整个哲学史，从柏拉图、亚里士多德、斯宾诺莎、洛克、休谟、康德、谢林到萨特等大家，都十分重视想象力在哲学中的地位问题。德国当代哲学史家 J. 赫希伯格在《哲学简史》中开宗明义地指出：Philosophiegeschichte bedeutst Freiheit des Geistes。② 换言之，没有想象

---

　　① "人是人的未来"，见［法］萨特：《存在主义和人道主义》，1977 年英文版，第 34 页。
　　② "哲学史意味着精神的自由"，见［德］赫希伯格：《哲学简史》，1983 年德文本，第 13 页。

力，也就没有哲学史。美国学者 R. 阿培尔森等人编写的《哲学的想象力》一书就说得更明确了。该书导言中的第一句话就是："哲学既关系到我们的逻辑技巧，也关系到我们的创造性的想象力"①。值得注意的是，柏拉图和庄子的著作之所以具有经久不衰的魅力，就与他们书中体现出来的丰富的想象力息息相关。一言以蔽之，不重视想象力的哲学是没有翅膀的。

由于我们在"左"的思想的干扰下，长期以来未处理好上述关系，我们的哲学研究和教学遭到了挫折，而时代的挑战又加剧了这种态势。一方面，国内外的现实生活都提出了一系列重大的理论课题，有待于哲学工作者去思索、去解答；另一方面，当代科学技术的突飞猛进的发展，也把哲学卷入了新的旋涡之中。哲学工作者再也无处躲藏，无处退让了，必须把哲学的改革提到议事日程上来了：

"这里是罗陀斯，就在这里跳跃吧！"②

二、哲学探讨的方向

哲学的改革只要不流于空谈，就不要先急于去讨论"体系"之类的问题，说得不客气一点，在未充分消化、吸收新东西之前，匆匆忙忙地去讨论这样的问题，实际上是出于一种把马克思主义学说封闭起来，拒绝接受新东西的守旧的、狭隘的心理。哲学改革的一个重要方面是"问题转向"，即必须抓住那些从生活中凸显出来的重大问题，作为自己思考、探索的对象。在当前的形势下，以下问题不应该脱出哲学的视野。

（一）人的问题

党的十二届三中全会通过的《中共中央关于经济体制改革的决定》第

---

① Raziel Abelson and Michael Lockwood，*The Philosophical Imagination: An Introduction to Philosophy*，New York：St. Martin's Press，1977，p. V.
② 见《伊索寓言》中的"吹牛的运动员"。

九条指出：要尊重知识，尊重人才，要起用一代新人。邓小平同志在讲话中认为这一条最重要，最关键。这实际上告诉我们，人的问题仍是当前哲学界应该关注的一个中心课题。

从现实生活中看，违反社会主义人道主义的现象仍在相当的程度上存在着；浪费人才、压抑人才的现象也时有所闻。显然，哲学工作者如果不能从理论上科学地回答人在社会主义社会中的地位和作用问题，这些具体问题也就难以得到合理的解决。

从理论上看，马克思主义的创始人从来都是重视人的问题的。马克思和恩格斯曾经说过，共产主义社会"将是这样一个联合体，在那里，每个人的自由发展是一切人的自由发展的条件"。① 此外，马克思关于人化自然的观点，关于人的实践活动重要性的观点，关于全人类解放的观点等，都使我们感受到人的尊严及其伟大的历史作用。从当代西方哲学发展的趋向来看，也出现了科学主义和人本主义合流的现象。实用主义、哲学人类学、释义学都在这方面起了一定的作用。实际上，这种合流的趋势，马克思早在《1844 年经济学哲学手稿》中就已经极其辉煌地预见到了。

当前，在我国现代化建设中提出的两个文明的建设问题，不过是人的全面发展问题的另一种提法。人是知、情、意的统一物，应该朝真、善、美统一的方向发展。这一点，德国哲学家康德早就指明了。今天，我们对康德的哲学立场虽然持保留的态度，然而，这个问题仍不失为重大的问题。事实上，哲学如果不重视人，人也就不会重视哲学。

(二)真理问题

这是当前哲学探讨的又一个重大的问题。粉碎"四人帮"后，理论界最先触及的就是真理问题。党的十一届三中全会前后开展的关于真理标准问题的讨论，破除了"两个凡是"的迷信，解放了人们的思想，为党的工作中心的转移奠定了理论基础。党的十二届三中全会的《中共中央关

---

① 《马克思恩格斯选集》第 1 卷，人民出版社 1995 年版，第 294 页。

于经济体制改革的决定》提出的关于打破僵化的经济模式，打破统得过死的被动局面，打破不适合实际情况的固定观念等论述，事实上都触及真理的问题。具体说来，就是真理与谬误的关系、相对真理与绝对真理的关系、真理与价值的关系等。

尤其是真理与价值的关系在当前显得特别重要。以前，不少人在阐述真理的问题时，片面地夸大了真理的客观性。其实，真理作为人对客观世界的一种认识，始终包孕着主观、客观这两个方面。只要包含着主体的方面，主体就必然会把自己的价值因素融入这种认识中去。

列宁早就告诉我们，几何公理要是触犯了人们的利益，也是会被推翻的。拒绝审视真理与价值的关系，或者说，一提到价值就斥之为实用主义或多元论，这并不是马克思主义的态度。这种态度在相当程度上反映了我国理论界习惯于把哲学单纯地理解为认识论的狭隘性。人和世界之间绝不仅仅是知识的关系。以克尔凯郭尔为先驱的当代人本主义思潮的兴起，目的就是冲破黑格尔的"主知主义"，即把哲学单纯地理解为知识论的倾向。这种倾向实际上是一种传统，就近可追溯到康德的"哥白尼式的革命"，再往前则可追溯到苏格拉底的著名口号："认识你自己"（know thyself）。克尔凯郭尔认为，他与这一传统的一个歧异点在于，他认为有比知识更多的东西，因此，他提出了另一个著名的口号："选择你自己"（choose thyself）[1]。毋庸讳言，克尔凯郭尔的基本立场我们是不赞成的，但他开启的新的哲学研究方向对我们重视并深入地探究真理与价值的关系是有一定的启发作用的。

（三）自由问题

自由，作为哲学的一个范畴，也引起了人们普遍的关注。根据马克思主义的观点，自由是对必然的认识和对客观世界的改造。在理解这一观点时，我们不能忽略以下两个方面：

---

[1] Walter Lowrie，*A Short Life of Kierkegaard*，Oxford：Oxford University Press，1938，p. 244.

第一，思想上的自由与行动上的自由的区别。在以往对自由范畴的解释中，人们并没有把这两种不同类型的自由严格地区分开来，而且往往用行动上的自由所须遵循的标准去要求思想上的自由。这种混同的结果在"文化大革命"十年中表现得最为明显，那就是，把人们思想的自由、学术探索的自由全部给限制了。人所共知，思想上的自由可以不受客观必然性的约束，尤其是在诗歌、音乐、绘画、神话、科幻小说中，人们可以听凭想象力的驱使，任意驰骋。事实上，如果在这些领域里人们的思维没有充分的自由和扩散性的话，这些领域本身就不可能存在。说得具体一点，也就不会有拜伦、李白的诗歌，不会有毕加索的绘画，也不会有贝多芬的乐曲。广言之，在科学研究的领域中，思想也必须有充分的自由。当然，思想自由并不是绝对的、无条件的，在现实社会中，它必须受到一定的法律和纪律的约束。但就行动的自由而言，它不仅受制于一定的法律和纪律，同时也受制于客观必然性。因而比较起来，思想上的自由比行动上的自由有着更为广阔的活动余地。只有看到这一差别，才能有效地坚持党的"双百方针"，维护学术上、创作上的自由，并为之提供健康的心理环境。

第二，必然性的唯一性与必然性的表现形式的多样性之间的差异。由于混淆了这一差异，人们把唯一性泛化到必然性的表现形式上，并在这样的基础上去侈谈自由。这样一来，连自由本身也被必然化、唯一化、凝固化了。于是，丰富多彩的可能性及人们对可能性的选择都消匿不见了，人们只要沿着平静的生活河床向前走就行了。这样的自由观与马克思的初衷格格不入，实际上是懒汉的自由观。

举例来说，社会主义取代资本主义是一种历史的必然性，这种必然性是唯一的，但其表现形式却是多种多样的。同样，社会主义向共产主义的过渡是唯一的、必然的，但其表现模式却是多种多样的。不同的国家有不同的模式。我们没有理由把某一种模式宣布为唯一正确的，而其余的统统是谬误。其实，任何社会主义国家都有选择自己的发展模式的自由。

总之，只有准确理解自由与必然的关系，才能真正形成一种健康有益、生动活泼的局面，人们的创造热情才能勃发出来，从而在生活的舞台上演出威武雄壮的剧目来。

(四)方法问题

马克思主义辩证法是在批判地继承黑格尔辩证法的基础上形成起来的。它是丰富多彩的、开放的、活生生的、多方面的。但从斯大林开始，辩证法被简单化了，成了几个条条。与此同时，它也被封闭起来了。人们习惯于用"还原论"的态度来对付辩证法，即把当代的任何理论方法都还原为辩证法还是形而上学这个非此即彼的问题。这样做的结果是，辩证法本身被形而上学化了。辩证法承认一切都是变化的，可它自己却获得了不变化的豁免权。这样的悖谬正是那些"左视眼"造成的。

其实，列宁在《哲学笔记》中早就告诫过我们，辩证法是一种有强大生命力的、不断发展着、扩大着的东西。它与人类文化史的发展并不是对立的，而是水乳交融般地糅合在一起的。有了这种开放性的认识，我们在方法论上就不会夜郎自大，而会把自己的目光投向远处，特别是投向现代西方哲学，以便从中汲取有价值的东西。下面随便举几个例子：

第一，分析哲学的分析方法。20世纪初以来流行于英美的分析哲学要求任何哲学命题都具有一种符号逻辑公式可以描述的明晰性。凡没有这种明晰性的命题都是无意义的。那就是说，在讨论哲学上的任何一个命题和概念时，必须先确定其意义，然后才能合乎逻辑地加以论证。这种分析的方法虽然本身有一些局限性，但其对概念、命题意义的严格区分和判定对我们的哲学探索是有帮助的。用这样的目光去透视新中国成立以来的争论，就会发现，其中不少命题和概念都起于含义上的误解和误断。事实上，不讲概念和命题的明晰性，任何争论只能导向经院哲学。

比如：物质、精神、实践、人、文化等，这些概念都是非常模糊的，如果不进行比较严格的界定，任何讨论都是无法深入下去的。借鉴分析方法中的一些合理的成分，可以消解有些人打着辩证法旗号出售的诡辩术。在这个意义上可以说，分析方法是诡辩方法的一种解毒剂。

第二，释义学的方法。这也是当代西方哲学中流行的一种方法。根据这一方法，人们的理解涵盖一切，因而人们常常把对对象的理解与被理解的对象混淆起来。比如，我们写了一本题为《马克思主义哲学原理》的书，这当然是不错的；可是，从释义学的观点看来，这里已经有某种混同了。实际上，这本书应当叫作《我们对马克思主义哲学原理的理解》。因为真正的马克思主义哲学原理，只能是马克思主义的全部著作和手稿（也包括书信等），而我们写的著作不过是我们对马克思主义哲学原理的一种理解模式。

至于这种对对象的理解在多大程度上符合被理解的对象，这不是由哪个人说了算的，更不能诉诸行政命令，而应当通过学术上的充分的讨论来解决。正如马克思说的，真理是由争论确立的，历史的事实是在矛盾的清理中被陈述出来的。

汲取并消化了释义学方法中的合理成分后，我们就不会把某种理解模式绝对化、凝固化了。这样一来，不同学派的形成也就有了现实的可能性。

第三，发生学的方法。由瑞士心理学家让·皮亚杰创立的发生学的方法，其意义远远超出了心理学和认识论的范围。无论是哲学、数学还是美学、伦理学、宗教学等，都有一个发生的问题。引入这种方法后，就不会把这些学科作为一个抽象的点、一种已给定的（given）结果来理解，而是作为一个发生的过程来理解。发生学的方法有两种含义：一是考察这些学科的史前史，即在原始社会中的特定内容和表现形式；二是考察在儿童成长的过程中，与这些学科相关的观念是如何发生并形成起来的。

比如，哲学史上争论不休的关于数的起源的问题，只要人们把探索的触角伸入到儿童和原始人那里，就会毫不犹豫地得出这样的结论：数不是先天的，它起源于人们的经验和活动。

可以断言，发生学的方法是 20 世纪最有发展前景的方法之一。批判地借鉴这种方法，能使我们站得更高，看得更远。

第四，精神分析的方法。奥地利心理学家弗洛伊德创立的精神分析方法，特别重视由欲望、本能等构成的无意识部分在人的心理机制中的作用。这种作用表现为主体内部潜伏着的巨大的内驱力和能动性。它的存在充分表明，人对客观世界的认识不是被动的反映，而是能动的外溢、潜意识的投射。质言之，是内心世界的一种自我扩张和自我实现。当然，弗洛伊德把无意识部分，特别是其中的性欲的作用夸大得太过分了，这就构成了精神分析方法的局限性。对此，我们也应有充分的认识。

在当代西方哲学中，涌现出多种多样的方法论。除上面介绍的几种外，还有结构主义方法、现象学方法、证伪主义方法、哲学人类学方法和历史编纂学方法等。这些方法中包含的合理的成分为辩证法本身的发展提供了养料。

以上提到的课题，还只是其中的很少一部分，它们实际上是生活本身发出的呼声。毫无疑义，哲学只有像常春藤一样地缠绕在生活的大树上，才能获得永恒的生命力。

三、使哲学讲汉语

哲学改革的根本方向是在马克思主义哲学的指导下，立足于中国文化的优秀传统，吸收国外文化的精华，建立富有民族特色的、积极进取的当代中国哲学。

100多年前，黑格尔以慷慨激昂的口吻宣称自己的使命是使哲学讲德语，换言之，就是要使德国哲学在世界理论舞台上演奏第一小提琴。黑格尔的预言不久就得到了应验，德国哲学曾一度成为西方思想界的宙斯。

今天，中国年青一代的理论工作者也应有充分的信心宣布：我们的使命是使哲学讲汉语。在我们伟大民族的悠久而灿烂的历史中，曾经出现过老子、孔子、庄子这样伟大的哲学家。他们的传世之作引起了整个西方世界的景仰，他们的光辉名字书写在第一流的百科全书上。当然，传统毕竟是传统，历史的丰碑不能取代今天的努力。留恋过去而放弃眼前的奋斗，逃避现实而追恋"埃及的肉锅"，永远是弱者的表现。强者的逻辑只能是探索、进取、超越。

不用说，要创立当代中国哲学，使之成为全世界瞩目的中心，这绝非易事。然而，我们没有理由自卑，也没有时间踌躇。真正的哲学从不崇尚空谈，它看重的是行动和进取。正如英国诗人布莱克说的：仅有欲望而无行动的人只能产生瘟疫。

1987年

从哲学的元问题谈起^①

现在，理论界都在谈论哲学的改革，然而从已发表的著作和论文来看，真正有见地的，特别是有突破性见解的还是鲜见的。我认为，要打破这种局面，就不能满足于在一些小问题上做文章，而要从哲学的元问题入手。

哲学的元问题是什么呢？不少人认为，元问题也就是基本问题，即思维与存在的关系问题。其实，哲学的元问题应该是：什么是哲学？这个问题比哲学基本问题更为基本。当我们把思维与存在的关系问题看作哲学的基本问题时，我们已预先设定，我们所理解的哲学是研究存在的本质的。对哲学作如是观，可以说是亚里士多德以来的传统。如果我们局限在这一传统的范围内来谈论哲学的改革，那就只能触及一些枝节性的问题了。

从亚里士多德到黑格尔，西方哲学的主要传统是知识论，知识论追求的是事物的本质、世界的本质，要言之，即存在的本质。而**本质性的**、一般的东西只有思维才能把握，因而传统哲学自

① 原载《探索与争鸣》1987 年第 2 期第 1—2 页；《光明日报》1988 年 7 月 25 日第 03 版。收录于俞吾金：《文化密码破译》，上海远东出版社 1995 年版，第 60—61 页；《俞吾金集》，黑龙江教育出版社 1995 年版，第 118—123 页；《寻找新的价值坐标——世纪之交的哲学文化反思》，复旦大学出版社 1995 年版，第 32—37 页。——编者注

然而然地要把思维与存在的关系作为哲学研究的基本问题。知识论哲学的发展在黑格尔那里达到了顶点。《精神现象学》的最后一个阶段是"绝对知识",而"绝对知识"正是《逻辑学》这一阴影的王国的入口。

黑格尔去世后,传统的哲学定义立即陷入危机之中。黑格尔面临着三个方面的挑战,这些挑战都是高层次的,即不囿于具体的、枝节性的问题,而是直接抓住了"什么是哲学?"的元问题,并阐发出新的见解。

第一方面是克尔凯郭尔、叔本华、尼采等人肇始的。他们非难黑格尔的知识论体系把人淹没了,同样,作为知识论的中心概念的理性又把情感、意志、欲望等吞没了,因而主张哲学要研究个体性(Individualitat),研究活生生地存在着的个人。这派哲学思想在海德格尔的以"定在"(Dasein)为基础的基本本体论中获得了典型的理论表现。萨特提出了"存在先于本质"的著名命题,如前所述,知识论是专门研究人、事物、世界的本质的,因而这个命题是直接指向知识论的。总之,唯意志主义、生命哲学、存在主义都肯定哲学是以活生生的个人为研究对象的。

第二方面是由摩尔、罗素、维特根斯坦开其先河的科学主义思潮。这一思潮批判黑格尔学说的思辨性和模糊性,其用意是使知识论哲学严密化、科学化,结果却把知识论哲学中的内容几乎全部否定了,哲学成为一种单纯的治疗术,即语言上和逻辑上的一种批判的功能。

第三方面的发动人是费尔巴哈。费尔巴哈尖锐地批评黑格尔的哲学老是在逻辑范畴中打转,主张哲学应该从思辨唯心主义中解救出来,去研究人,研究自然。费尔巴哈提倡的是人本主义哲学。然而,在他那里,人还是自然的人,而非社会的人。马克思批评了费尔巴哈,在《关于费尔巴哈的提纲》中提出了下面两段重要论述:

> 旧唯物主义的立脚点是"市民社会",新唯物主义的立脚点则是人类社会或社会化了的人类。

哲学家们只是用不同的方式解释世界，而问题在于改变世界。①

第一段论述强调应把"人类社会或社会化了的人类"作为新唯物主义的基点，第二段论述强调新哲学的使命是改变世界，而不是单纯地解释世界。这两段论述可以看作马克思哲学思想的要旨。它们清楚地表明，马克思是反对传统的静观的知识论哲学的。在马克思看来，哲学是研究以人的实践活动为基础的社会生活的。在这个意义上，马克思主义也就是实践唯物主义。

如果把上述三方面对哲学的元问题的答案作一个比较的话，就会发现，马克思的回答是最为深刻的。当我们以马克思的上述见解为基础去探讨哲学时，哲学的基本问题就不再是思维与存在的关系问题，而是人与社会、人与自然的关系问题，我们就能理解马克思对"抽象的物质"，对离开人的自然的批判了，也就把握了马克思学说的一个根本性的贡献——创立唯物史观。

总之，哲学的改革只有从"什么是哲学?"这样的元问题入手，才可能重新理解马克思思想的真谛，从而建立一个具有时代精神的、科学的马克思主义哲学体系。

---

① 《马克思恩格斯全集》第3卷，人民出版社1960年版，第6页。

1993年

关键在于调动两方面的积极性^①

　　"现代国外马克思主义哲学"这门课涉及现代国外形形色色的马克思主义哲学思潮，在这些思潮中，最具影响力的是"西方马克思主义"，因而也成了这门课的重点。就"西方马克思主义"的教学和科研来说，复旦大学哲学系在全国高校中起步最早。这门课于 1979 年以讲座形式开设，于 1982 年成为选修课，1985 年起进一步作为必修课，形成了由"西方马克思主义流派""西方马克思主义原著选读""现代国外马克思主义哲学专题""东欧新马克思主义"等组成的向高年级本科生和研究生开设的系列课程，成为我系最受学生欢迎的课之一。在长期教学和科研的基础上，我和陈学明同志一起撰写了《国外马克思主义哲学思潮》一书（56 万字，复旦大学出版社 1990 年 10 月版），从而为这门课的建设奠定了比较扎实的基础。1992 年上半年，这门课获复旦大学研究生优秀教学奖和本科生优秀教学二等奖；同年年底，又作为复旦大学文科六门优秀课程之一被推荐到市里，荣获 1989—1992 年度上海市优秀教学二等奖。

　　回顾十多年来的教学实践，我们深深地体会

---

① 载《上海高教研究》1993 年第 2 期第 62—64 页。——编者注

到：教学要上去，教学方法一定要改革，而教学方法改革的关键是调动教师和学生两方面的积极性。实践表明，光有教师的积极性而无学生的积极性，课是上不好的；同样地，光有学生的积极性而无教师的积极性，课也是上不好的。只有把两方面的积极性紧密地结合起来，这门课才能上得有声有色，受到学生的欢迎。

积极性、主动性总是和兴趣联系在一起的，由于"西方马克思主义"具有内容新、见解深、现实感强、与现代西方哲学联系紧密等特征，不但教师对这门课有兴趣，肯花时间去研究，学生的兴趣也都很高，希望通过它来了解当代西方哲学家，尤其是当代西方马克思主义者做出的新思考和提出的新问题。教师和学生都对这门课有兴趣，这就为上好这门课奠定了基础。但仅有这种自发的兴趣是不够的，只有在教学方法上大胆实行改革和引导，自觉地发挥教师和学生两方面的积极性，才能真正地上好这门课，使自发的兴趣、热情上升为自觉地深入地学习和研究。

我们在教学中的主要做法是：

第一，把准确地"评"和准确地"述"紧密结合起来。

讲西方马克思主义者的思想，必然会涉及"评"与"述"的关系问题。过去的"述"总是习惯于用世界观、认识论、方法论和社会历史观的"四分法"去套被述的对象，看起来，"述"的条理很清楚；实际上，却用一个固定的模式，把被述者的思想肢解开来了，对这样的"述"，学生视为老生常谈，听课的热情会自然减弱。所谓"准确地述"，就是按照被述者的思路进行叙述。比如，德国马克思主义者柯尔施的思考起点是国家问题，而把握国家的本质需要哲学眼光，由此他深入地思考了马克思主义与哲学的关系问题，而在哲学思考中，总体具有优先性，于是，他的思路又过渡到总体问题，并从总体的见解引申出理论和实践的结合及马克思主义发展三阶段论。如果我们按照"四分法"来"述"柯尔施的思想，就会把它变成一堆支离破碎的东西。

有了"准确地述"，才可能有"准确地评"。如果"述"错了，"评"就会

"乱点鸳鸯谱"，学生在听课时就会有一种抵触感。"准确地评"就是要坚持马克思主义的唯物史观的基本立场。比如，法国马克思主义者萨特批评庸俗马克思主义者否认人的问题重要性的错误倾向，认为他们把人推进硫酸池里去了，因而主张用存在主义补充马克思主义。在评价萨特的这一见解时，我们应该采取具体问题具体分析的唯物史观态度，既要看到萨特批评庸俗马克思主义者的深刻的一面；又要指出，存在主义与马克思主义是两个根本不同的思想体系。存在主义的出发点是抽象的、孤独的个人，而马克思主义的出发点则是从事实际活动的现实的人，用存在主义来补充马克思主义，就像第二国际的领导人用新康德主义来补充马克思主义一样，注定是要失败的。

我们体会到，只有通过准确地"述"和"评"，教师和学生的思想才会沟通并融洽起来，否则，学生就会抱着逆反心理来听课，越听越兴趣索然。

第二，把突出重点、难点的讲解和针对热点进行分析紧密结合起来。

讲课要突出重点和难点，这是从事各专业教学的教师必须遵循的教学原则，也是各类教师力践于行的；但作为"现代国外马克思主义哲学"这门课的教师往往会觉得重点容易，难点困难。如果我们绕开难点，拣常人容易理解的讲，那就不是在讲课，而是在"逃课"了。因此只有迎难而上，精读深研，才能疏通难点。在突出难点的讲授上，我们发现要使学生弄懂一些抽象的原理、概念或思潮、现象等，很重要的是课要讲得深入浅出，有感染力。这就是要理论联系实际，不回避在世界范围内有争议的观点。我们经常穿插介绍西方马克思主义者的争论热点，如人道主义与异化之争、自然辩证法之争、社会科学方法论之争、科学与意识形态关系之争、历史决定论与自由意志之争等。这些都是学生最关心的问题。所有热点问题的讲解都引起了他们的广泛兴趣，以致不少同学把这些热点作为毕业论文的题目自觉深入地研究下去。这说明，要把课上"活"，要把学生的注意力紧紧地吸引过来，就要善于把重点、难点和热点的讲解紧密结合起来。

第三，把培养自学能力和思辨能力紧密地结合起来。

实践表明，学生无准备地来听课，讲授只能是照本宣科式的，学生得到的是了解了这堂课的内容；如果事先预习教材，带着问题来听课，效果则完全不同。我们提出这门课一定要预习的要求，每个学生必须带着问题来上课。在课堂上，我们常常鼓励学生提问。起先，少有学生提出，只在课间休息时间问。经了解，多数学生"预习"只是看一遍，了解大概内容。这样是很难提出问题的。我们对学生进行自学入门辅导，学会发掘问题，寻找难点。在我们的指导、帮助、鼓励下，学生在课堂上也能提出问题了，并日趋踊跃。比如，在讲意大利马克思主义者葛兰西的思想时，有的学生问："葛兰西的领导权理论和马克思主义经典作家的领导权理论究竟有何区别？"这个问题提得很好。我们很细致地分析了这两种理论之间的差异，认为葛兰西的主要着眼点是文化—意识形态领导权，这种领导权在文明发展较早的西方国家无疑具有重要的意义；然而，从唯物史观的立场看来，精神和意识的生产归根结底受制于物质资料的生产，而要控制后一种生产，关键还是要夺取直接维护统治阶级经济利益的政治领导权。学生们认为这样的分析颇有说服力。

为了进一步提高学生的思辨能力，活跃课堂气氛，我们还经常向学生提出问题，要求他们回答。比如，在讲匈牙利马克思主义者卢卡奇的思想时，我们向学生提出了这样的问题："异化、物化、对象化这三个概念之间的区别和联系是什么？"学生们虽然踊跃回答，但由于对这些抽象概念缺乏了解，回答时的片面性很大。于是，我们深入地分析了这三个重要概念的内涵、来龙去脉、相互之间的联系和差异。学生们听了都觉得很有启发。

由于我们把培养自学能力和思辨能力结合起来，一方面，大大地激发了学生们的求知热情；另一方面，学生们的热情也进一步促进了教师上课的热情和责任感。要回答学生提出的问题，尤其是一些疑难杂症，教师备课的内容和范围扩大了。要上好一堂课，我们要多读同类、交叉的书籍，或研读原著。努力备好每一节课，做到常讲常新，常问常答，不断提高讲课的水平；同时，在解答问题时，我们也尽可能地为学生们提供各种参考书目，甚至把我们自己的藏书提供给他们阅读，使学生们对这门课的兴趣越来越高。

第四，把课堂讨论和命题考试紧密结合起来。

在讲课中我们发现，敢于提问题的学生并不多，有些学生总是满足于做"听众"，如何调动这部分学生进一步深入学习的积极性，使全体学生共同提高呢？我们采取每个学期专门辟出一个讲课单元的时间，组织全班同学进行学术讨论。讨论的题目，通常在两周前就布置给学生。刚开始时，学生比较拘谨，但讨论到他们共同感兴趣的问题时，气氛就为之一变，学生们相互之间争得脸红耳赤，连平时沉默寡言的学生也积极"参战"，表明自己的见解。关于萨特自由观的讨论就是一个例子。有的学生认为，萨特的自由观乃是自由的宿命论观，也有的学生认为，萨特的自由观高扬了人的主观能动性，双方据理力争，互不相让。这种热烈的气氛也深深地感染了我们，使我们看到了"填鸭式"的传统教学方法的局限性。只有当学生也成为课堂的主人翁的时候，课堂里才会充满生气。

为了使学生们在求知中达到融会贯通而不满足于死记硬背，在期末考试中我们常常采用命题考试的方法。要求学生们不仅把平时学的内容融会贯通地表达出来，而且还须明确写出学生自己对这些问题的见解。比如，在一次考试中，我们出了这样一个题目："试评述西方马克思主义者的意识形态学说"。这个题目不但要求学生"述出"存在主义的马克思主义、黑格尔主义的马克思主义、精神分析的马克思主义、新实证主义的马克思主义、法兰克福学派和结构主义的马克思主义关于意识形态问题的最根本的见解，而且要写出学生自己对这些不同的意识形态学说的评价。学生们认为，这样的考试题目同时也是学术研究的题目，促使他们进一步深入地去探讨西方马克思主义这门学科，加深对马克思主义当代化的进程的领会。

由于改进了教学方法，活跃了课堂气氛，调动了教师和学生两方面的积极性，"现代国外马克思主义哲学"课受到了本科生、研究生和进修生的好评；学生们的鼓励又进一步激发了我们教学和科研的热情。十多年来，我们已在本课程的科研活动中出版专著和译著十多部，发表论文500多篇，产生了一定的社会影响。目前，我们正在加紧撰写《当代国外马克思主义哲学》的研究生教材和专著《西方马克思学》，计划进一步扩大这门课的视野，为马克思主义哲学教学的当代化，为培养大学生和研究生坚定的马克思主义的信念贡献自己的力量。

1994年

充分发挥哲学的前瞻功能[①]
——《求是学刊》百期感言

　　《求是学刊》自创刊以来已有十多年的历史，如果说，它以前像一棵默默无闻的小草的话，那么，近几年来，由于新的办刊思想的引入，它在我国大学文科学报的园林中，已成了一朵光彩夺目的鲜花。我认为在《求是学刊》的新的办刊思想中，最引人注目的一点是对哲学的前瞻功能的肯定和弘扬，这尤其表现在 1992 年年初以来创办的"文化哲学：跨世纪的思考"栏目上，记得德国哲学家黑格尔把哲学比作"黄昏到来时才起飞的密纳发的猫头鹰"，也就是说，哲学的任务主要是回顾和总结已发生的事情，这就忽略了哲学的前瞻功能。上面提到的这个栏目之所以办得好，因为它突出了哲学的这一重要功能。目前，我们正处在世纪之交的重要历史时刻，人类社会向何处去？人类的文化乃至人类的整个精神世界如何向前发展？这都是哲学应该关注、应该研究并努力加以阐发的课题。人作为可能性的动物，它的存在是趋向未来的，因而未来也是更值得瞻望

---

　　① 载《求是学刊》1994 年第 3 期第 7 页。——编者注

的。在上述栏目中发表的一些中青年理论工作者的力作，在国内哲学界产生了不小的影响，衷心希望《求是学刊》把这样的栏目办下去，使哲学研究的园地显得更加生机盎然。

1995年

谈谈哲学研究中的自然主义态度^①

什么是哲学研究中的自然主义态度呢？这是指研究者从纯直观的，即与人的实践活动相分离的角度出发，确信：外部世界的存在是不言而喻的，人对外部世界的认识也是不言而喻的，而哲学的根本任务则是探讨外部世界和人的认识的起源。这种自然主义的态度在我国学术界具有广泛的影响，它使我们的哲学研究老是纠缠在一些初始的问题上停步不前。下面，我们对自然主义态度的各种具体表现逐一进行分析。

一、在本体论研究领域中，自然 主义态度关注的是宇宙的 起源或世界的本原问题

人们通常对世界的起源问题的回答是：世界统一于物质，物质乃是最根本的、最初始的东西，人类是在物质演化的一定阶段上产生的；同样地，人类的思维或意识也是物质演化的产物。从自然主义态度出发，世界的结构表现为以下三

---

① 原载《社会科学战线》1995 年第 4 期第 63—65 页。收录于俞吾金：《俞吾金集》，学林出版社 1998 年版，第 69—74 页。——编者注

个层次：自然、社会、思维。显而易见，社会和思维都是与人类联系在一起的，而自然作为物质的最纯粹的表现形式，是先于社会和思维而存在的，所以，自然主义者对世界起源的探究必然蕴含着对自然的崇拜，这也正是他们对自然的先在性问题特别感兴趣的原因。所谓"自然的先在性问题"，强调的是自然先于人类而存在，提出这个问题的目的是把人从自然那里剥离出来，从而肯定与人相分离的自然的初始性和优先性。但自然主义者显然忘记了："自然的先在性问题"仍然是由人提出并由人通过实践活动（包括实验）加以确证的。比如，人们通过放射性衰变的实验来测算地球的年龄。从时间上看，自然或地球确实是先于人而存在的；但从逻辑上看，人的存在和实践活动又是自然的先在性的现实的前提。撇开这一现实的前提，自然就成了一种与人相分离的、神秘的东西。所以，在自然主义者的物质观或自然观中，保留着初民的自然宗教的痕迹。马克思在谈到初民与自然的关系时，这样写道："自然界起初是作为一种完全异己的、有无限威力的和不可制服的力量与人们对立的，人们同它的关系完全像动物同它的关系一样，人们就像牲畜一样服从它的权力，因而，这是对自然界的一种纯粹动物式的意识（自然宗教）。"①所以，自然主义态度的社会历史内涵就是根源于自然经济生活方式的崇古倾向。这种崇古倾向在理论上的反映是"起点崇拜""起源崇拜"和"自然（与人相分离的自然）崇拜"。从这个意义上看问题，那些持有自然主义态度的当代中国哲学家根本上还未从与自然经济相适应的古代思维方式中摆脱出来。这是因为自然经济的生活方式至今仍然对中国人的思维方式有着根深蒂固的影响。

---

① 《马克思恩格斯全集》第 3 卷，人民出版社 1960 年版，第 35 页。

二、在认识论研究领域中，自然主义态度的 集中表现是把对认识本质的研究还原为 认识的起源问题

只要我们一进入认识论的领域，持有这种态度的哲学家马上就会询问我们，认识最初的来源是什么。这个问题一下子把我们逼入探讨人类最早的认识活动的轨道上。如前所述，自然主义态度从直观出发，认为外部世界的存在是不言而喻的，而人类以及人类的认识活动是晚于外部世界的。要探讨认识的起源，当然只能向外追问，也就是说，把外部世界作为全部认识活动的起点，而外部世界又是可以脱离人而独立存在的。所以，对认识起源的追问，目的还是回到与人相分离的原初的物质世界或自然界中去。这种认识论研究的思路与本体论领域中对宇宙起源或世界本原的询问是完全一致的。

自然主义态度在认识论研究中的最典型的表现形式是反映论。虽然我们可以给反映论加上各种定语，如"能动的""非直观的"等，但问题的性质并没有发生变化。反映论总是以自然的态度、镜式的反映设定了一个先于认识者的外部世界的存在。如果我们离开认识论研究的语境，单纯地着眼于时间上的先后的区分的话，这种说法当然是能够成立的。既然人不过是物质世界发展到一定阶段的产物，那么作为人才有的认识活动当然是晚于外部世界才出现的。问题在于，在认识论的语境中，把对认识活动的考察归结为对认识起源的追溯是无意义的，在逻辑上也是矛盾的。道理很简单：因为只要我们一进入认识论的研究，我们就已预先假定了认识对象与认识主体之间相互依赖的共存关系。认识对象，即object 是相对于认识主体，即 subject 而言的。从现实的认识关系来看，由于全部认识活动是由认识主体发起的，所以认识主体理应比认识对象处在更基础的层面上。为了说明这一点，我们只要想想那些认识主体所

创造的，而在实际生活中从未存在过的认识对象（如金山、龙、司芬克斯、上帝等）和各种符号就行了。所以，从逻辑上的先后次序来看，认识主体比认识对象处在更基本的层面上，而认识主体在认识任何对象之前已有认识的前结构。也就是说，认识主体在从事任何认识活动之前都不是一块白板，而是已有先入之见。这种先入之见是通过教化而为认识主体所接受的。从内容上看，它表现为传统文化和意识形态的混合物。这就是先行地植入认识过程的社会历史内涵，而认识的本质正是要通过对认识主体的先入之见的反思来加以探讨，即展示认识过程的社会历史内涵，而不是以抽象的态度去回溯认识的起源。一方面，回溯到一个脱离一切认识主体的、初始的物质世界本身就是一个悖论。如前所述，一进入认识论的视野，认识主体就已然存在了。假设一个未受认识主体污染的外部世界，这个世界就已经逸出认识论视野了。而它一进入认识主体的视野，就不可能是未受认识主体污染的外部世界了。所以，在认识论研究中，不断地追问认识的起源问题，只能导致整个研究的抽象化，即使研究者在向起点回溯的过程中，遗忘了对认识活动的社会历史内涵的关注和探究。

三、在方法论研究领域中，自然主义态度的典型 表现是对"历史与逻辑一致"的方法的推崇

乍看起来，这种方法关注的是逻辑与历史的关系问题，实际上，它真正关注的仍然是历史的起点问题。为什么这么说呢？因为这种方法主张，逻辑上最简单的范畴对应于历史上最初始的阶段，而逻辑上较复杂的范畴则对应于历史上较高级的阶段。所以，这种方法并不引导我们去重视逻辑问题，而是要我们去关注逻辑范畴向历史阶段的还原，特别是简单的逻辑范畴向初始的历史阶段的还原。隐藏在这种方法背后的仍然是对历史起点的崇拜。事实上，逻辑作为规范性的科学与作为经验科学

的历史具有完全不同的性质。它们之间根本不存在着一一对应的关系。如果这种关系存在着，那逻辑和历史就是一门学科了。事实表明，不但逻辑与历史的关系不是一一对应的，而且它们之间的关系常常是相反的。所以，马克思在分析经济范畴与历史发展的关系时写道："把经济范畴按它们在历史上起决定作用的先后次序来排列是不行的，错误的。它们的次序倒是由它们在现代资产阶级社会中的相互关系决定的，这种关系同表现出来的它们的自然次序或者符合历史发展的次序恰好相反。问题不在于各种经济关系在不同社会形式的相继更替的序列中在历史上占有什么地位，更不在于它们在'观念上'（蒲鲁东）（在历史运动的一个模糊表象中）的次序。而在于它们在现代资产阶级社会内部的结构。"①由此可见，"历史与逻辑一致"的方法尽管可以被我们的一些哲学家说得头头是道，比如"一致是通过不一致表现出来的""逻辑范畴扬弃了历史的偶然性"等，但这种方法所蕴含的实际态度仍然是崇拜历史起点的自然主义态度。我们发现，在黑格尔的逻辑学中仍然存在着这种自然主义态度的残余，因为他把逻辑范畴从简单到复杂的演化与哲学思想史的发展大致上对应起来，而作为逻辑学起点的则是最简单的范畴"存在"，与这一范畴对应的则是巴门尼德的哲学思想。所以，黑格尔探讨的虽然是逻辑学，但仍然保留着对历史起点的留恋。在海德格尔那里，情形就不同了。他的哲学的起点并不是一个简单的逻辑范畴，而是"此在"的基本机制，即"在世界之中的存在"（das In-der-Welt-sein）。这表明，海德格尔作为当代哲学的代表已摆脱了自然主义态度的影响，而当代中国哲学家则在思维方式上仍未走出黑格尔哲学的阴影。不少中国哲学家对"历史与逻辑一致"的方法的偏爱就是一个明证。

　　从上面的论述可以看出，自然主义态度在我们当前的哲学研究中仍然拥有广泛的影响。这种影响的存在并不令人惊奇。一方面，正如我们在上面已经指出过的那样，我国长期以来是以自然经济为基础的社会，

---

　　① 《马克思恩格斯全集》第46卷（上），人民出版社1979年版，第45页。

自然经济的生活方式直接蕴含着自然主义的思维方式。举例来说，当代中国哲学家为什么对"天人合一"的观念表现出普遍的兴趣，因为在这种观念里，同样蕴含着对初始的自然界的崇拜。当然，这里崇拜的自然界并不是与人相分离的自然界，然而，这一与人合一的自然界毕竟代表了自然经济的田园诗画，而绝不是马克思所说的经过工业媒介的现实的自然界。所以，不做具体分析地推崇"天人合一"的观念本身就是对现代化的一种抵触，是崇古倾向在当代历史条件下的一种表现。另一方面，这种自然主义态度之所以长久以来得不到批评，是因为人们对这种态度已经习以为常了。它已渗入到人们的潜意识的层面上。人们不但很难对它进行反思，它反而成了人们反思任何问题的出发点。所以，在哲学研究中，虽然人们不断地追逐着新问题，不断地反思着老问题，然而，人们总是一而再，再而三地退回到起点上，无数次地重复着如下的问题：认识起源于什么？为什么说自然界先于我们而存在？这就告诉我们，不深入地反思并批评自然主义的思维方式和态度，我们在哲学研究上就难以获得真正的识见，也难以拓展出新的视域。

哲学研究与哲学学科分类①

　　众所周知，在我国的综合性大学的哲学系或社会科学院的哲学所中，教研室或研究室通常是以下述方式来划分的：马克思主义哲学、中国哲学、西方哲学、自然辩证法（或科技哲学或自然科学的哲学问题）、逻辑学、伦理学、美学、宗教等。我国哲学专业方面的硕士点和博士点也通常是以上述分类方法来设定并命名的。这样的分类方法存在着明显的局限性：

　　第一，分类的原则不明确。"马克思主义哲学"是就内容而言的；"中国哲学"是就国别而言的；"西方哲学"是就地域而言的；"自然辩证法"是传统的"马克思主义哲学"的一个组成部分，是否有充分理由把它单独划分出来尚存疑问，如把它改为"科技哲学"或"自然科学的哲学问题"，那么，为什么又不分出同样性质的其他分支学科，如政治哲学、法哲学、历史哲学等。在这里，我们看到，没有一个分类原则是贯彻到底的，而当相互矛盾的分类原则混杂在一起的时候，哲学研究又如何顺利地展开呢？

---

① 原载《光明日报》1995 年 5 月 4 日第 05 版。收录于俞吾金：《文化密码破译》，上海远东出版社 1995 年版，第 135—137 页；《俞吾金集》，学林出版社 1998 年版，第 3—5 页；《生活与思考》，复旦大学出版社 2011 年版，第 141—143 页；《哲学随感录》，北京师范大学出版社 2016 年版，第 10—12 页。——编者注

哲学研究与哲学学科分类 · 119

第二，把"伦理学""美学""逻辑学""宗教"等学科置于"哲学"之下，实际上默认了一个传统的、错误的观念，即"哲学"乃是"科学之科学"。这种"哲学"观念必然束缚上述学科的发展。把上述学科与"马克思主义哲学""中国哲学""西方哲学"并列起来，在分类上也是不协调的。

第三，哲学研究的整体图景被破坏了。比如，"西方哲学"是相对于"东方哲学"而言的，如果我们在分类中只引入"中国哲学"，那么，日本哲学、韩国哲学、印度哲学等岂不是都被忽视了吗？又如，"中国哲学"是对应于"外国哲学"的，如果光有"西方哲学"，那么，犹太哲学、阿拉伯哲学、非洲哲学、南美洲哲学等岂不也被忽略了吗？分类上的混乱必然导致哲学研究的整体图景的破碎，从而导致诸多研究盲点的出现。

既然现行的哲学学科的分类方法是不严格的，那么，我们究竟采用何种新的分类方法才能从这一困境中摆脱出来呢？我认为，应把分类方法与课题导向紧密结合起来。

在哲学学科的分类上，下列两种方法应当是互补的。一种是以"地理—时段"为参照系的分类方法，即先把哲学按地理板块划分为亚洲哲学、欧洲哲学、非洲哲学、大洋洲哲学、北美洲哲学和南美洲哲学，进而划分出不同国家的哲学；在某一国家的哲学中，再进一步划分出不同的时段（如古代、近代、现代，或以世纪为单位，或以朝代为单位等）；在确定的时段内，再划分出不同的哲学家，如孔子哲学的定位是：哲学——亚洲哲学——中国哲学——中国古代哲学——孔子哲学；海德格尔哲学的定位是：哲学——欧洲哲学——德国哲学——20世纪德国哲学（或当代德国哲学）——海德格尔哲学。这种分类方法的优点是简单明了，容易使用；缺点是未显示出哲学与其他学科之间的相互关系。因此，必须引入另一种分类方法，即以哲学和其他学科的结合为参照系的分类方法，即分为：政治哲学、社会哲学、逻辑哲学、道德哲学、宗教哲学、教育哲学等。需要说明的是，这种分类方法的优点是，以内容为线索，打破了地理和时间上的界限，能对哲学的分支学科进行分门别类的、深入的研究；其缺点是，束缚于传统的学科分类，难以容纳哲学与多学科的关系及对边缘问题的研究。

所以，为了拓展哲学研究的视域，在上述两种分类方法互补的基础上，我们还需引入"课题导向"的方法。所谓"课题"，就是生活世界向哲学提出的重大问题，这些问题常常是跨学科的，需要哲学家和其他各学科的专家一起进行研究。所以，必须打破传统的学科分类方法，超越传统的教研室和研究室的功能范围，实施"课题导向"，如设置"社会发展理论""传统文化与现代化的关系""比较现代化"等跨学科研究领域。

再谈哲学的元问题[①]

拙文《从哲学的元问题谈起》(载于光明日报
1988 年 7 月 25 日)发表以后,引起了同行的一些
兴趣。这些年来,笔者虽然重在探讨各种比较具
体的哲学问题,但却经常地回归并反思哲学的元
问题,从而获得了一些新的感受。常常有人因为
每一代哲学家都提出哲学的元问题,即什么是哲
学的问题而对哲学采取蔑视的态度:连自己学科
的性质都搞不清楚,何言真理之追求。其实,这
种蔑视的态度正是缺乏哲学修养的、坚执于知性
思维的态度。殊不知,哲学的活力和魅力正是体
现在不断地思索哲学的元问题的过程中。哲学思
想的实质性的发展是不能通过对新思潮、新术语
地不断追逐来实现的,这种追逐给人以思考的外
观,其实质却是用不断的活动来逃避思考、取代
思考;同样地,哲学的发展也是不能通过对所谓
"纯学术性"的追求来实现的。诚然,这种追求有
它的合理之处,学术性乃是哲学的不可或缺的特
征之一,但对于哲学来说,更重要的乃是一种识
见。事实上,"纯学术性"的追求已经预设了对哲

① 原载《学术月刊》1995 年第 10 期,第 24—26＋104 页。收录于俞吾金:《俞吾金
集》,学林出版社 1998 年版,第 16—22 页;《哲学随感录》,北京师范大学出版社 2016 年
版,第 3—9 页。——编者注

学元问题的某种回答，即把哲学理解为知识论或学问，即把哲学实证化，使之成为一种求"器"的学问。需要指出的是哲学追求的主要不是知识，而是智慧，不是求"器"，而是悟"道"。询问哲学的元问题，正是为了把日益实证化、破碎化的哲学思维重新引回到它的殿堂中。下面，笔者想就此发表一些浅见，以求教于同行专家。

一、"元哲学"还是"元问题"

常常有人把"什么是哲学"的问题看作是元哲学研究的问题。其基本见解是：世界上存在着各种各样的哲学，它们对"什么是哲学"的问题做出了不同的回答，元哲学就是研究它们对这一问题的解答的。这一见解看起来顺理成章，因而普遍地为学术界所接受。在美国甚至有一家名为《元哲学》的杂志，可见这种见解的影响之深。

然而，在笔者看来，"元哲学"的提法是难以成立的。第一，把"什么是哲学"的问题视为"元哲学"研究的问题，也就等于把这个问题提升到哲学之外、哲学之上，而这样做的前提是肯定世界上存在着各种各样的哲学。但是，这个前提恰恰是错误的，是出于对语言的误解和误用。哲学作为一门学科乃是唯一的，世界上不可能存在着各种各样的哲学，而只可能存在着各种各样的哲学类型或体系。叔本华说："哲学是一个长着许多脑袋的怪物，每个脑袋都说着一种不同的语言。"①这个说法形象地肯定了哲学的唯一性和哲学类型的多样性。细细地想来，"中国哲学""德国哲学""法国哲学"这类用语都是有语病的，仿佛哲学这门学科是可以根据国别来划分的。如果我们把上述用语改为"中国类型的哲学""德国类型的哲学""法国类型的哲学"，那就不容易引起误解了。如上所

---

① A. Schopenhauer, *Säemtliche Werke*, *Band* 1, Berlin: Suhrkamp Verlag, 1986, S. 151.

述，既然"什么是哲学"的问题是相对于不同的哲学类型而言的，那就是说，这个问题仍然在哲学的内部，而没有凌驾于哲学之上。这样，"元哲学"的提法也就不攻自破了。第二，退一万步讲，假如我们承认"元哲学"的提法是可能的，我们必然会陷入黑格尔所说的"恶无限"的思维方式中。因为哲学家们对"什么是哲学"的回答是迥然各异的，这样势必会形成各种各样的"元哲学"，于是，人们不得不再创制"元元哲学"来解答"什么是元哲学"的问题。而各种"元元哲学"的出现又会导致"元元元哲学"的出现，以至于无穷。沿着这样的思路前进，哲学思考必然会变形为浅薄的语言游戏。

笔者认为，"什么是哲学"的问题不是"元哲学"的问题，而是哲学的元问题，这个问题不是在哲学之外，而是在哲学之内提出来的。根据对这个问题的不同回答，哲学家们不是创制或选择了不同的哲学，而是创制或选择了不同类型的哲学。正如水果必定要通过各种具体的类型（如苹果、梨、橘子等）表现出来一样，哲学也只能存在于各种不同的类型之中。哲学很有点像黑格尔说的"真实的东西"（das Wahre）："真实的东西是所有的参加者都为之酩酊大醉的一席豪饮，因为每个参加者离开酒席就会使其瓦解，所以这席豪饮同样是清醒的和单纯的静止。"①因此，决不要妄自尊大地去创制哲学，而是要通过对哲学元问题即哲学内部的最高问题的询问和解答来澄清实际上我们已选择的哲学类型，并通过对这种类型的批评性检视，达到新的哲学境界。

二、"什么是哲学"的元问题是正当的吗

在上面的讨论中，我们假定"什么是哲学"为哲学的元问题，事实上这也是学术界所普遍接受的。但普遍接受并不一定就是真理性的标志。

---

① G. W. F. Hegel, *Werke*, *Band* 3, Frankfurt: Suhrkamp, 1986, s. 46.

在哲学的思考中，应当像胡塞尔所倡导的那样，杜绝一切自然思维的态度。这样，我们就必须反省一下：把"什么是哲学"的问题作为哲学的元问题是否是正当的？

人们通常认为，先有问题，后有答案。但从哲学上推敲起来，实际情形正好相反，人们是先有了答案才去设定问题的。由于不了解这种实际情形，问题在哲学史上的作用常常被夸大，亚里士多德的名言——"哲学起源于惊奇"也一直为哲学家们所传诵。事实上，这句名言比哲学家们所理解的意思要肤浅得多。人所共知，每个小孩都会惊奇，但重要的不是人们对什么东西表示惊奇，而是人们为什么会对这些东西表示惊奇。惊奇什么是实证科学讨论的问题，为什么会惊奇才是哲学讨论的问题。也就是说，人们在表示惊奇之前，先已有了对惊奇的某种理解。所以，维特根斯坦说："神秘的不是世界是怎样的（wie），而是它是这样的（dass）。"因此，关键不在于人们提出"什么是哲学"的问题，而在于人们为什么以这种方式提问。换言之，当人们以这种方式提问时，已经预设了什么东西。

在这方面，晚年维特根斯坦对日常语言的研究为我们提供了极有益的启示。试以德语为例，Was ist philosophie?（什么是哲学?）源于日常语言中最常见的句型：Was ist das?（这是什么?）如果我们回答：Das ist wasser（这是水），那就是对上述句型的一个回答。在日常语言中，Was ist das? 乃是一种知识型的问句，也就是说，设问者关心的只是设问对象是什么，就设问者与设问对象的关系来说，占主导地位的乃是一种认识关系。在这个句型中，设问者与设问对象的意义关系是蔽而不明的。从表面上看，设问者关注着设问的对象，而实际上：这种知识型的询问方式表明两者的关系是十分疏远的。

同样的，"什么是哲学"这种询问方式也是一种知识型的询问方式，推动询问者去询问的只是一种求知的热情，即使在这种热情之下潜伏着一种更深层的动机，但这种提问方式却阻塞了人们去探索这种动机的道路。所以，设问者在提出"什么是哲学"的问题之前，实际上已解答了这个问题，也就是哲学是关于外部世界的知识或学问，换言之，设问者在设问之前已自觉地或不自觉地选择了一种类型的哲学，即知识论哲学。当亚里士多德随口说出"求知是人类的本性"①这句名言时，他已表明他信奉的是一种知识论哲学，他的全部问题和惊奇都是沿着这种类型的哲学的逻辑来展开的。另外，"什么是哲学"的询问方式也容易把哲学像上面提到的"水"一样在者化、在场化，因为这种提问方式把哲学当作已然存在的东西（就像我们周围的桌子、茶杯一样），从而疏略了人们对哲学为什么会产生、为什么需要哲学这样一类问题的思考。

从上面的论述可以看出，"什么是哲学"的问题正是沿着知识论哲学的思路来设定的。这种询问方式表现在伦理学领域里，就转化为"什么是善、恶"的问题；表现在美学领域里，就转化为"什么是美的本质"。所有这些问题支配着我们在哲学、伦理学和美学研究中的思考方向，使我们的思考学院化、实证化、知识化了，从而与哲学所要体悟之道失之交臂。所以，我们必须抛开"什么是哲学"这种传统的询问方式，从新的哲学的视域出发，来设定哲学的元问题。

三、如何确立新的元问题

如前所述，在哲学中既然答案是先于问题的，所以，重要的不是先去冥思苦想出一个新的元问题，而是先要进入一种新的类型的哲学，从而获得一种新的识见和眼光。

"什么是哲学"的元问题设定了一个前提，即作为提问者的人类已无生存之忧。所以亚里士多德把哲学理解为人已然解决了生存的紧迫问题之后的纯粹的求知热情，从一开始就误导了哲学，剪断了哲学与人的生

---

① *Aristotle's Metaphysics*, edited and translated by John Warrington, etc. London: J. M. Dent & Sons; New York: E. P. Dutton & Co., 1956, p. 51.

存活动之间的纽带。其实，人们的一切历史活动（包括他们的哲学思考）的第一个前提是他们必须生存在这个世界上。从生存活动的前提出发，人和周围世界的关系首先是意义关系，人的全部求知热情（包括哲学上的探索）都是在这种意义关系的地平线上展开的。我们不妨把这种先行澄明人的生存意义的哲学称为生存哲学或生存论的本体论。从这种类型的哲学出发，思考的根本任务乃是领悟生存之道，即理解并显示生存的意义。所以，海德格尔哲学询问的不是存在的本质，而是"存在的意义"（der Sinn von Sein），而询问者又是在本体论上具有优先性的、作为在世界之中存在的"此在"（Dasein）。这样一来，相对于其他一切种类的哲学来说，作为前提的生存论本体论的境域就被显示出来了。虽然海德洛尔仍以传统的方式发问：Was is Metaphysik?（什么是形而上学?）Was ist philosophie?（什么是哲学?）但实际上，他已经改变了问题的提法。试以哲学的元问题为例，他真正在询问的是：Was ist die Bedeutung der Philosophie?（什么是哲学的意义?）事实上，也只有先行地领悟哲学与人的生存活动之间的意义关系，才能准确地解答"什么是哲学"的问题。海德格尔后来说，传统意义上的哲学已经终结了，而"思"（Denken）开始了；他所强调的"思"之首要对象也正是存在的意义或真理的问题。

然而，"什么是哲学的意义"这个问题虽然把人们的注意力引向"哲学的意义"，但其发问方式仍然是"Was ist das"这种句型，其中 Was（什么）这个词总是与发问者有一种疏远的关系。所以，不如把新的哲学的元问题设定为：Warum wird Philosophie gebrauchen?（为什么人们需要哲学?）Warum（为什么）这个词暗示出要先行地探讨哲学与人的生存活动的意义关系。

这样一来，我们似乎进入了一个悖论之中：要回答"为什么人们需要哲学"这个问题似乎先得回答"什么是哲学"的问题，而一旦撇开"人们为什么需要哲学"这个问题，则对"什么是哲学"的问题的解答又可能被误导。这种悖论不应被看作是需要加以排除的东西，它是内在于哲学之中的。在哲学之中，所有的问题都是关联在一起的，在这个意义上，哲学的元问题并不具有绝对性，它是相对的。对于已熟悉哲学史上哲学家们关于哲学的种种相互冲突的见解的人来说，"为什么人们需要哲学"这个问题是更为根本的。也正是从生存论本体论的哲学见解出发，笔者主张把这个问题作为新的哲学的元问题。这一元问题的确立，不但会更新我们的哲学视域，而且也会使伦理学和美学的研究出现新的转机。

1996年

哲学能够被通俗化吗？[①]

——读《苏菲的世界》有感

　　众所周知，哲学与实证科学之间的一个重要差别是：实证科学是研究具体问题的，而哲学则是为实证科学澄明思想前提的，哲学作为一门抽象思维程度很高的学科，拥有自己独特的话语世界。要了解哲学的这一特征，也许只要读一读康德的《纯粹理性批判》、黑格尔的《精神现象学》《逻辑学》和海德格尔的《存在与时间》就行了。现在的问题是，我们能否用一种日常的、通俗的语言，把上述哲学著作的基本思想不走样地表达出来呢？我认为，这是不可能的。尽管哲学家应该牢记"奥卡姆剃刀"的原则，用尽可能简明的概念和观念来表达自己的思想，但哲学的话语毕竟不同于日常生活的话语，否则哲学与常识就不会有什么区别了。虽然在哲学史上有过"常识派哲学"，虽然 20 世纪的哲学家维特根斯坦晚年对日常语言做过高度的评价，但哲学的思维方式和叙述方式毕竟与常识的思维方式和叙述方式存在着重大的差异。

---

　　① 原载《文汇读书周报》1996 年 5 月 4 日。收录于俞吾金：《俞吾金集》(二)，学林出版社 1998 年版，第 85—89 页；《哲学随感录》，北京师范大学出版社 2016 年版，第 38—42 页。——编者注

尽管哲学与普通人所信奉的常识之间存在着遥远的距离，但使哲学通俗化，争取普通人对哲学的理解和认同，却是哲学家或哲学研究者们受到的难以抵御的诱惑之一。把文字古奥的哲学典籍翻译成白话文，用对话、小说、戏剧、诗歌、散文等多种形式来表达哲学思想，这是在哲学史上经常可以观察到的有趣现象之一。挪威作家乔斯坦·贾德撰写的《苏菲的世界》或许可以看作哲学研究者屈从于上述诱惑的典型例证之一。据说这本书自 1991 年面世以来，已被译成多种文字，年初在国内出版以来，也好评如潮。

　　在友人的推荐下，我读了这本书。也许是期望值太高了，我竟然觉得这是一本很平庸的书，它的畅销不但不能证明它的价值，相反倒是表明了当今世界哲学兴趣的普遍匮乏。在古代的哲学典籍必须被翻译成白话文才能被今人所接受、在哲学的话语必须用侦探小说的方式（如《苏菲的世界》）加以叙述才能引发今人对哲学的兴趣的时候，哲学难道还没有陷入捉襟见肘的窘境吗？当今世界是一个崇拜畅销书的世界，但畅销书是否一定是有价值的呢？叔本华的《作为意志和表象的世界》、弗洛伊德的《梦的解释》等著作，刚出版时几乎无人问津，但我们能否证明这些书就是没有价值的呢？当然，这些书后来也成了畅销书，但有一点是可以肯定的，并不是所有的畅销书都是有价值的。打个比方，当全欧洲的人都相信太阳是围绕地球转的时候，太阳是否真的就是围绕地球在转的呢？无批判地认同一本书，恰恰表明海德格尔笔下的无处不在而寻觅不到的"常人"始终支配着普通人的生活方式和思维方式，而这正是哲学所要批评的现象。

　　诚然，我们也承认，《苏菲的世界》在叙述方式上是别具一格的。作者在书中巧妙地安排了两条平行的叙述线索：一条线索是由一连串哲学问题组成的，如"你是谁？""世界从何而来？""哲学是什么？""我们应该如何生活？""你相信命运吗？""是什么力量影响历史的走向？""鸡与鸡的观念何者先有？""植物、动物与人类的差异在哪里？""人需要什么才能过好的生活？"等。这些问题不仅吸引苏菲去思考，也吸引读者去思考。另一条线索则是由苏菲和他人的关系及活动编织起来的，随着小说情节的展开，一连串的悬念在读者的脑子里形成：艾伯特为什么要教苏菲哲学？席德究竟是谁？为什么席德的父亲给席德的明信片要由苏菲来转？席德的父亲为什么有那么大的权力来控制这一切？艾伯特打算用什么方法来逃避席德父亲的控制？等等，这些悬念同样吸引着读者的思考，并驱迫着他们去读这本书。作者还试图采用种种形象的方式来叙述艰深的哲学思想。比如，艾伯特在讲希腊哲学时，通过录像带再现了当时雅典的情景——酒神剧院、雅典娜神殿、高等法院、市区广场等，给苏菲留下了深刻的印象。又如，在讲中世纪哲学时，艾伯特要苏菲在凌晨四点赶到圣玛莉教堂，为的是使苏菲感受到中世纪是一个黑暗的时代。再如，在讲解文艺复兴时期的哲学时，艾伯特不仅本人穿着那个时期的服装，而且把苏菲领到一间放满了历史文物的房间里，使苏菲感受当时的文化氛围。此外，作者还运用丰富的想象力，把书中的故事与各种神话、传说、童话等杂合起来，努力向读者展示出西方哲学的广阔的文化背景。

不用说，作者的用心是十分良苦的，把哲学小说化、情节化的目的是激发起读者的哲学兴趣，但当哲学必须抛弃自己独特的表达方式而沦为侦探小说的附庸时，哲学所付出的代价不是过于惨重了吗？在一百本哲学书中，或许可以有一本《苏菲的世界》，但如果九十九本都是《苏菲的世界》，那还会有哲学吗？还须指出的是，与叙述方式上的创意相反，作者对哲学和哲学史的理解却是十分肤浅的，他所做的全部工作不过是把通常的西方哲学史著作中记载下来的东西用形象的语言叙述出来而已，而且他越是刻意追求叙述的生动性，就越显出他缺乏理论上的批判能力。试举数例：

其一，作者接受了亚里士多德的一个基本观点，认为哲学起源于人们的好奇心。但这个观点并没有揭示出哲学起源的特殊性，请问，又有哪一门实证科学不是起源于人们的好奇心的呢？实际上，哲学关注的是前提性的问题，它关注的不是人们对什么现象感到好奇（这属于实证科学研究的范围），而是人们为什么会对这样的现象感到好奇，后一个问题才真正具有哲学的性质。

其二，作者一开始就给苏菲提出两个哲学问题："你是谁?"和"世界从何而来?"这种询问方式表明，作者对哲学的理解远未达到当代西方哲学的水平，而是停留在近代西方哲学笛卡尔主义的二元论的思维模式中。因为"你"和"世界"并不是绝缘的，世界是在包括"你"在内的人类生活中展示出来的，而人类的生活也就是世界。从语言结构来分析，"你"的称谓只可能在我、你、他、我们、你们、他们的总体称谓结构中才有意义。所以要回答"你是谁?"就必须同时回答"我、他、我们、你们、他们是谁?"在这个意义上可以说，"你是谁"的问题也就是"人类是谁"的问题，而人类的生存和发展是通过与周围环境的互动作用而展示出来的，因此"人类是谁"的问题也就是"世界从何而来"的问题。

其三，作者接受了西方哲学史著作中的一个传统的观念，认为提出"水是万物本原"的泰勒斯是西方哲学史上的第一个哲学家。众所周知，这一观念在西方最早的哲学史著作《形而上学》中就已经形成了，但它并不是不可存疑的。泰勒斯话语中的"世界"已是一个与人的活动分离开来的、抽象的世界，他面对着那个世界，犹如冷漠的外科医生面对着病人。所以，从一个方面看，把泰勒斯作为第一个哲学家，似乎揭示出了哲学作为一门独立学科的开端；但从另一个方面来看，恰恰包含着对哲学的误解：哲学在开端处就已与人的生存活动失之交臂了。因此，我主张把西方哲学的开端前移到希腊神话中。在希腊神话中，关于世界起源的询问始终是与神或人的实际生存活动联系在一起的。所以，西方哲学不是通过苏格拉底才返回到对人本身的思考，而是在它的摇篮——希腊神话中，它就与人的生存活动密切相关了。

总之，《苏菲的世界》在叙述方式上是新奇的，但在思想性方面却并没有给我们提供真正有启发的见解。在我看来，把哲学通俗化乃是一种堂吉诃德式的无益的举动。或许可以说，在我们这个缺乏哲学兴趣的时代里，最大的不幸在于，人人都认为自己能从事哲学思维。

哲学：从方法论研究转向本体论研究[①]

凡是熟悉西方哲学史的人都知道，古希腊哲学探讨的重点是宇宙起源论，近代西方哲学探讨的重点是认识论和方法论，而现、当代西方哲学探讨的重点则是本体论。虽然当代中国学人对现、当代的西方哲学已有一定的了解和研究，但从总体上看，他们的思想仍然处在近代西方哲学，特别是注重方法论的笛卡尔主义传统的影响下。胡适在《自述》中就说过："我治中国思想与中国历史的各种著作，都是围绕着'方法'这一观念打转的，'方法'实在主宰了我四十多年来所有的著述。"[②]胡适对方法论的倚重是很有代表性的。只要稍稍留意一下当今的各种哲学读物，就会发现，把哲学理解为方法论的还大有人在。这就表明，当代中国学人从总体上还未领悟到西方哲学从近代向现、当代转折的实质，而认清这一实质对于当今哲学文化的研究具有极为重要的意义。

---

① 原载《文汇报》1996 年 5 月 29 日。收录于俞吾金：《俞吾金集》，学林出版社 1998 年版，第 52—57 页。——编者注

② 葛懋春、李兴芝编辑：《胡适哲学思想资料选》（下），华东师范大学出版社 1981 年版，第 106 页。

一、现当代西方哲学发展的一个重要趋向

一般说来，哲学研究包括三个领域：1. 研究存在问题的本体论。在比较宽泛的意义上，我们也可以把以探讨世界的本原为中心任务的古希腊的宇宙起源论理解为本体论，但从今天看来，这种宇宙起源论在相当程度上涉及的是自然科学的问题，所以我们至多只能把它们称作原始的本体论（如柏拉图关于理念是万物的原型、亚里士多德在其"四因说"中关于质料，即物质是万物的基质等学说）。2. 研究认识的起源和实质的认识论。3. 以研究社会、自然、精神现象的方式或手段为对象的方法论。比较起来，本体论构成哲学研究的前提部分，认识论和方法论则是在其基础上展示出来的。当然，这三个领域并不是截然可分的，而是始终交织在一起的。不管人们承认与否，任何本体论总是蕴含着一定的认识论与方法论，反之，任何认识论与方法论也都蕴含着一定的本体论的前提。

以笛卡尔为肇始人的近代西方哲学虽然在认识论和方法论的研究上取得了新的进展，但在本体论研究上却仍然停留在古代的水平上，或追随毕达哥拉斯和柏拉图，主张精神或范畴本体论；或追随亚里士多德，主张物质本体论。而这两种抽象的本体论从根本上阻碍了认识论和方法论研究的长足发展。所以，当以叔本华、孔德、克尔凯郭尔为早期代表的现、当代西方哲学兴起时，不少哲学家对近代西方哲学蕴含的本体论前提进行了深入的反思和批判，力图使本体论研究从古代哲学的宇宙起源论和近代哲学的心物二元论的阴影中摆脱出来，形成现代意义上的本体论，从而把整个哲学研究提高到崭新的水平上。

在现、当代西方哲学中，本体论的研究构成一个本质性的发展趋向，其主要思潮如下：一是以海德格尔为代表的存在主义思潮。在 20世纪 20 年代出版的《存在与时间》一书中，海德格尔提出了"生存论的本

体论"，并把它作为其他一切本体论的前提。"生存论的本体论"以"此在"的先天的生存结构为前提，展示出其余的一切。萨特在 20 世纪 40 年代出版的《存在与虚无》一书中进一步阐发并修正了海德格尔的学说。二是以伽达默尔为代表的哲学诠释学思潮。在 20 世纪 60 年代出版的《真理与方法》一书中，伽达默尔借鉴了海德格尔的"此在诠释学"的思想，把传统的、注重方法论的诠释学改造为本体论诠释学。三是以奎恩为代表的实用主义的分析哲学思潮。在 20 世纪 50 年代出版的《从逻辑观点看》一书中，奎恩提出了著名的"本体论承诺"的思想，他不主张以传统的方式讨论本体论，但肯定任何观念或观念体系都蕴含着某种本体论的前提。四是以卢卡奇为代表的西方马克思主义思潮。在 20 世纪 60 年代撰写的《社会存在本体论》一书中，卢卡奇把马克思主义哲学理解为社会存在本体论，并进而把目的性与因果性相统一的劳动作为这一本体论的核心概念。在卢卡奇的影响下，古尔德在 20 世纪 70 年代撰写了《马克思的社会本体论》一书，从本体论的角度深化了对马克思的《1857—1858 年经济学手稿》的研究。

现、当代西方哲学的本体论思想与古代的、原始的本体论思想存在着根本性的差异。后者以与人分离的、抽象的物质或精神作为本体，而前者则以人的生存活动为核心的社会存在作为本体。正是这种新的本体论透显出现、当代西方哲学对传统西方哲学问题域的根本性超越。

二、为什么本体论问题会成为焦点

为什么现、当代的西方哲学家会不约而同地把哲学研究的目光从方法论上转移到本体论上？这个问题可以从以下三个方面进行回答。

第一，正如我们在前面已经指出过的，在整个哲学研究中，本体论的研究居于前提性的层面上，而方法论研究则是在其基础上展示出来的。这就好像一个人站在河边，"想不想过河"对于他来说是一个具有本体论性质的问题，而"以何种方式过河（如水里游过去、乘船过去、从桥上走过去等）？"则是一个具有方法论性质的问题。显然，第二个问题是在第一个问题的基础上产生出来的。如果他根本就不想过河，那么，第二个问题对于他来说就是没有意义的。当然，在某种情况下，第二个问题能否得到顺利的解答会影响他对第一个问题的答案的选择，但无论如何，只要他是因为没有合适的过河方式而不考虑过河的话，他本质上还是想过河的。要言之，不管他本人是否意识到，第一个问题在逻辑上总是在先的。因此，撇开本体论，单纯地从认识论或方法论的角度去思考问题，哲学研究必然变成"无根的浮萍"，它在具体问题的研究上铺张得越开，就越显得肤浅。

第二，现代西方哲学的一些早期代表人物，如叔本华、尼采、克尔凯郭尔等对传统西方哲学，尤其是近代西方哲学的批判是十分激烈的，特别是"铁锤"哲学家尼采提出了"打倒一切偶像""重估一切价值"的口号，不但动摇了从苏格拉底、柏拉图以来的知识论哲学传统，而且也动摇了后来发展起来的整个基督教文明。这样，重新澄清思想的前提就上升为一个根本性的课题。

第三，从 20 世纪初以来自然科学的一系列伟大的发现到随之而来的技术上的突飞猛进及由科学技术的发展给人类社会带来的巨大影响，都促使人们重新审视从传统哲学文化中传承下来的基本观念。

社会文化生活中的这些重大转变不是通过方法论的研究所能解决的，而只有诉诸本体论研究，才能从根本上澄清思想前提。

三、这一转折提供的启示

如前所述，由于当代中国学人的总体思路仍然受制于近代西方哲学，尤其是笛卡尔主义的传统，这就使他们与现、当代西方哲学之间存在着较大的隔阂。只有深入地领悟这一转折，当代中国哲学的研究才会出现新的转机。

第一，人们对马克思哲学的实质将获得新的理解。以前的不少教科书把物质本体论理解为马克思哲学的自明的前提，从而把马克思哲学研究的重心移到对所谓"认识论、方法论和逻辑的一致性"问题的讨论上。这完全是近代哲学研究的思路。事实上，马克思哲学是从属于现代西方哲学的，马克思关心的并不是抽象的物质和自然，而是经过人的实践活动中介的物质和自然。马克思哲学不是物质本体论，而是社会存在本体论。

第二，人们对中国哲学的研究也将获得新的识见。以前的不少教科书是从物质与精神两分（典型的笛卡尔主义的思路）的角度出发去研究并论述中国哲学的，这就把本来自成一体的中国哲学"近代西方哲学化"了。事实上，中国哲学的本真精神是天人合一、内圣外王，是极高明而道中庸，与一味进取的西方哲学精神有着重大的区别。

第三，人们将不会热衷于对文化细节问题及探讨方式的经院哲学式的争辩，而是注重于对当今变化了的生活世界的反思，以便从本体论上为当代中国哲学文化精神的建设澄明理论前提。

做思想薪火的传承人①
——写在复旦大学哲学系建系 40 周年之际

从 1956 年建系以来，复旦哲学系已经走过了 40 个年头。这 40 年，在人类历史的长河中只是短暂的瞬间，但对于哲学系的师生说来，却是风风雨雨、充满坎坷的 40 年。

在这 40 年中，哲学系经历了三次大的冲击。第一次是延续 20 多年的政治运动的冲击，第二次是迄今仍在继续的商品经济的冲击，第三次是 20 世纪 80 年代末以来的苏东剧变的冲击。在第一次冲击中，尤其是在"文化大革命"中，哲学被卷入到政治斗争的旋涡之中。当它为自己的显赫地位感到沾沾自喜时，实际上却付出了惨重的代价。因为它已经丧失了学术上的独立性，沦为政治运动的简单附庸。在第二次冲击中，哲学由于其远离经济生活的特点而从公众舆论注意的中心被无情地抛向边缘。原来庞大的哲学研究者的队伍突然奇迹般地缩小了，许多人弃哲学而去，如同他们朝拜哲学圣殿时那样漫不经心。生源的锐减、经费的匮乏、教师的清贫、人才的流失，使

① 原载复旦大学哲学系编：《思想的薪火——复旦大学哲学系建系 40 周年论文集》，东方出版中心 1996 年版。收录于俞吾金：《俞吾金集》（二），学林出版社 1998 年版，第 90—93 页。——编者注

哲学教学和研究陷入前所未有的困境之中。然而，老子早就有言："反者道之动。"这种困境未尝不是哲学获得新生的契机。哲学需要的并不是三心二意的追随者，而是普罗米修斯式的献身者。在第三次冲击中，"马克思主义已经死亡"的口号一度响彻欧美国家的上空，但时隔不久，人们惊奇地发现，真正死亡的并不是马克思主义，而是这个幸灾乐祸的口号。1993年，法国哲学家德里达出版了《马克思的幽灵》一书，认为马克思同但丁、莎士比亚、莫里哀一样，其精神早已进入西方人的血液之中，挥之不去了。马克思主义不但没有死亡，相反，在脱去了某些不肖的追随者披在它身上的皱巴巴的外衣之后，正显示出前所未有的生命活力。1995年，国际马克思大会在巴黎召开，千余人赴会，堪称盛况空前。这三次大冲击曾使一些哲学教学和研究单位"雾失楼台，月迷津渡"，然而，复旦哲学系的教师——尽管一度寂寞孤怀，却不逐时流，不骛时尚，平心静气地游刃于哲学学术之林，使思想的薪火得以一代代地传承下来。

孔子说："四十而不惑。"40年的坎坷历程常常使我们歧路亡羊，素缟遭染，从而付出了沉重的代价。然而，从艰难困厄中走来，这本身就是一笔宝贵的财富。哲学研究要达到观会通而握玄珠的境界，不仅需要知识，而且需要感受。40年的风风雨雨，使我们感受并认识到如下的真理：其一，马克思的哲学（即历史唯物主义）为我们研究一切哲学问题澄明了理论前提。但在肯定这一点的时候，应该避免以下两种态度：一是以教条主义的态度对待马克思哲学，二是以实用主义的态度对待马克思哲学。如果说，前一种态度由于使马克思哲学脱离生活世界而趋于僵化，那么，后一种态度则由于使马克思哲学功能化、工具化而使其失去了基本立场和理论上的制高点。其二，在哲学研究上，没有任何捷径可走。只有陶铸百家，钳锤中外，才可能自出机杼，自创新论。在这里也需要避免两种不正确的态度：一是只做我注六经的工作，泥古崇古，埋头注疏，循规守矩，不敢越雷池一步；二是只做六经注我的工作，断章取义，附会前人，虽哲思昂扬，自视甚高，却游谈无根，失之狂躁。其三，哲学要思索生活世界提出的重大问题。哲学不是闲来无事的诗词，而是肩负着探讨人类生存之道的重大职责。当然，哲学关注现实、研究现实也要避免以下两种错误的态度：一是不深入探索生活世界，却喜欢站在远处作蹈空之论；二是泥牛入海无消息，沉沦于生活世界的隙缝中，陶醉于一孔之见，满足于一器之识，却忘记了哲学所求之道。如果说，前一种态度使哲学失去了源头活水的话，那么，后一种态度则打碎了哲学的瓷瓶，使之成了一地碎片。总之，哲学既要神游于生活世界之中，又要卓然孤出，保持其清醒的悟道意识。

我们正处在两大世纪的交汇点上。市场经济的发展、社会生活的转型、人类生态环境的急剧恶化和全球发展战略的提出，使我们面临着一系列亟待解决的重大问题。显而易见，在探讨这一系列问题时，哲学决不能缺席。人们对哲学的一种普遍误解是所谓"哲学无用"。老子说："故有之以为利，无之以为用。"哲学之用，乃是无用之用，是谓大用。人们能够说1978年关于"实践是检验真理的唯一标准"的讨论是无用的吗？其实，正是这场讨论解放了全国人民的思想，难道这不是大用吗？历史和实践一再告诉我们，一个民族想要站在世界的前列，它就必须高瞻远瞩，而它要高瞻远瞩，就必须诉诸哲学。记得笛卡尔曾经说过，一个国家如果生下了真正的哲学家，那乃是它的最大的荣耀。哲学家和思想家决不是一个民族的奢侈品，而是它的大脑，它的灵魂，它的真正的骄傲。

天行健，君子以自强不息。40年来，我系教师已发表了3000多篇论文，这本文集收录的40篇论文只是其中很小的一部分。它们关涉哲学研究的各个分支，显示出我系悠久的学思传统和严谨的学风，也体现出我系教师创榛辟莽、披沙拣金的求索精神。在某种意义上，这本文集既是对行将逝去的20世纪的一个回眸，也是对即将来临的21世纪的一个展望：

愿哲学系的事业越来越兴旺；

愿思想的薪火代代相传；

愿中华民族屹立于世界民族之林；

愿人类有一个美好的未来。

1997年

在哲学研究中继续"两条腿走路"^①

当新的一年——牛年来临的时候，最好的庆贺办法或许就是对我们正在从事的工作做一个反省，看看能不能完成我们给自己规定的任务。熟悉我的人都知道，在哲学研究中，我总是采用"两条腿走路"的方针。其中"一条腿"是指对哲学基础理论的反思。众所周知，哲学研究的难处不在于向外追逐，或者是从一定的哲学观念出发，去研究某个哲学家的思想，对他的思想进行梳理、归类，然后写出一部述评性的专著来；或者是不断地追赶新思潮，看见什么就相信什么，阅读什么就崇拜什么。哲学研究的真正难处在于向内进行反思，用雅斯贝尔斯的话来说，真正的哲学思考总是从想当然的东西开始的。所谓想当然的东西也就是自己赖以作为出发点的基本哲学观念和哲学概念。只有通过反思把这些观念和概念搞清楚了，才能正确地理解外部世界的种种现象。近年来，我一直在从事这方面的研究，在牛年中，这一研究将被继续下去，其成果是完成一部题为《物与时间》的专著。"另一条腿"是指对现实生活的关心和思考。我们正处在改革开放、辞旧迎新的伟大时代中。随着计划经济向市场经济

---

① 载《解放日报》1997 年 2 月 12 日。——编者注

的转型，各种新的重大的现实问题不断地涌现出来，促使我们对现有的理论框架做出新的检讨。如果对这样的问题熟视无睹，只知道概念来概念去、文本来文本去地演绎哲学，哲学就会失去自己的生命力，蜕化为以烦琐论证为特征的经院哲学。虽然迄今为止，我对现实问题还没有什么深入的研究，但却一直是关注着的，也写过一些论文表达自己的看法。在牛年中，我将继续这方面的思考，并将抽出一部分时间来阅读、研究经济学著作和法学著作，深化对现实问题的认识，从而使自己的理论探索更上一层楼。

1998年

常识与哲学[①]

　　在生活中，"常识"(common sense)是我们很熟悉的一个词。比如，我们经常可以听到这样的批评或指责："你怎么连这点常识都不懂?"有趣的是，普通人虽然频繁地使用这个词，却几乎从来不向自己提出这样的问题："究竟什么是常识?"这正应了德国哲学家黑格尔的一句名言——熟知非真知，即普通人以为最熟悉的东西常常是他们最不了解的东西。犹如雷达有自己的盲区一样，人的思维也有自己的盲区。这个盲区就是常识。常识就是普通人的思维靠着它呼呼大睡的枕头，正如俄国诗人普希金在《叶甫盖尼·奥涅金》中所写的:

　　　　我们全都这样那样地
　　　　胡乱地读了一些什么，
　　　　这样，感谢上帝，
　　　　炫耀学识在我们一点不难。

　　与此不同，在普通人的目光中，以高度的抽象思维为特征的哲学(philosophy)似乎永远是一

　　① 载国家教育委员会高等教育司编:《升华与超越—大学生文化素质教育讲座集锦》，高等教育出版社 1998 年版，第 2—16 页。——编者注

门玄虚高妙的学问。人们面对着它，如同面对着一座高耸入云的峭壁，会产生一种深深敬畏的感觉。罗马哲学家西塞罗就说过："真正的哲学家是满足少数评判者的，它有意地避免群众。因为对于群众，哲学是可厌的、可疑的。所以假如任何人想要攻击哲学，他是很能够得到群众赞许的。"西塞罗的见解虽然很偏激，但却正确地揭示了哲学与普通人之间的心理屏障。当然，对于三心二意的朝拜者来说，哲学之路几乎是无法攀援的，但对于普罗米修斯式的献身者来说，哲学之门却永远是敞开的。当人们进入哲学的神圣的殿堂（就像意大利的著名画家拉斐尔的《雅典学院》所展示的），与哲学大师们逐一进行对话（即阅读他们的著作）时，如同柏拉图笔下的穴居人，突然走出洞穴，置身于旷野的阳光之下，那种巨大的精神快感是无法用语言来表达的。所以古希腊哲学家德谟克利特说过这样一句名言："只找到一个原因的解释，也比成为波斯人的王还好。"哲学的魅力是一种特殊的魅力，它植根于人类精神的深处，能引起精神世界的巨大的变化。真正的哲学家同时也是思想家，而哲学思想伟力的集中表现正是对普通人无条件地认同的常识的批判和超越。

这样，问题的焦点就集中到常识与哲学的关系上。普通人或多或少地会接触到一些哲学著作，但一般说来，他们的思维方式通常处在常识的状态中，哲学对于他们来说还是一个遥远的星球。要从常识的思维方式中摆脱出来并进入哲学的思维方式中，就要深刻地认识哲学与常识的差异。下面，我们从三个问题着手来讨论这个主题。

第一个问题：什么是常识？

我认为，常识就是普通人所拥有的、用以指导自己思想和行动的各种知识的混合物。打个比方，常识就像一家精神的百货店，货架上琳琅满目，应有尽有，既有自然科学和人文社会科学方面的知识，又有实际生活中的种种经验教训和见闻。普通人在思维时，常识就自觉地或不自觉地成了他的思维的出发点。正如人不能超出自己的皮肤一样，普通人的思维也不能超出他已然拥有的常识。在这个意义上可以说，普通人思维的界限也就是他的常识的界限。同样地，普通人在行动时，他的全部行动也都是受他所拥有的常识的支配的。在这个意义上可以说，普通人的行动乃是他所拥有的常识的实在化。他的常识的边界在哪里，他的行动的边界也就在哪里。为了深入地考察常识以及它对普通人的影响，我们需要具体地探讨下列问题：

（一）普通人的常识是如何获得的？

我认为，普通人所拥有的常识主要是通过以下两条渠道获得的：

第一条渠道是从小时候起在家庭和学校里接受的教育。常识是人生的精神保姆，婴儿是在常识的乳汁哺育下成长起来的。当父母对儿童讲一个几乎在所有的儿童读物上都可以找到的寓言故事——凶恶的狼如何欺负弱小的山羊时，他已把一种常识，即贬低强者、同情弱者的常识灌输给儿童。这种常识显然是与当前市场经济中强调的"竞争意识"和"强者意识"相冲突的。同样地，当某些学校在常识教育中片面地强调理想主义成分、忽视现实主义内容时，在这种氛围中接受教育的学生也就容易获得一种过分理想化的常识，而这样的常识使他们很难适应错综复杂的现实生活。比如，有的女大学生，甚至女硕士生竟被人贩子花言巧语地骗到农村，这表明她们所拥有的常识还不足以应付现实生活。所谓"挫折教育"，就是要增加现实主义在常识教育中的含量。

第二条渠道是社会生活中的示范效应。德国哲学家海德格尔提出了一个"常人"（das man）的概念，他认为，"常人"既无处不在，又寻觅不到，"常人"主宰着普通人的日常生活。"常人"说什么样的文学艺术作品好，大家也就欣赏什么样的作品；"常人"说哪种服装款式好，大家也就说什么样的款式好。在现代生活中，"常人"经常通过商品的广告语言、报刊的书写语言、模特的形体语言和名人、影星的话语支配着普通人的日常生活。比如，报上有文章说"生命在于运动"。于是，大家都争先恐后地去锻炼；后来又有文章说"生命在于静养"，于是大家都不去锻炼了。总之，"常人"通过各种所谓常识塑造着普通人的生活。这里有一种很有趣的现象，那就是思维的惰性，仿佛人们长着大脑不是为了独立思考，而仅仅是为了接受并追随常识。在这个意义上我们可以说，人并不是真正的理性动物，而是常识的动物。

(二)常识是由哪些要素构成的?

正如我在前面已经指出过的，常识是各种知识的混合物。它主要是由以下三个要素构成的：

第一个要素是健康的知识。所谓健康的知识通常是指人们通过教育和生活实践，以直接的或间接的方式获得的合理的、有用的知识，它能引导人们正确地处理生活中出现的各种问题。比如，一个不会游泳的人掉在深水里是会淹死的(当然约旦的死海是一个例外，它的含盐量高达27%，人能漂浮在海面上)，谁会怀疑这个常识呢？又如，在攀登一座崎岖的、从未勘察过的高山时，人们总是以迂回曲折的方式往上爬，有时甚至不得不走回头路，谁又会怀疑这样的常识呢？健康的知识并不是一种僵硬的知识，它具有一定的灵活性和变动性，能使人适应生活中出现的各种复杂的情况。正如法国哲学家柏格森所说的："常识就是头脑不断地适应对象所做的努力；对象改变，概念随之而变。这是智能的一种灵活性，它随事物变动而正确地变动。这也是我们对生活的注意的生动的连续。"总之，常识中的健康的知识对于任何人来说都是必不可少的。

第二个要素是偏见或谬误。所谓偏见或谬误通常是指人们已然接受、但实际上并不正确的意见、经验或观念。比如，在哥白尼之前，亚里士多德和托勒密的"地心说"(即太阳围绕地球而旋转)是人所共知的常识。每当天晴的时候，人们总能看到早晨太阳从东方升起，傍晚从西方降落，感觉不也告诉我们太阳在围绕地球旋转吗？但哥白尼把这种常识视为偏见，他通过深入的研究，创立了"日心说"(即地球是围绕太阳而旋转的)。从而彻底粉碎了当时人们普遍接受的"地心说"的常识，在天文学研究中完成了著名的"哥白尼革命"。又如，在基督教徒所拥有的常识中，死人是可以复活的，法国无神论哲学家狄德罗无情地驳斥了这种常识："即使全巴黎都对我保证说，在巴西有个死人刚刚复活了，我也丝毫不会相信。一个历史家欺骗了我们，或者是整个民族都错了，这并不是什么奇怪的事。"事实上，真正的哲学家是从来不盲目相信常识的。再如，在中国人的日常生活中，经常可以发现下列现象：人们喝了中药汤之后，总是把中药渣倒在马路上。据说，在车辆或其他人碾踏过这些药渣后，喝中药汤的人的毛病就容易变好。这种常识也为许多人所接受，但从理论上看，显然是毫无根据的偏见。所以恩格斯说，常识在它自己的活动范围内虽然是极可尊敬的东西，但它一跨入广阔的研究领域，就会遭到最惊人的变故。常识中的偏见或谬误不但不能帮助人们正确地解决生活中出现的问题，反而会使人们因判断或行为上的失误而遭受不幸。

第三个要素是习惯的意识或观念。所谓习惯的意识或观念乃是常识的一部分，我们很难抽象地断定它是健康的或不健康的。它是人的心理对稳定性的一种追求，而这种追求还常常是无意识的。举例来说，当一个学生第一次到某个教室去听课时，如果他到得比较早，就会选择一个他自己感到比较满意的位置坐下来。如果他以后每次都到得比较早，他通常会自觉地或不自觉地坐在同一个位置上。这种追求稳定的习惯的意识或心理，以不同的方式在每个人的行为中表现出来。德国哲学家康德的习惯是每天下午拄着藤手杖外出散步，德国诗人席勒的习惯是在写字台的抽屉里放上烂苹果，以烂苹果的气息来刺激创造的灵感。这些有趣的习惯常常向我们展示出，人们，尤其是伟人们的有趣的性格特征。所以，英国哲学家休谟说过："习惯是人生的伟大指南。"

然而，黑格尔却更多地从思维的惰性上去理解习惯，并对习惯做出了尖刻的批评："人死于习惯，这就是说，当他完全习惯于生活，精神和肉体都已变得迟钝，而且主观意识和精神活动之间的对立也已消失了，这时他就死了。因为一个人之所以在活动，是因为他还没有达到某种目的；而在争取达到目的时，他就要创造自己发挥自己。"在黑格尔看来，习惯乃是与一个定型的世界联系在一起的，习惯意味着思想、行为的僵化和精神的死亡。要言之，在常识中，习惯的意识或观念乃是一把双刃的刀，它们既能使人们的思想和行为趋于稳定，也有可能导致思想和行为的僵化。

综上所述，常识中的三大要素是不可分离地联系在一起的，它们既显示出常识的宽广的包容性，也显示出其芜杂、纷乱的一面。

(三)常识具有哪些特征？

常识作为普通人思维和行为的出发点具有以下四个重要的特征：

1. 非系统性。常识是普通人通过各种渠道积累起来的知识混合物，它不但缺乏系统性，而且有些部分是相互冲突、相互矛盾的。一个普通人，在某些方面是尊重科学知识的、足够理智的，但在另一些方面他又可能是极端迷信的、愚昧的。常识内部的这种矛盾即使在某些杰出人物的身上也是在所难免的。如牛顿既是一个伟大的物理学家，又是一个虔诚的基督教徒，他认为天体之所以能运转起来，是因为被上帝踢了一脚。

2. 无批判性。常识所倡导的通常是一种"随大流"的思维方式。比如，报上发表了一篇文章，大意是说一个人捡到了贵重物品，设法把它归还原主了；于是，报社又接到了一大堆类似的稿子要求发表。一个人听到小道消息，很少去分析这个消息的真实性，而是无批判地加以传播；于是，不久以后，这个小道消息就满城皆知了，而它很可能是一个十分荒谬的、完全不现实的谣言。

3. 非此即彼性。虽然常识中的健康的部分具有一定的灵活性，但从总体上看，常识所蕴含的思维方式通常是非此即彼的。中国古代寓言中的刻舟求剑、守株待兔等故事批评的正是这种常识型思维的非此即彼性。比如，初等数学方面的常识告诉我们，直线就是直线，曲线就是曲线，但在微分中，直线与曲线等同起来了。又如，佛教中有一个有趣的故事。一个小和尚向佛像吐痰，遭到了严厉的批评。在批评者看来，痰应当吐在地上，地上就是地上，佛像就是佛像，这两者是完全不同的。但小和尚的机智的回答却超出了这种非此即彼的常识：既然佛无处不在，往哪里吐不都是一样的吗？他的思维显然达到了哲学的高度。

4. 肤浅性。普通人在日常生活中忙忙碌碌，白天工作，晚上约会，周末旅游，一切都安排得满满的，而他也就沉湎在这种感性的生活方式中，无暇去思索一些重大的问题。但生活中突然出现了裂口，它可能是由各种原因引起的：或许他被卷入了一场战争之中；或许他患了一种致命的疾病；或许他失去了爱情；或许他最亲密的一个朋友自杀了；或许……总之，在某些特殊的场合他突然被抛离了生活的轨道。在这样的情况下，常识的思维方式突然显得无效了，平时他十分熟悉甚至赞赏的一切突然显得疏远了。于是，他开始思考如下的问题：人为什么要活在这个世界上？人生注定是悲剧性的吗？人应该追求怎样的幸福？等等。正是通过对这些问题的思考，他发现了常识思维的局限性并开始走向哲学。

第二个问题：什么是哲学？

这个问题看起来是一个很简单的问题，但实际上却是哲学研究中最难回答的问题。哲学与自然科学不同，后者的研究领域是十分明白的，不需要经常返回去询问：什么是物理学？什么是化学？等等。但哲学研究却需要经常返回到自己的元问题上，即询问自己：什么是哲学？因为不同时代的不同的人会对这个问题做出不同的解答。按照我的看法，哲学是一门探究人类生存意义的学科。哲学关心的不是日常生活中的琐细的事情，而是整个人类安身立命之本。与常识所蕴含的"随大流的"、自然主义的思维方式不同，哲学主要诉诸高度严格但又高度灵活的概念思维，以期揭示出社会生活的真相和意义。对于有志于哲学研究的人来说，他总会自觉地或不自觉地思考下列问题：

(一)哲学的来源是什么？

亚里士多德认为，哲学起源于人们对事物的好奇心。乍看起来，这个看法是有道理的。但它并没有把哲学与实证科学在起源上的差异区分开来。我们也可以说，任何实证科学，如物理学、生物学等同样起源于人们对事物的好奇心，而实际上哲学思考的问题比实证科学更为深入。如果说，实证科学起源于人们对事物的好奇心的话，那么，哲学则起源于如下的兴趣，即人们为什么会对事物产生好奇心。在中国古代传说中有神农尝百草的故事，但神农为什么要去尝百草呢？是因为他对百草的不同的滋味感到好奇吗？并不是，他的真正的兴趣是要确定：哪些植物对人的饮食、疾病治疗是有价值的。换言之，用今天的术语来表达，神农的兴趣仍然停留在实证科学的范围内。如果我们从哲学上进一步深入地分析他的行为的话，就会发现，他的行为深深地扎根于对人类生存活动的关注。也就是说，哲学的思考并不源于对外部事物的琐细的好奇心，而是扎根于人类的生存活动的深处。比如，法国哲学家和文学家加缪注意到了人类生活中经常出现的一种现象——自杀，这种现象引起了他的深深的关注。他认为，哲学的根本任务不是去探究在认识活动中到底有多少对范畴在起作用，而是要思考：人为什么会自杀？加缪由此形成了自己的独特的存在主义的哲学思想。

(二)初学者如何从常识进入哲学？

首先，要破除"哲学＝诡辩"的误解。如前所述，常识作为自然主义的思维，具有凝固性和非此即彼性，而哲学作为一种灵活的思维方式，必定会动摇常识的凝固性。所以坚持常识的人总是对哲学抱着疑惧的态度，认为哲学就是诡辩，就是要嘴皮子。正如黑格尔所说："诡辩乃是常识反对有训练的理性所用的一个口号，不懂哲学的人直截了当地认为哲学就是诡辩，就是想入非非。"其实，真正的哲学思维与诡辩并不是一回事。诡辩是无原则地夸大主观感觉的相对性，从而使一切陷入主体感觉和情感的黑洞之中。与此不同的是，哲学虽然包含怀疑主义和相对主义的成分，但它并不停留在单纯否定的阴影中，它既承认稳定性，又承认变动性，力图达到对一切对象的辩证的把握。学习哲学并不是为了培养自己耍嘴皮子的能力，而是为了探索安身立命之本。这一点是初学者首先应当明确的，不然，学哲学就可能误入歧途。

其次，要从"流"和"源"两个角度来学习哲学。

所谓"流"是指哲学史。哲学存在于哲学史中，哲学史也就是哲学问题史，而正是这些问题把历史上的哲学家的思想串联起来了。英国哲学家怀特海说过，全部西方哲学家的思想不过是柏拉图思想的注脚。这个说法当然有点夸张，但却表明了哲学思考的连贯性。德国哲学家雅斯贝尔斯说过，任何一个伟大的哲学家都通向哲学本身。这表明伟大的哲学家的思考最能体现哲学的神韵。然而，不管怎么说，要绕开哲学史来学习哲学是不可能的。常常有这样的年轻人，刚刚读了一两本哲学概论，就断言自己已经深入哲学智慧的堂奥，就一心想建立自己辉煌的哲学体系了。顺便指出，笔者有幸拜读过不少这样的体系草图，这种压倒千古大哲的虚骄之气实在是要不得的。要学习哲学，就要尊重以往一切哲学家在思维上做出的辛勤的努力，只有深入地研究并领会他们的思想，才可能真正地超越他们，否则就像拔着自己的头发想离开地球一样，是根本不可能的。在人类发展史上，有三部哲学史是最值得重视的：一是西方哲学史，二是印度哲学史，三是中国哲学史。如能对这三部史都有一定的了解，那在哲学研究和运思上就将获得一个坚实的起点。

所谓"源"是指现实生活。学习哲学不仅要从书本上学，更要从生活这本"大书"中来学。这是因为要进入哲学的堂奥不但需要知识，而且需要感受。德国诗人歌德说过，理论是灰色的，而生活之树是常青的。远离生活，对生活毫无感受的人是不可能提出深邃的哲学见解来的。现代存在主义哲学的代表人物——克尔凯郭尔、海德格尔、萨特等人都对他们置身于其中的生活世界和时代有很深的感受。他们在哲学中讨论的"孤独""罪责""烦""畏""死""恶心""异化"等都与现代人的生活息息相关，因而赢得了广大的读者群。感受生活、理解生活对于有志于哲学研究的人说来是不可或缺的。

最后，要处理好学与思的关系。孔子说："学而不思则罔，思而不学则殆。"正确地说明了学与思之间的辩证关系。不学习哲学史，整天冥思苦想，试图凭空创造出一个新的哲学体系，乃是一种天真的幻想。反过来说，像俄国作家果戈理笔下的乞乞科夫的跟丁一样死啃书本，从不去思考自己所学的东西，也是不行的。在任何情况下，真正富于创新意识的哲学见解都是在艰辛的思考的基础上诞生出来的。古希腊哲学家苏格拉底常常陷入沉思之中，有一次，他在去朋友家的路上突然陷入沉思，竟在别人的屋檐下站了整整一天；德国哲学家康德也喜欢思考，他把思考中形成的想法随手写在各种纸片上，有时甚至写在账单上。他的"三批判书"是最精深的哲学思考的结晶，以致有的学者指出，康德是通向哲学的必经的桥梁。然而，哲学家的思考并不是胡思乱想，只有把思与学结合起来，思才是真正哲学意义上的规范的思。否则，思得越多，可能离真理也就越远。

（三）哲学学习和思考如何循序渐进？

对于有志于哲学研究的人来说，不管他主观上的设想如何，他总会自觉地或不自觉地卷入到如下的思想历程之中。

第一个阶段：崇拜哲学家的名言

刚接触哲学的人由于还缺乏批判能力，所以特别容易迷恋哲学家们的那些含义深邃的格言。它们如同一个神秘的、深不可测的海洋，吸引着初学者。但是不久，他发现这些格言之间充满了矛盾：一个哲学家许诺你，你能用自己的感官和思维把握整个世界，另一个哲学家却警告你，你不可能认识世界上的任何东西；一个哲学家诱导你去热爱生活，尽情地享受生活中的乐趣，另一个哲学家则告诫你，生活是荒诞的，人生是悲观的；一个哲学家告诉你，人性本善，另一个哲学家却提醒你，人性本恶，人对人就像狼对狼一样。无数哲人的格言都在这种相互冲突中消解了。使初学者感到迷茫的是，他似乎什么也没有学到，却被重新抛回到起点上。就像《渔夫与金鱼》中的那个贪婪的老太婆又重新面对着一只破旧的木盆一样。他突然醒悟到，所有的格言都有很大的局限性，在哲学中重要的并不是格言，而是哲学家们思考问题的方法。正如康德对他的学生所说的：我并不教你们哲学，而是教你们哲学地思考。认识到这一点，初学者的思想就进入到第二个阶段中。

第二个阶段：追求哲学方法

每个哲学家在表达自己的思想时都蕴含着一定的哲学方法。打个比方，每个哲学家的思想都好像是一个精神旅游胜地，而其哲学方法则是向读者展示的最佳旅游路线。哲学史的长足的发展为后人留下了极为丰富的方法论遗产。当我们研究现代哲学时，这方面的感受更为强烈。就其大端而言，最值得注意的是如下的方法：辩证法、现象学方法、语言分析方法、诠释学方法、结构主义方法、逻辑实证主义方法、证伪主义方法等。试以语言分析方法为例。这是当代英美最流行的哲学研究方法。出生于奥地利的英籍哲学家维特根斯坦把全部哲学问题都归结为语言和逻辑问题，认为传统哲学由于不明白语言的性质而提出了许多假问题，而当今哲学的一个根本的使命就是通过语言分析的方法给传统哲学进行治疗："语言给所有的人设置了相同的迷宫。这是一个宏大的、充满迷径错途的网状系统。看见一个接一个的人沿着同一条道路走去，我们可以预见他们在哪儿会走上歧路，在哪儿笔直走无须留意拐弯处，等等。我必须做的事是在所有的交叉口竖立起路标，帮助人们通过危险地段。"晚年的维特根斯坦从对理想语言的向往转向对日常语言的研究，强调语言就是语言游戏，而语言游戏则是一种生活形式。这是卓有见地的。然而，他只注重从语言游戏的 context（上下文）中来确定语词的意义，忽略了对语词本身的历史文化内涵的思考。如德语中的 schuld 既可解释"债务"，又可解释"罪责"。这里反映出法律观念与经济生活的亲缘关系；又如德语中的 fromm 作为形容词解释为"虔诚的"，其同词根的动词 frommen 则解释为"有益于"，这表明宗教情绪从根本上看并不是超功利的。又如在汉语中，"男"字不光指性别，而且有着丰富的文化含义，许慎在《说文解字》中指出："男，从田力，言男子力于田也。"一个"男"字反映出中国传统的农耕社会的历史风貌。汉语中的"物"字，《说文解字》也解释为："万物也，牛为大物。"表明"物"这一概念是与农耕社会中最常见的"牛"联系在一起的，这也显示出"物"这一概念的丰富的社会历史内涵。

无疑地，在哲学研究中，方法论起着十分重要的作用，但随着研究和思考的深入，人们发现，停留在方法论上是不够的。在某种意义上，哲学好比是一棵树，方法论好比是树上的枝叶。在哲学研究中光执着于枝叶是不够的，也很容易导向诡辩。只有对树干和树根部分（本体论）进行深入的研究，才能逐步确立起自己的哲学见解。有了这样的认识，就进入了第三个阶段。

第三个阶段：探究本体论

本体论是关于存在的学说，涉及任何一种哲学学说都无法回避的理论前提。举例来说，在中国佛教中，有一个有趣的故事：寺庙前立着的幡在风中飘动。一个和尚说幡在动，另一个和尚说风在动。禅宗六世祖慧能却说，幡未动，风也未动，而是心在动。慧能的话表明，他的思考是从本体论层面着手的，因而显得更为深刻。又如，法国哲学家笛卡尔提出了"我思故我在"的命题，他把"我思"作为其他一切的前提，但当我们诉诸本体论上的分析时，就会发现，笛卡尔的"我思"并不是最初的起点。在语言中，"我"是相对于"你""他""你们""他们"和"我们"来说的，孤零零的"我"是毫无意义的，"我"这个称谓要获得意义，就必须借助于其他的称谓。所以在"我思"之前，"你""他""我们""你们""他们"都已经存在。此外，"思"只有借助语言才能进行，没有私人语言，只有社会语言。这就表明，在笛卡尔能"我思"之前，他试图推论出来的整个社会已作为前提而存在了。

本体论的探究涉及哲学观、时空观、社会形态观、时代观、逻辑-语言观、世界观等基本问题。如以时空观为例，爱因斯坦之所以能创立相对论，是因为他在马赫哲学的影响下超越了牛顿的绝对时空观，肯定物体运动接近光速时，时空都会发生变化。而普通人，甚至连一些杰出的科学家也是很难对他们置身于其中的时空观提出挑战的。本体论的探究乃是最富创意的哲学思考，但这并不意味着思考在这里中止。

第四个阶段：领悟人生境界

哲学家并不只是从事单纯的理论思维，更重要的是，他还要诉诸实践。德国哲学家叔本华主张以基督教的观念来抑制生存意志，但他自己在生活上十分自私，为人也比较粗暴，因为打伤了女房东而不得不给她支付年金。叔本华的言行不一经常受到后人的批评。真正的哲学家是知行一致的，他不仅提出哲学见解，而且努力地实践自己的哲学见解，追求"为天地立心，为生民立命，为往圣继绝学，为万世开太平"的崇高的人生境界。

(四)哲学具有哪些特征?

与常识不同，哲学具有如下的特征：

1. 批判性。常识的思维是安于现状的，哲学的思维是批判并超越现状的。雅斯贝尔斯认为，哲学的思考总是从想当然的东西开始。人们对于熟悉的东西常常是不愿意思索的，而哲学即使连最熟悉的东西也要加以批评和反思。比如，我们在指责一个人的时候，常常会说："这个人真不是一个东西!"其实，仔细地分析起来，这不但不是一句否定的话，反倒是一句肯定的话，因为人就是人而不是东西。如果我们说"这个人真是个东西!"那倒反而在骂人了。哲学是一种彻底的批判性的思维，也正是在这个意义上，马克思把"怀疑一切"作为自己的座右铭。

2. 系统性。虽然有些哲学家，如克尔凯郭尔、尼采等是反对系统性的，但从总体上看，大部分哲学家还是追求系统性的，特别是像黑格尔这样的哲学家，试图建立一个包罗万象的哲学体系，尽管他的尝试一再遭到后人的批评，但后人似乎仍然在建造哲学体系的"巴比伦之塔"。这或许可以看作哲学研究中的一个"西西弗斯情结"。

3. 灵活性。如果说，常识的思维是一种"有执"的思维，那么，哲学的思维则是一种"无执"的思维，它最后会打破一切阻隔，达到"观会通而握玄珠"的境界。试举一例，庄子与学生一起出游，宿在一户人家中。主人有两只大雁，一只会叫，另一只不会叫。主人觉得会叫的大雁是有用的，所以把那只不会叫的杀了招待客人。庄子与学生一起走到山上，见到樵夫把长得好的树砍了，而长得不好的树反倒得以保全。学生感到迷惑：大雁以不材死，而树又以不材生。于是请教庄子，庄子强调处世要灵活，要介于"材与不材间"。

4. 悟道。在中国哲学中，形而下者谓之器，形而上者谓之道。实证科学是求器的，而哲学是悟道的。哲学关心的不是琐细的事情，不是抽象的世界，而是人类生存的意义，是安身立命之道。常常听到父母这样批评自己的小孩："真不成器！"仔细想来，这句话的意思也不是否定的，而是肯定的。从哲学上看，"成器"也就是如海德格尔所说的，沉沦于日常生活之中，而"不成器"或许倒是哲学上的可造之材。总之，哲学追求的乃是精神世界的自由。正如歌德笔下的何蒙古鲁士所说的：

我满希望碰破这玻璃小缸，
我能够最诚心诚意地成长。

第三个问题：如何正确地理解常识与哲学的关系？

我觉得，在常识与哲学的关系中必须把握以下三个要点：

(一)坚持常识中的健康的、合理的知识

说常识中存在着偏见和凝固的东西，并不意味着对常识进行全面否定，常识中的健康的知识是我们在生活和思考中必须坚持的。歌德把这部分常识理解为人类特有的天赋，并指出："脚踏实地的男男女女总是满怀信心地利用常识。而没有常识的男人或女人却把所希望的任何事物认为是必要的，并把能给他们带来乐趣的任何事物认为是有用的。"这就告诉我们，离开常识中的健康的知识，我们在生活中是寸步难行的。

(二)必须从哲学的高度上反思常识

如前所述，常识作为各种知识的无批判的混合物，也包含着一个时代的全部偏见和谬误。只有不断地反思常识，才能超越常识。比如，"人非圣贤，孰能无过"这句谚语，对于局限于常识的思维方式的人来说，意味着人都是要犯错误的；但从哲学上看来，这句谚语根本上就是错误的，因为它的实质是肯定"圣贤无过"，即圣贤是不会犯错误的，而这正是"个人崇拜"的一种表现形式。

(三)以常识制约哲学

哲学超越常识，但也常常会陷入远离生活现实的幻觉中去。卢卡奇以很巧妙的形式驳斥过那种陷入幻觉的哲学："从认识论上说，人们尽可以把马路上跑的汽车说成是感觉印象、表象；等等；但是如果我被一辆汽车从身上碾过，那么这时毕竟不是我的关于汽车的表象同我的关于我自己的表象发生了碰撞，而是我的作为活人的存在被一辆存在着的汽车伤害了。"这就告诉我们，从事哲学研究的人只有不断地接触常识、返回常识，批判地思考常识，才有可能在哲学上真正地提出自己的创见。

总之，要辩证地理解常识与哲学之间的关系。

2001年

21世纪与哲学发展的新理念^①

　　谁都不会否认，差不多半个世纪以来，随着科学技术的飞速发展，人类的生活和观念发生了巨大的变化。在这新旧世纪交替的时候，哲学研究者尤其强烈地感受到这种变化的降临，并发现传统的哲学理念已经陷入困境之中。德国哲学家海德格尔早在 1962 年发表的《哲学的终结和思的任务》一文中，就已经断言："哲学进入其终结阶段了。至于说人们现在还在努力尝试哲学思维，这种思维也只能达到一种模仿性的复兴及其变种而已。"^②其实，海德格尔在这里宣布的并不是哲学本身的终结，而哲学作为一门学科也是不可能终结的。应该说，海德格尔宣布的是传统哲学理念的终结和真正的思的开始。在这里，真正的思也就是超越计算理性，抵达价值理性，须在思一切之前先思存在的真理。

　　实际上，海德格尔启示我们，面对着外部世界的惊人变故，哲学的理念必须改弦易辙。否则，它就不可能成为时代精神的真正的花朵。

---

　　① 原载《探索与争鸣》2001 年第 1 期第 8—12 页。收录于俞吾金：《实践诠释学：重新解读马克思哲学与一般哲学理论》，云南人民出版社 2001 年版，第 227—237 页；《哲学随感录》，北京师范大学出版社 2016 年版，第 22—30 页。——编者注

　　② ［德］海德格尔：《面向思的事情》，陈小文、孙周兴译，商务印书馆 1996 年版，第 70 页。

一、哲学新理念的确立

首先，我们应该确立这样的新理念：哲学不是后出的，即不是黑格尔笔下的"黄昏到来时才起飞的密纳发的猫头鹰"，哲学应该是先行的，是为一切实证科学澄明思想前提和价值前提的。为了把握这个新理念，我们必须深入地反思传统哲学理论所拘执的三个观点。

第一个观点是在意识形态中，哲学是离开生活世界最远的意识形式之一。诚然，我们也不否认，在哲学史上，有些哲学学派，如希腊化时期的斯多葛主义、中世纪的经院哲学、当代学院派的分析哲学等，存在着程度不同的脱离生活世界的倾向，但这种脱离不但不是哲学自身的内在要求，相反，正是哲学试图加以遏制的倾向。黑格尔在批判斯多葛主义时就说过："斯多葛主义所宣扬的一些普遍名词：真与善，智慧与道德，一般讲来，无疑地是很高超的，但是由于它们事实上不能够达到任何广阔的内容，它们不久也就开始令人感到厌倦了。"[1]历史和实践一再证明，某些脱离生活世界的哲学思潮总是缺乏持久的生命力的。哲学从来不是生活世界之外的东西，更不是远离生活世界的东西，哲学就是搏动在生活世界胸腔里的心脏。马克思在致卢格的信中这样写道："现在哲学已经变为世俗的东西了，最确凿的证明就是哲学意识本身，不但表面上，而且骨子里都卷入了斗争的漩涡。"[2]传统的哲学观念力图把哲学理解为一种远离生活世界的"纯粹的知识"，这与其说给了哲学过多的荣誉，不如说是给了哲学过多的耻辱。

第二个观点是哲学是对实证科学，即自然科学和社会科学的研究成果的概括与总结。这个观点必然蕴含着这样的意思，即哲学作为"概括

---

① ［德］黑格尔：《精神现象学》（上），贺麟、王玖兴译，商务印书馆 1979 年版，第135 页。

② 《马克思恩格斯全集》第 1 卷，人民出版社 1956 年版，第 416 页。

者"和"总结者"，总是以"事后管家婆"的方式与自然科学和社会科学发生联系的。这个观点同样包含着对哲学的本质及哲学与实证科学关系的误解。因为它假定：自然科学家和社会科学家在开始自己的研究活动之前和之中可以处于不受任何哲学思想影响的状态下。我们知道，这种状态是根本不可能存在的。一个科学家没有自觉地运用某一种哲学观念开展自己的研究活动，不等于他实际上是不受任何哲学观念的支配的。黑格尔说过："譬如在一个纯是感觉材料的命题里：'这片树叶是绿的'，就已经参杂有存在和个体性的范畴在其中。"①事实上，任何科学家都不可能摆脱哲学思维方式来从事自己的研究活动和思考活动。在这个意义上，哲学绝不只是"事后的管家婆"。从逻辑上看，哲学总是在先的。

第三个观点是哲学对实证科学的研究起着指导性的作用。这个观点蕴含着这样的意思，即哲学是高高在上的，是把握普遍性的原则的，而实证科学则是基础性的，涉及对具体问题的探讨。乍看起来，肯定哲学对实证科学的指导作用，已对哲学的功能作了充分的评价，但实际上恰恰在主要之点上贬低了哲学的功能。因为哲学并不在高处，恰恰相反，它应该在最低处。哲学的基本功能之一就是澄清实证科学的思想基础和价值基础。思想基础和价值基础并不是悬在实证科学的上空，而是位于实证科学的最低处，是研究实证科学的前提和出发点。一旦我们改变了传统的理解方式，哲学的新理念也就确立起来了。

其次，我们也应该确立这样的新理念：在哲学作为一门学科的整体结构中，本体论起着根本性的作用，而不同的本体论学说又是以生存论的本体论作为共同基础的。在当今世界上，人类整体的生存比任何其他问题都更紧迫地引起人们深切的关注。正如新思维的创造者之一的戈尔巴乔夫所说的："新思维的核心就是承认全人类的价值观的优先地位，说得更确切些——承认人类的生存。"②从哲学上看，生存论的本体论正

---

① ［德］黑格尔：《小逻辑》，贺麟译，商务印书馆 1980 年版，第 41 页。
② ［苏］米·谢·戈尔巴乔夫：《改革与新思维》，苏群译，新华出版社 1987 年版，第 126 页。

是我们赖以进行一切认识活动和理解活动的前提。当然，要坚持生存论的本体论的立场，就需要对传统哲学研究中占主导地位的知识论哲学的倾向展开批判。传统的知识论哲学主张求知是人类的本性，而当代的生存论的本体论则强调，人首先必须生存在这个世界上，然后才能去求知。认识不过是作为人之在的此在在世的一种样式。哲学只有建基于生存论的本体论，才不会成为无根的浮萍。

再次，我们也应该确立这样的新理念：哲学再也不能站在传统哲学的确定性和决定论的立场上来思考问题了，哲学必须注重对不确定性和偶然性的研究。众所周知，在经典物理学、相对论和量子力学中，确定性仍然是不可动摇的前提，虽然海森堡和玻尔分别提出了"测不准"和"互补"的理论，但确定性仍然是传统科学和哲学思考一切问题的基点。然而，从 20 世纪的下半叶起，随着大爆炸宇宙学、耗散结构、遗传工程等新的学科领域的兴起，这种追求确定性的传统理论正在受到全面的挑战。耗散结构理论的奠基者普利高津指出："人类正处于一个转折点上，正处于一种新理性的开端。在这种新理性中，科学不再等同于确定性，概率不再等同于无知。"①与此相应的是，作为政治家的布热津斯基在考察当今社会的政治生活时也认识到了不确定性的重要性。他这样写道："承认人类历史发展速度的明显加快及其发展轨道的不确定性乃是我立论的必要的出发点。"②如果说，新康德主义者强调历史上的一切都是偶然的，那么，作为生物学家的莫诺就走得更远了，他甚至认为，连人类的诞生都是一个完全偶然的事件。③ 总之，在经验世界中，绝对决定论乃是传统哲学观念创造的一个神话，概率、不确定性和涨落才是生

---

① ［比利时］伊利亚·普利高津：《确定性的终结：时间、混沌与新自然法则》，湛敏译，上海科技教育出版社 1998 年版，第 5 页。

② ［美］兹比格涅夫·布热津斯基：《大失控与大混乱》，潘嘉玢、刘瑞祥译，中国社会科学出版社 1994 年版，第 1 页。

③ 莫诺说："人类至少知道他在宇宙中的冷冰冰的无限窨中是孤独的，他的出现是偶然的。"参见［法］雅克·莫诺：《偶然性和必然性：略论现代生物学的自然哲学》，上海外国自然科学哲学著作编译组译，上海人民出版社 1977 年版，第 135 页。

活的复杂性的真正体现，才是哲学新理念的根本特征。

二、应用哲学学科群的兴起

随着实证科学的发展，传统哲学丧失了"科学之女皇"的地位，哲学活动的空间几乎被分割殆尽。当哲学陷入这种窘迫的境地的时候，它不但没有随之而死亡，反而像凤凰涅槃一样获得了新生。如前所述，新生的哲学不但担负着为一切实证科学澄明思想前提和价值前提的重大的历史使命，而且以更灵活的方式重新确立了与各实证科学之间的密切联系。于是，我们看到，一大批新兴的哲学应用学科应运而生，令人目不暇接。如科学哲学、数学哲学、技术哲学、心理哲学、精神哲学、逻辑哲学、语言哲学、经济哲学、历史哲学、文化哲学、社会哲学、政治哲学、宗教哲学、道德哲学、法哲学、艺术哲学等。这些新兴学科的崛起显示出当今哲学演化的一个重要的方向。

首先，每一个新的实证科学的研究领域形成以后，总会逐渐产生与此研究领域相应的应用哲学的学科。比如，随着科学技术的发展，人类生活的环境，尤其是生态环境遭到了严重的破坏。环境，尤其是生态环境问题引起了人们的高度重视。与此相应的是，"环境哲学""生态哲学"也就应运而生。又如，随着后现代主义思潮的兴起，一个广阔的研究领域展现出来了，其中也包含着方兴未艾的"后哲学"。再如，在西方的女权主义汇成一股强劲的社会思潮之后，"女权哲学"也随之而诞生。这既表明了哲学在当今世界所具有的强大生命力；也表明了任何具体问题的研究一旦失去了哲学的引导，就会像花瓶的碎片一样，引不起任何人的重视。

其次，虽然应用哲学涉及的都是实证科学或实证科学的某些分支学科，但是从康德对哲学的两分——思辨理性和实践理性出发，我们仍然可以把应用哲学区分为思辨理性意义上的应用哲学和实践理性意义上的应用哲学。比如，科学哲学、数学哲学、技术哲学、心理哲学等就属于思辨理性意义上的应用哲学，而道德哲学、法哲学、宗教哲学、政治哲学等则属于实践哲学意义上的应用哲学。那么，比较起来，哪一种类型的应用哲学更为重要呢？康德告诉我们："我们根本不能向纯粹实践理性提出这样的过分要求：隶属于思辨理性，因而颠倒次序，因为一切关切归根结底都是实践的，甚至思辨理性的关切也仅仅是有条件的，只有在实践的应用中才是完整的。"①在康德看来，归根结底，实践理性居于优先的地位上。这就告诉我们，实践理性意义上的应用哲学具有更为重要的地位。事实上，从伽利略和牛顿的物理学为自然科学的发展奠定基础以来，科学技术的发展已经取得了极其辉煌的成就，从而也使科学主义成了当今世界占支配地位的思维方式。而科学主义的蔓延，会导致技术拜物教、异化和物化泛滥。当思辨理性压倒实践理性的时候，这种局面是必然会产生的。这就启示我们，当今最重要的是遏制科学主义的蔓延，恢复实践理性意义上的应用哲学，以便在精神世界中重建思辨理性与实践理性的平衡。

最后，政治哲学、法哲学、道德哲学和宗教哲学将成为新世纪哲学研究，特别是实践哲学研究的焦点。如果说，在传统观念的视野里，哲学的本质是自然哲学、逻辑学的话，那么，在当代哲学的视野里，哲学的本质则是政治哲学、法哲学、道德哲学和宗教哲学。马克思早就告诫我们："在土地所有制处于支配地位的一切社会形式中，自然联系还占优势。在资本处于支配地位的社会形式中，社会、历史所创造的因素占优势。"②资本也就是一种特定的社会关系。事实上，政治哲学、法哲学、道德哲学和宗教哲学都涉及作为社会存在物的人的行为规范和行为方式，从而本质上都关涉社会关系。这四门应用哲学之所以在当今哲学的发展中成为焦点，不仅因为它们蕴含着深切的人文关怀，从而具有遏

---

① ［德］康德：《实践理性批判》，韩水法译，商务印书馆1999年版，第133页。
② 《马克思恩格斯全集》第46卷（上），人民出版社1979年版，第45页。

制科学主义蔓延的重要功能，而且在世界政治格局进入"后冷战"时期以来，一些重要的社会关系，如人与人、团体与团体、民族与民族、国家与国家、一个地区与另一个地区、一种文明与其他文明、一种文化与其他文化等，正处于急剧的调整过程中。深入探讨这四门应用哲学乃是新世纪和新时代的需要。

三、中国的生存、发展问题在哲学研究中的课题化

作为当代中国的哲学研究者，我们深切地关注着中国在 21 世纪的生存和发展的态势。毋庸讳言，在 21 世纪中，中国将遭遇到一系列现实问题的挑战，而这些挑战是无法回避的：

一是科学技术的高度发展所引发的伦理问题。从 20 世纪下半叶以来，科学技术获得了前所未有的成就。这些成就既为人类的生活带来了许多便利，也使人类的命运变得扑朔迷离。正如布热津斯基所指出的："今天的世界更像是一架用自动驾驶仪操纵的飞机，速度连续不断地加快，但没有明确的目的地。"①姑且不说核武器的存在对人类生存的威胁，也不说世界上不少国家的军工厂出于赢利的目的，还在日夜不停地生产着各种常规武器，光是人工智能、基因工程、试管婴儿、人体克隆、器官移植、安乐死、电脑网络等技术的发展，就将引发传统伦理观念所无法容纳的许多重大的、新的伦理问题。与此同时，这些新技术也整个地改变了我们对生命、环境、经济、价值、科学（尤其是医学）的看法。在 21 世纪中，我们既需要借助于哲学的宏观的眼光，在理论伦理学的研究中提出原创性的新观念，也需要对应用伦理学及其各个分支学科做出创造性的探索。从中国的实际情况出发，我们的口号应该是：发

---

① ［美］兹比格涅夫·布热津斯基：《大失控与大混乱》，潘嘉玢、刘瑞祥译，中国社会科学出版社 1994 年版，第 6 页。

展科学技术，弘扬科学精神，遏制科学主义，提高人文素质，强化伦理学的研究。

二是全球化浪潮引发的中国传统文化精神的延续问题。在新旧世纪交替的时候，全球化的浪潮已经席卷国际社会。其实，早在一个半世纪以前，马克思通过对资本主义发展趋势的考察，已经指出了"历史向世界历史的转变"①的趋向。我们要主动适应这种趋势，以求得生存和发展的时间和空间。如我国争取加入 WTO 就是对这种发展趋势的一个适应。但是又要清醒地认识到，"全球化"是在西方话语霸权的背景下提出来的，它的实质是：西方发达国家通过资本的跨国使用，在经济、政治和文化三个层面上对后发国家进行全面渗透和控制。对于中国这样的后发国家来说，不仅需要在经济和政治上努力维护本国和本地区的利益，从而与全球化的趋势形成一个良性互动而又制衡的关系，而且需要在文化上做出积极的回应，这个回应包括两个方面：一是批评和化解西方强势文化的入侵。西方强势文化的入侵，不但表现为世俗文化的渗透上，也表现在理论文化（如后现代主义思潮、新艺术流派、网络文化等）的渗透上。我们必须在肯定文化多元发展的基础上做出批评性的回应。二是弘扬中国传统文化，保持中国文化精神传统之不坠。要做到这一点，也必须从当代中国的历史性出发，批判地继承中国传统文化的优秀遗产。一言以蔽之，只要中国传统文化精神仍然保持其旺盛的生命力，那么中国就将在全球化浪潮中重新获得自己的辉煌。

三是后现代主义思潮引发的中国现代化道路的价值定位问题。作为后发国家，中国正在追求现代化的价值体系，但传统的，即前现代的价值体系和后现代主义的价值体系又纠缠着人们的心灵。这三大价值体系的冲撞，使人们普遍地处在"价值迷失"的状态下。这个现象具有深刻的哲学含义，因为价值观乃是全部精神生活的核心。这个问题解决不好，中国的现代化就会陷入歧路亡羊的窘境。所以，我们必须从中国的现实

---

① 《马克思恩格斯全集》第 3 卷，人民出版社 1960 年版，第 52 页。

生活出发，认真地反思前现代性、现代性和后现代主义之间的关系，做到：一方面，坚定不移地走现代化的道路，坚定不移地坚持现代性的价值体系；另一方面，我们又要认真汲取前现代的和后现代主义的思潮中蕴含着的合理的价值因素，从而对原先的现代化和现代性的理念做出必要的修正。根据原先的理念，现代化被简单地理解为工业、农业、科学技术和国防的现代化，而这些现代化的关键又是科学技术现代化。这种理解方式不仅忽略了人的素质这一现代化的基本因素，而且也完全忽略了现代化的制度因素，即现代化也是社会、经济、政治等一系列制度的现代化，特别是政治体制的现代化和民主化。而政治体制的现代化和民主化在当前又面临着一个难解的悖论：一方面，要积极地推进政治体制的改革，但又怕失去社会的稳定；另一方面，要维护社会的稳定以求得经济的持续增长，但又不得不一再地延缓政治体制的改革，并承担由于缺乏这种改革而造成的巨大的成本。这不过是一个虚假的悖论。其实，只有积极地推进政治体制的改革，才能长久地、从根本上解决社会稳定的问题。无数事实表明，政治体制的改革和政治制度的现代化与民主化正是当前中国现代化面临的最紧迫的课题。

第一哲学与哲学的第一问题[①]

哲学是一门刨根究底的学问，所以它自然很注重反思的作用。然而，在当今的哲学研究中，由于"实证主义态度"的蔓延，研究者们的注意力似乎都分散到哲学的各个分支学科中去了，从而失去了对哲学及其基础理论问题进行深入的、持久的反思的兴趣。我们或许可以把这种现象称之为"反思的衰退"。本文尝试先以哲学家们对"什么是哲学？"的问题的回应为线索，重新反思古代哲学家使用的"第一哲学"概念和当代哲学家使用的"元哲学""哲学的元问题"等概念；接着又探讨了"什么是哲学？"的问题的正当性，并从当代哲学的视角出发，提出了"哲学的第一问题""问题间性"等新概念，以便对哲学基础理论做出新的探索。

一、哲学研究中的"实证主义态度"

随着近代自然科学的诞生和以孔德为肇始人的实证主义思潮的形成和发展，蕴含在这一思潮

[①]　原载《哲学门》2001 年第 1 期第 1—6 页；收录于俞吾金：《从康德到马克思——千年之交的哲学沉思》，广西师范大学出版社 2004 年版，第 1—12 页。——编者注

中的实证主义态度也越来越深入地渗透到哲学研究中，对哲学研究产生了重要的影响。其主要表现如下：

（一）实证主义态度认为，哲学和物理学、生物学等实证科学一样，一旦确定了自己的研究对象和范围，也就没有必要老是去追问"什么是哲学？"这类始源性的问题了。然而，这种哲学与实证科学之间的类比恰恰忽视了哲学与实证科学之间存在的根本性差异。众所周知，在实证科学的研究中，研究者需要排除自身的一切价值要素，专注于自然现象本身。事实上，不排除这些因素，实证科学的研究是无法进行的。在这个意义上，实证科学只对事实感兴趣。与此不同，哲学关注的是价值，是隐藏在事实背后的普遍联系。哲学永远无法在某一个哲学家那里一劳永逸地确定自己的研究对象和范围，所以它必须不断地反躬自问："什么是哲学？"正如法国哲学家加缪笔下的西西弗斯，他必须一次又一次地把巨石推向山顶。事实上，如果人们认为哲学再也没有必要反躬自问了，它只要关注一些琐细的、具体的问题就可以了，那么哲学这个精美而完整的花瓶也就被打碎了，它成了满地的碎片。换言之，哲学被实证科学化了，它已经不复存在了。

（二）实证主义态度总是以无批判的方式肯定各种各样的经验，描述它们，并把它们捕捉到认识主体那里，而这就是 doing philosophy（从事哲学研究）的全部工作。众所周知，实证主义（positivism）的核心概念 positive 的主要含义是"肯定的""确实的"，在这个意义上，我们甚至可以把实证主义理解为"肯定主义"。所以，在实证主义态度中，批判和否定的因素被抹去了，而人们赞赏的只是对外部世界的肯定性的描述，看到的只是经验、知识的不断地膨胀。然而，在真正的哲学的思维方式中，批判和否定却起着根本性的作用。比如，马克思坚持黑格尔《精神现象学》的最后成果就是"否定的辩证法"。当代德国哲学家阿多诺的《否定的辩证法》一书更是体现了作者对哲学的批判和否定功能的深入的探索。事实上，不少哲学家之所以喜欢谈论辩证法，就是因为辩证法集中体现了哲学的批判的、否定的精神。因此，实证主义态度的蔓延必然伴随着哲学批判精神丧失。

（三）实证主义的态度总是简单地把实证科学的研究方法推广到哲学研究中去。比如，"哲学是对自然科学和社会科学研究成果的概括和总结"这一流行的说法就是实证科学研究方法的典型表现。在这个说法中，所谓"概括和总结"也就是实证科学研究中常用的归纳方法。然而，哲学必须向实证科学借用这种研究方法吗？我们的回答是否定的。事实上，莱布尼茨关于区分"事实真理"与"推理真理"的论述、康德关于"分析判断"与"综合判断"差异的论述、波普尔的"反归纳主义"和"证伪主义"学说等，都对归纳推理的局限性做过明确的诊断。事实上，如果哲学研究只借助于"概括和总结"这样的归纳方法来进行的话，人们又如何引申出具有普遍必然性的结论来呢？如果哲学只满足于对已经存在的经验做出"概括和总结"的话，它又如何去预断未来，并对未来状况提出指导性意见来呢？

从上面的论述可以看出，只要人们仍然拘执于实证主义的思维方式和实证主义的态度，哲学的反思精神就会衰退下去，这一对当今哲学来说十分紧迫的"什么是哲学？"的问题就会不断地被耽搁下去，甚至完完全全地被遮蔽起来。实际上，只有坚定不移地抛弃这种实证主义的态度，反思的紧迫性才会进入哲学研究者的眼帘，人们对哲学问题的思考才不会处在飘荡无根的状态下。

二、对"第一哲学"概念的反思

从哲学史上看，最早对"什么是哲学？"的问题进行回应的是亚里士多德。在《形而上学》一书中，他指出：哲学这一门科学的任务是探讨存在者之所以为存在者（being qua being）以及存在者作为存在者所具有的各种属性。① 这里所说的"存在者之为存在者"指的正是包含着一切存在者的存在或一切存在者得以存在的理由——终极原因。

正是基于这样的理解，亚里士多德指出：如果除了那些由自然构成的事物之外，并不存在实体，那么自然科学将成为第一科学（the first science）；然而，如果存在着一个不动的实体，第一哲学（first philosophy）必定会居于优先的地位并成为这样的科学。因为它是居第一位的，所以在这个意义上它也是普遍的。② 这里所谓"不动的实体"也就是自身不动，但却能使其他存在者运动、变化的实体，也就是一切存在者之所以为存在者的终极原因。道理很简单，因为它自己如果也是运动的，那它一定也是被其他存在者所推动的，它就不可能成为终极原因。这就明确地告诉我们，"第一哲学"的研究对象也就是亚里士多德上面提到的哲学的研究对象。换言之，在亚里士多德那里，哲学也就是"第一哲学"。

那么，是否还存在着与"第一哲学"相对的其他哲学呢？亚里士多德的回答是肯定的。因为在他看来，作为终极原因的、自身不动的实体只是全部实体中的一种类型，而"在某种意义上，物理学，即第二哲学（second philosophy）就是研究可感觉实体的"③。也就是说，"第二哲学"研究的是变动性的、可感觉的实体。然而，在《形而上学》一书中，亚里士多德并未对实体的不同类型做出系统的分析。

在《范畴篇》中，他提出了"第一实体"和"第二实体"的概念。他把"第一实体"理解为个别事物，即可感知的事物，并指出："除了第一实体（primary substance）外，我们有充分的理由把剩下的一切事物（即种和

---

① Richard Mckeon ed., *The Basic Works of Aristotle*, New York：Random House，1941，1005a.

② Richard Mckeon ed., *The Basic Works of Aristotle*, New York：Random House，1941，1026a.

③ Richard Mckeon ed., *The Basic Works of Aristotle*, New York：Random House，1941，1037a.

类)称之为'第二实体'（secondary substance）。"①于是，我们发现，亚里士多德的哲学理论与实体理论之间存在着一种有趣的错位的现象。即"第一哲学"是以"第二实体"（包括自身不动的终极因）作为研究对象的；反之，"第二哲学"（物理学）则又是以"第一实体"作为研究对象的。

亚里士多德的上述见解表明，他的思想存在着矛盾。如果哲学包含着"第一哲学"和"第二哲学"（物理学），那么在确定哲学的研究对象时，就应该把"第二哲学"研究的对象——"第一实体"（即个别事物或存在者）也考虑进去，但实际上他并没有把这些研究对象考虑进去。反之，如果哲学研究的是"第二实体"（一切事物的种和类，也包括终极原因），那又为什么要把物理学称之为"第二哲学"呢？我们并不知道引起这种思想矛盾的确切原因，也许是后人的见解掺入《形而上学》中去了。总之，在亚里士多德那里，"第一哲学"就是哲学。

作为近代哲学的肇始人，笛卡尔继续了亚里士多德对这个问题的思考。在《哲学原理》一书中，他这样写道："作为一个整体，哲学就像一棵树，它的根是形而上学，它的干是物理学，而所有其他科学都是从干上长出来的枝。这些枝主要有三种——医学、力学和道德学——而道德科学是最高的、最完美的科学，它以其他科学的全部知识为前提，是智慧的最高的境界。"②接着，笛卡尔又写道，他把《哲学原理》分为四个部分，"第一部分涉及的是知识的原理，它可以被叫作第一哲学或形而上学（the First Philosophy or Metaphysics）"③。他还建议，如果读者希望对这一部分有一个透彻的了解的话，还可以去读他的《第一哲学沉思录》（*Meditation on First Philosophy*）。

在这里，笛卡尔干脆把"第一哲学"与形而上学等同起来，但他不再

---

① Richard Mckeon ed. , *The Basic Works of Aristotle*, New York：Random House，1941，2b.

② Rene Descartes, *The Philosophical Works of Descartes*, Vol. 1, Cambridge：Cambridge University Press，1977，p. 211.

③ Ibid. , p. 212.

像亚里士多德那样，把物理学称作"第二哲学"，而是把整个哲学比喻为一棵树，把"第一哲学"看作"根"，把物理学看作是"干"。在笛卡尔生活的时代，各门自然科学虽然取得了一定的发展，但学科之间的分类还不明确，整个自然科学也还没有从哲学的襁褓中独立出来。在这样的情况下，把哲学看作包罗万象的学说是不奇怪的。但令人感到困惑不解的是，笛卡尔作为一个主张"普遍怀疑"的哲学家，却对哲学这一概念本身缺乏深入的反思。事实上，只要他无批判地使用"第一哲学"这样的概念的话，他就等于承认，还存在着"第二哲学""第三哲学"……

尽管他没有使用过"第二哲学""第三哲学"这样的称谓方式，但这并不表明它们在理论上是不可能的，否则，"第一"这个词就失去了它的本来的意义。由于同样的原因，"第一哲学"这个概念还容易使人们把哲学误解为复数。其实，哲学观念、哲学理论或哲学派别可能是复数，而哲学作为一门学科，只能是单数。这些在哲学研究中必须加以澄清的问题却被笛卡尔轻易地跳过去了。

在笛卡尔以后，尤其到了 17、18 世纪，自然科学纷纷从哲学中独立出来，哲学失去了"科学的女皇"的地位。从此以后，在严格的理论意义上，再也没有人使用"第一哲学"这样的概念了。然而，正如我们上面所看到的，如果哲学就是"第一哲学"，就是"形而上学"，那么至少包含着这样一个合理的思想，即古代哲学家主张在哲学本身的范围内解答"什么是哲学？"的问题，而不打算把这个问题放到哲学的外面去。

三、"元哲学"和"哲学的元问题"的提法是正当的吗？

与古代哲学家不同，当代学者通常把"什么是哲学（What is philosophy）？"的问题理解为"元哲学"（meta-philosophy）研究的对象。事实上，在当今国际哲学界，不仅有了以 Meta-philosophy 命名的哲学杂志，而且与这个词类似的用法也已经出现在其他的学科中，如"元语言"（metalanguage)、"元语言学"（meta-linguistics）、"元心理学"（meta-psychology）等。meta-在构词法上的含义是"在……之后"或"超越……"。自从亚里士多德的那部著作被后来的编纂者称为《形而上学》（Metaphysics）以来，meta-这个前缀的用法越来越广。然而，像"元哲学"这样的提法是否是正当的呢？人们却很少对这个问题做出深入的反思。

我们认为，这样的提法是不正当的。因为人们一旦把"什么是哲学？"的问题理解为"元哲学"的问题，也就等于在人们通常理解的哲学之上再建立一个以"元哲学"命名的、新的研究领域。这就使整个哲学思考领域分裂为两大部分，然而，困难在于，当人们对"什么是哲学？"的问题做出不同的解答时，就会形成不同类型的"元哲学"。于是，人们又不得不再建立"元元哲学"对不同类型的"元哲学"做出研究；而当"元元哲学"表现为不同的类型时，又得再建立"元元元哲学"去研究"元元哲学"。这样一来，人们就陷入了黑格尔所说的"恶无限"的窘境中。对于哲学研究来说如此紧迫的问题现在反而被置于通常所理解的哲学之外，并变形为一种单纯的、无聊的、永远向前奔跑的语言游戏。

归根结底，人们不应当在通常理解的哲学之外再划出另一个领域来安置"什么是哲学？"的问题。换言之，人们不应当通过"meta-"这个前缀把"什么是哲学？"的问题提升到通常所理解的哲学之外或之后。正如海德格尔在《什么是哲学？》（1956）一文中分析这一问题的提法时所指出的："以此方式来追问，我们显然是站在哲学之上，也即在哲学之外。但我们的问题的目标乃是进入哲学中，逗留于哲学中，以哲学的方式来活动，也即'进行哲学思考'（philosophieren）。因此，我们的讨论的道路不仅必须具有一个清晰的方向，而且这一方向还必须保证我们在哲学范围内活动，而不是在哲学之外围着哲学转。"①

海德格尔的论述实际上已经否定了"元哲学"这一提法，他主张人们

---

① 孙周兴选编：《海德格尔选集》（上），生活·读书·新知上海三联书店 1996 年版，第 589 页。

应当站在哲学的内部来提出并解答"什么是哲学?"的问题。那么，在排除了"元哲学"的提法之后，我们能否把"什么是哲学?"的问题理解为"哲学的元问题"(the meta-question of philosophy)呢? 换言之，"哲学的元问题"的提法是正当的吗?

我们的回答仍然是否定的。诚然，与"元哲学"的提法不同，"哲学的元问题"把"什么是哲学?"的问题重新拉回到哲学之内，但这种提法仍然是有问题的。因为"meta-"这个英文前缀以及与此相对应的中文前缀"元"，都极易引起误解，使人们把"哲学的元问题"误解为哲学中的最高问题。事实上，"什么是哲学?"的问题应当是哲学研究中最基础性的问题。① 在一个哲学研究者对这个问题做出自觉的反思和解答之前，就匆匆忙忙地去研究哲学中的其他问题，他的思想总会给人一种飘荡无根的感觉。基于这样的考虑，人们倒不如把"什么是哲学?"的问题称作"哲学的第一问题"(the first question of philosophy)。需要指出的是，这里的"第一"并不是发生学上的"时间在先"的意思，而是本体论上的"逻辑在先"的意思。它表明，人们只要一进入哲学研究的领域，他们首先就必须在"逻辑在先"的意义上解答"什么是哲学?"的问题。

四、"什么是哲学?"作为"哲学的
第一问题"是正当的吗?

为便于论述起见，我们在前面没有对"什么是哲学?"这一问题作为"哲学的第一问题"的正当性提出疑问。现在，我们反思的触角必须触及这个问题了。

---

① 我在以前的一些论文中曾经使用过"哲学的元问题"的提法，但我现在认识到，这样的提法仍然会引起歧义，要强调哲学的基础作用，即哲学为一切实证科学澄明思想前提这一点，就应当抛弃"哲学的元问题"的提法，而把它称之为"哲学的第一问题"。

人们通常认为，他们总是先提出问题，然后再去寻找答案的。然而，在哲学研究中，情形常常是相反的，即人们常常是先认同了某种解答然后再去设定问题的。可是在提问的时候，人们常常天真地认为他们是在一无所知的情况下提问的。事实上，在任何提问变得可能之前，以下三个条件已然存在：第一，提问者只能运用他掌握的语言来提问；第二，提问总要采用一定的句式，这种句式必定是提问者所熟悉的，也必定是听者能够理解的；第三，在提问的特定的句式中，总是蕴含着某种先入之见。这种先入之见规定着问题的句式和解答问题的方向。

　　现在我们来分析，先于"什么是哲学？"这一问题而存在的东西究竟是什么？我们发现，What is philosophy？这种提问句式源自日常生活中的"这是什么（What is this）？"而在 What is this？这种日常的提问句式中，已经先行地蕴含着以下两个前提：一是提问所及的对象已然摆在我们的前面，如一个杯子；二是提问者和提问所指向的对象是一种知识关系，这种关系特别通过"what"（什么）这个词而显现出来。把这样的日常提问句式转移到哲学中，What is philosophy？这样的设问方式也就显露出类似的问题：一是把哲学理解为已然存在在那里的东西；二是哲学不过是一种知识。这样一来，哲学与提问者自己置身于其中的生活世界完全分离开来了，这个世界退到远处，哲学只是作为一个冷漠的知识对象进入提问者的眼帘中。这就告诉我们，当提问者询问"什么是哲学？"时，他已经先于提问而选择了知识论哲学的立场。其实，也正是这种特殊的哲学立场规定了提问者的提问方式。那么，这种提问方式作为"哲学的第一问题"是正当的吗？显然，从知识论哲学的立场来看，这种提问方式是正当的，但当我们抛弃知识论哲学的立场，而坚持生存论的本体论的立场时，这种提问方式作为"哲学的第一问题"的正当性立即受到了挑战。

　　按照生存论的本体论，人首先是生存在这个世界上，然后才去认识这个世界的。也就是说，不是生存以认识为基础，而是相反，认识以生存为基础。认识不过是此在在世的一种样式。当人们立足于生存论的本体论时，"哲学的第一问题"就以新的方式出现在我们的面前，那就是：

"为什么人类需要哲学（Why does the human being need philosophy）？"这里的 why 与 what 不同，它显示出哲学与人类的生存活动之间的密切关系。也就是说，只有当人们把"为什么人类需要哲学？"的问题作为"哲学的第一问题"切入哲学研究中时，哲学才不会退化为一种单纯知识型的学问。

五、"问题间性"与"哲学的第一问题"

当人们从生存论的本体论的立场出发，把"人类为什么需要哲学？"视为"哲学的第一问题"时，马上会碰到新的问题：如果一个人不知道"什么是哲学？"的话，他又如何去解答"为什么人类需要哲学？"的问题呢？反之，如果人们仍然退回去，把"什么是哲学？"作为"哲学的第一问题"的话，岂不是又返回到应当加以抛弃的知识论哲学的立场上去了吗？人们似乎陷入了一个无法解脱的困境。正如海德格尔在谈到这个问题时所敏锐地觉察到的那样："显然，只有当我们已经获得了一种对哲学的洞察，我们才能说明这一点。而为洞察哲学，就需要我们事先知道哲学是什么。于是，我们便奇怪地被逐入一个圈子之中。哲学本身看来就是这个圈子。"①海德格尔力图通过对"哲学"这个词的词源上的追溯和考察，来超越人们对哲学的传统的理解方式，但他并没有明确地向我们指明走出这个语言"圈子"的途径。

其实，正如诠释学研究中的"诠释学循环"所表明的那样，这种"圈子"或提问中的循环现象不但不是我们应当加以排除的困境，恰恰是我们必须正视并加以适应的状况。它启示我们，"哲学的第一问题"不应当被理解为一个简单的问题，而应当被理解为一种复杂的"问题间性（in-ter-question）"。所谓"问题间性"，从外观上看，似乎不过是用连字符

---

① 孙周兴选编：《海德格尔选集》（上），生活·读书·新知上海三联书店 1996 年版，第 594 页。

连接起来的不同的问题；而从实质上看，它不是偶然地聚在一起的不同的问题的堆积，它是一个包含着不同的问题要素的有机的统一体，是一个复杂而又单一的问题。所以，从生存论的本体论的立场出发，作为"哲学的第一问题"的"问题间性"应当是：Why does the human being need philosophy? —What is philosophy?

在这个"问题间性"所特有的结构中，Why does the human being need philosophy? 之所以被放在前面，因为它起着导向的作用，它制约着人们沿着生存论的本体论的立场来解答 What is philosophy? 而不掉落到传统的知识论哲学的窠臼中。事实上，也正是通过对"哲学的第一问题"的追问，我们对哲学获得了新的理解，即哲学是对人类的生存活动的意义的澄明。

综上所述，随着实证科学的独立和发展，哲学已经失去了昔日作为"科学之女皇"的崇高地位，所以，亚里士多德、笛卡尔等哲学家所使用的"第一哲学"的概念也终于成了历史的遗迹。然而，有趣的是，"女皇"虽然退出了昔日的领地，但实证科学的精神却倒过来渗透到哲学的每一个毛孔中，力图把哲学殖民化，使之成为实证科学的附庸。显而易见，哲学不应当成为实证科学这只巨大的章鱼口中的食物，它应当不断地反躬自省，通过对"哲学的第一问题"的询问和解答，保持自己的独立地位，并为一切实证科学提供思想和价值的基础。

拒斥哲学上的形式主义倾向^①

在某种意义上，我们这个时代是崇拜形式、轻视内容的时代，因为它正处在从传统社会向市场经济社会转型的交接点上，而这一转型过程是通过自上而下的方式来完成的，会在一定程度上造成形式与内容之间的脱节和形式主义的产生。这种形式主义也会影响思想文化和学术研究的领域，连素以批判意识自居的哲学也难以幸免。所以，在当前的哲学研究中，真正严肃的工作绝不是在沙滩上营造哲学体系的大厦，而是认真地清理思想的地基，特别是通过对形式主义倾向的批判，使哲学研究重新返回到正确的轨道上来。

一、研究动机中的形式主义倾向

众所周知，对任何哲学问题的研究都是通过具体的研究者来进行的，而任何研究者都是在一定的研究动机的支配下从事自己的研究活动的。

---

① 原载《开放时代》2001 年第 3 期第 27—30 页。收录于俞吾金：《实践诠释学：重新解读马克思哲学与一般哲学理论》，云南人民出版社 2001 年版，第 193—202 页；《哲学随感录》，北京师范大学出版社 2016 年版，第 13—21 页。——编者注

这似乎是老生常谈，然而，以往对哲学研究活动的反思正是因为忽视了这样的老生常谈，才得不到实质性的进展。事实上，哲学研究的秘密深藏于研究者的动机之中。

在当今的哲学研究中，至少存在着以下三种不同的研究动机：第一种动机是出于对所研究的哲学问题的真正的理论兴趣，换言之，出于对真理的热爱和追求。第二种动机是出于对科研经费的渴求。当获得科研经费上升为研究者的第一动机时，研究者不得不牺牲自己的理论兴趣，而去研究那些自己并不感兴趣的课题。第三种动机是出于对虚荣心和实际利益的追求。比如，不少研究者撰写论著的直接动因是获得更高的职称。职称晋升既包含着某种虚荣心的满足，又蕴含着种种实际利益的获得。

毋庸讳言，在实际的哲学研究活动中，上面三种动机总是不可分割地交织在一起，从而形成迥然各异的动机结构。然而，不管如何，当第二、第三种动机上升为主导性的动机，而第一种动机被边缘化，乃至完全被悬搁起来时，真正使哲学研究获得创造性发展的、实质性的内驱力也就消失了，形式主义的动机支配了整个哲学研究的领域。今天，还有多少哲学研究者怀着纯粹的理论兴趣和真正敬畏的心情在谈论真理呢？一切都被形式化了，人们不是在追求真理，而只是好像在追求真理，如此而已！由于这种分离和对立，缺乏思想性和创新意识、不断在低水平上重复的所谓"哲学论著"大量涌现。它们或许能够使一些研究者走出经费窘迫的困境，并如愿以偿地获得更高的职称，但却无法使哲学真正地向前迈进。哲学宛如一个陀螺，始终在原地旋转。

二、研究态度上的形式主义倾向

哲学研究活动不光受到研究者的研究动机或出发点的影响，也受到研究者的研究态度的影响。在研究态度中，一个核心的问题是：研究者注重的是研究对象的外观、形式或单纯字面上的含义，还是研究对象的实质、内容或具体的含义。如果研究者注重的只是研究对象的外观、形式或单纯字面上的含义，这种研究态度必定是无根基的、形式主义的，研究者也必定会失去自己的立场，像浮萍一样地飘来飘去。这种研究态度上的形式主义倾向主要表现如下：

一方面是研究者对哲学新思潮、新观念和新名词的盲目崇拜。这里有一种形式上的、时间上的崇拜，即哲学上最新出现的东西一定是最好的。我们常常看到一些介绍最新哲学思潮的时髦论著，其文本犹如"T"型舞台，跃入读者眼帘的都是一些新思潮、新观念和新术语。但仔细读下去，就会发现，所谓"新思潮""新观念"和"新术语"不过是给陈词滥调加上的新包装罢了。其实，在哲学上最新的观念未必一定是新的，最旧的观念也未必一定是旧的。正如黑格尔在嘲笑人们对康德哲学的所谓"推进"时所指出的："我们现时许多哲学上的努力，从批判哲学的观点看来，其实除了退回到旧形而上学的窠臼外，并无别的，只不过是照各人的自然倾向，往前作无批判的思考而已。"①

另一方面是研究者们在研究各种哲学问题时，注重的只是哲学观念的单纯外观上的、学理上的含义，而完全忽视了其具体的、历史的意向性。

比如，近几十年来西方盛行的后现代主义思潮对其滥觞于启蒙时期的现代性观念进行了全面的批判和反思。当代中国的一些学者也完全撇开中国社会的具体的、历史的情景，亦步亦趋地追随这一思潮。殊不知，在当代中国的语境下，我们正在追求的正是现代性的观念体系。连现代性的观念都未普遍地被接受，又何言"后现代主义"？当然，后现代主义思潮在一定程度上能够启发我们对现代性的观念做出必要的修正，但如果把后现代主义理解为对现代性观念的全盘否定，那就等于把小孩和洗澡水一起倒掉了。总之，我们决不能形式主义地照搬西方人的哲学

---

① ［德］黑格尔：《小逻辑》，贺麟译，商务印书馆1980年版，第118—119页。

观念，必须从自己的具体的历史情景出发，对这些观念在中国语境中的有效性做出合理的说明。

三、研究方法上的形式主义倾向

不管一个研究者自己是否意识到，他总是运用一定的研究方法从事自己的研究活动的。在形式主义蔓延之处，研究方法也会不可避免地被形式化。事实上，无论是当今的哲学研究，还是比较哲学的研究，都充斥着形式主义的现象。

在哲学研究中，历史主义的泛滥就是一个明证。当今中国哲学界出版的大部分哲学著作都可以被视为历史主义的杰作。翻开这些著作，至少有四分之三或更大的篇幅是发生学意义上的研究，即对所研究的哲学问题的历史进行无休止的回溯，而真正体现思想创新的逻辑结论却难以找到。也就是说，研究者们的普遍兴趣并不是对自己所研究的哲学问题提出新的见解，他们只是满足于对所研究的哲学问题的历史的追溯。要言之，对问题历史的随心所欲的描述取代了对问题本身的艰苦深入的思考。实际上，研究者真正感兴趣的不是哲学研究，而仅仅是这种研究的外观和形式。这就像克尔凯郭尔笔下的第欧根尼：当第欧根尼所在的科林斯城受到马其顿国王菲利浦的围困，居民们积极地起来进行防御时，"第欧根尼看到这一切，赶忙把斗篷裹在身上，并开始沿着城中的街道起劲地来回滚动他的木桶，免得成为如此众多勤勉市民之中唯一游手好闲的人"①。

在这种历史主义的研究方法中，蕴含着对历史起点、历史过程和历史知识的无限的崇拜。研究者们的大脑里装满了未消化的历史知识的石块，正如尼采所嘲讽的："因为我们现代人自身内毫无所有；我们只由

---

① ［丹麦］克尔恺郭尔：《哲学寓言集》，杨玉功编译，商务印书馆 2000 年版，第 7 页。

于使我们填满了，并且过分地填满了陌生的时代、风格、艺术、哲学、宗教、认识，而成为一些值得注意的东西，就是成为走动的百科全书，一个误入我们时代里的古希腊人也许将要这样称呼我们。"①事实上，只要一个哲学研究者成了尼采笔下的"走动的百科全书"，那么他对任何哲学问题的研究都将被形式化，即成为单纯的历史主义的语言游戏。

在比较哲学的研究中，普遍存在的"无政府主义状态"就是形式主义泛滥的一个明证。本来，比较哲学的研究对研究者的知识结构提出了更高的要求，它要求研究者要精通两个以上的不同的研究领域，然后才可以言比较。但实际情况却表明，往往是对任何一个研究领域都不甚了了的人，在比较哲学研究的领域里表现得最活跃。在工厂里，一个学徒要成为师傅，还得经过三年的学习期。然而，在比较哲学研究的领域里，任何人似乎都有权发表自己的见解，有权创造"不清楚＋不清楚＝清楚"的神话。

进入这个研究领域的人，常常任意地从不同的哲学文化传统中抽取出不同的对象进行比较，如朱熹与黑格尔、海德格尔与老子、德里达与庄子等。在比较研究中，他们注重的只是"形似"，即被比较对象在形式上、外观上、学理上的相似之处，而不是"神似"，即被比较对象在内在精神上是否相似。比如，从外观上看，朱熹的"理"和黑格尔的"绝对精神"非常相似，且从学理上看，两位哲学家又都是客观唯心主义者。但从深层精神上来分析，朱熹的"理"蕴含着对中国传统社会的"君臣父子"的等级关系的认可，而黑格尔的"绝对精神"则体现了西方的启蒙精神，即追求平等、自由、民主、理性的精神。也就是说，从深层精神上看，朱熹和黑格尔的思想之间存在着重大的差异。同样地，海德格尔与老子在对"道"的本质的理解上，德里达与庄子在对"自由"的深层含义的理解上都存在着根本性的差异。这些差异是与他们各自生活于其中的历史时代的不同的精神状况相关联的。

---

① ［德］尼采：《历史对于人生的利弊》，姚可昆译，商务印书馆1998年版，第25页。

事实上，比较哲学研究要走出这种由任意性主宰的"无政府主义状态"，真正上升为一门科学，就要抵御形式主义思想病毒的侵入，对比较哲学研究的前提、价值预设、时间观念、概念的学理上的含义和历史上的含义等问题进行深入的研究。

四、对哲学怀有真诚的敬畏之心

众所周知，在形式主义倾向泛滥之处，哲学研究至多只能造成外观上的繁荣，就像克雷洛夫笔下的"磨光的金币"。哲学研究要走向真正的繁荣，必须拒斥种种形式主义的现象。

首先，要确立对哲学真理的真正的敬畏之心。在市场经济的支配下，人们谈论得最多的是"价值"和"利益"，而"真理"这个词似乎完全被遗忘了。这从一个侧面反映出人们过去对真理的追求是多么漫不经心。只要读过两本哲学导论，人们就自以为有资格来谈论哲学了；而从未读过哲学书的人们则奢谈所谓"哲理"。殊不知，高深的哲理岂是凡夫俗子有资格谈论的。在我们看来，哲学从来就不是一切人的事业，而只能是少数人的事业。只有对哲学的真理怀着真正的敬畏之心的人，才不会以形式主义的方式去研究哲学。

其次，要坚持哲学论著中思想性和学术性的统一。毋庸讳言，缺乏学术根基的思想性是站不住脚的；反之，缺乏思想创新的单纯的学术研究也只有在非常有限的研究对象上才是有意义的。尤其在哲学研究中，思想创新乃是灵魂。事实上，也只有抓住这一点，对学术规范的倡导才不会流于形式。否则，完全可能出现的情况是：一篇哲学论文在形式上非常完整，它的"关键词""内容提要""文章编号""收稿日期""作者简介""参考书目"等一应俱全，但唯一欠缺的是思想或灵魂。这样的作品和纯粹形式化的所谓"学术规范"能够造成哲学的真正繁荣吗？我们的回答是否定的。

再次，要注重对研究对象的具体的历史特征的反思和把握。须知，一般说来，哲学家使用的重要概念（如"人""人性""人的本质""精神""物质""存在""道""理"等）都具有两方面的含义：一方面是抽象的学理上的含义，即抽去不同的文化背景和历史特征都可以谈论；另一方面是具体的、历史性的含义，即生活在一定的文化传统背景和历史时期的哲学家总是自觉地或不自觉地赋予这样的概念以具体的、特定的含义。如果说第一方面的含义是形式化的，那么第二方面的含义则是实质性的。然而，以往的哲学研究总是停留在第一方面的含义上，而没有深入第二方面的含义中去。当然，要深入第二方面的含义中去，诉诸历史主义的方法是不行的。重要的是研究者要确立正确的历史意识。历史主义信奉的格言是：只有懂得过去，才能理解现在；而历史意识信奉的格言则是：只有理解现在，才能研究过去。这就告诉我们：在进行研究活动时，不要急急忙忙地扑向对象，也不要急急忙忙地去回溯历史，重要的是先行地反思自己和研究对象的历史性，反思研究活动所涉及的基本概念的历史性，从而带着正确的先入之见进入研究活动，以避免研究活动的形式化。

充分认识哲学社会科学的地位和作用①

在建设中国特色社会主义的历史进程中，我们越来越深刻地认识到，哲学社会科学具有不可替代的作用，进一步繁荣发展哲学社会科学乃是理论工作者在今后很长一个时期面临的伟大的历史使命。毋庸讳言，我们党历来高度重视哲学社会科学，事实上，无论是在新民主主义革命时期，还是在社会主义建设时期，哲学社会科学都发挥过极为重要的作用。而在当今时代，在中国社会从计划经济模式向市场经济模式转型的过程中，哲学社会科学的巨大作用比任何其他时期都显得更为突出。然而，与时代和事业发展的客观要求相比，哲学社会科学的重要战略地位在实际生活中还没有受到普遍的重视，哲学社会科学理论创新的环境也亟须得到进一步的改善，理论队伍的建设，尤其是中青年人才的培养也相对滞后。因此，我们一定要从党和国家事业发展的全局高度出发，把繁荣发展哲学社会科学作为一项重大而紧迫的战略任务，切实抓紧抓好，以推动中国特色社会主义沿着健康的轨道向前发展。不

① 原载《深圳特区报》2001 年 8 月 12 日；《江南论坛》2001 年第 9 期，第 1 页。以"哲学社会科学的意义世界"为题，收录于俞吾金著：《哲学随感录》，北京师范大学出版社2016 年版，第 37—42 页。——编者注

用说，理论工作者要增强自己的责任感和使命感，就要充分认识哲学社会科学在建设中国特色社会主义过程中的伟大的历史意义和作用。

一、认识、改造自然环境的重要工具

人们通常认为，认识自然环境和改造自然环境乃是自然科学的事。诚然，我们也承认，通过观察和实验的方法发现自然界的规律，从而促使人们以遵循自然规律的方式去改造自然界，是自然科学的基本任务。然而，由于自然科学涉及的主要是"事实"（fact），而哲学社会科学涉及的则主要是"价值"（value），所以没有后者的共同参与，单纯的自然科学不但不能引导人们合理地认识并改造自然界，反而会导致人类与自然界关系的严重恶化。在这个意义上可以说，哲学社会科学乃是人们认识自然环境、改造自然环境的不可或缺的工具。

一方面，哲学社会科学要求人们正确地理解人与自然界的关系。如果说，在古代社会中，由于人们还无法理解并解释各种自然现象，因而产生了对自然的崇拜的话，那么，从近代以降，人们凭借自然科学的研究成果以征服自然，自然已经下降为人们拷问和索取的对象。然而，使当代人感到极度震惊的是，人们对自然的征服也导致了自然对人们的报复，生态危机已经严重地威胁到人类自身的生存。当代哲学社会科学已经普遍地意识到，要阻止生态危机的进一步演化，就必须遏制科学主义的蔓延，弘扬人文主义精神，强调人类只是自然界的守护者而非征服者！另一方面，哲学社会科学也要求我们正确地理解现代科学技术与人类及自然环境之间的关系。正如德国哲学家海德格尔所指出的，现代技术并不是一种中性的东西，它是使当代人控制自然界，使一部分人控制另一部分人的消极的力量。只有充分地意识到现代技术的这种消极的作用，我们才会在发展现代技术的同时，努力遏制它可能导致的自然生态环境的破坏和人性的异化，从而在实践中保持自己的清醒头脑，不被它牵着鼻子走。

二、理解、变革人类社会的理论武器

众所周知，哲学社会科学也是我们理解人类社会发展规律，并对其进行革命性变革的根本性的理论武器。乍看起来，人类社会的发展似乎是无序的、充满偶然性的，然而，哲学社会科学的理论，特别是马克思所创立的历史唯物主义理论深刻地揭示出人类社会发展的下述规律："社会的物质生产力发展到一定阶段，便同它们一直在其中运动的现存生产关系或财产关系（这只是生产关系的法律用语）发生矛盾。于是这些关系便由生产力的发展形式变成生产力的桎梏。那时社会革命的时代就到来了。随着经济基础的变更，全部庞大的上层建筑也或慢或快地发生变革。"[1]正是马克思的历史唯物主义理论使整个哲学社会科学的领域发生了划时代的革命，并使之奠立在科学的基础上。在理解、变革人类社会的历史进程中，哲学社会科学的作用尤其表现在以下两个方面：

一方面，正如哲学社会科学，特别是经济学的理论告诉我们的那样，经济生活和经济关系构成了人类社会的基础。在马克思墓前的演说中，恩格斯曾经指出："……马克思发现了人类历史的发展规律，即历来为繁芜丛杂的意识形态所掩盖着的一个简单事实：人们首先必须吃、喝、住、穿，然后才能从事政治、科学、艺术、宗教等等。"[2]这一颠扑不破的真理启示我们，作为发展中的社会主义国家，必须始终把经济建设作为中心工作来抓。事实上，我们党始终把发展社会生产力理解为社会主义的根本任务，并把自己理解为代表先进生产力发展要求的中坚力量。邓小平关于"发展就是硬道理"的著名论断的宗旨就是要用发展的方

---

① 《马克思恩格斯选集》第2卷，人民出版社1995年版，第32—33页。
② 《马克思恩格斯选集》第3卷，人民出版社1995年版，第776页。

式来解决前进中出现的各种问题。总之，正是哲学社会科学，特别是经济学研究方面的成果启示我们，要提高中国的综合国力，就必须聚精会神地从事经济建设工作，丝毫也不能懈怠；同时，也要对一切不适合于社会主义市场经济发展的经济体制和其他方面的制度进行改革。另一方面，正如哲学社会科学，尤其是政治学的理论一再启示我们的那样，政治是经济的集中表现。经济生活中不同利益的冲突和调整必然会反映到政治生活中来，形成政治上的不同的见解。对这些不同的见解采取鸵鸟政策是不行的。在加强社会主义经济建设的同时，我们还必须努力发展社会主义民主政治，建设社会主义政治文明。历史和实践一再表明，我们不但要深刻地认识到，没有民主，就没有社会主义，从而努力健全民主制度，丰富民主形式，扩大公民的政治参与；也要积极改革和完善党的领导方式和执政方式，从而充分调动人民群众的创造性，尽快实现全面建成小康社会的奋斗目标。

三、培育、提高国民素质的思想酵素

毫无疑问，哲学社会科学在全面地培育、提高我国的国民素质方面也发挥着根本性的作用。如果说，自然科学的主要研究目标是发现自然现象中的规律，从而指导人们对自然界进行改造的话，那么，哲学社会科学的主要研究目标则是发现社会发展的规律，并制定出相应的"法律"（law）、"规范"（norms）和"规则"（rules）来对人们的行为方式进行约束。在从计划经济的模式向市场经济的模式转型的社会过程中，由于相应的"法律""规范"和"规则"没有及时地被制定出来，所以引起了人们行为的失范，如贪污腐败、制假售假、走私贩毒、欺骗勒索等，而哲学社会科学的任务之一就是制定相应的"法律""规范"和"规则"，从而确保社会主义市场经济沿着健康的轨道向前发展。在这里，培育、提高国民素质特别涉及以下两方面的工作：

一方面，在哲学社会科学，尤其是法学的指导下，应该努力确立起普遍的法权人格。我们这里说的"法权人格"也就是自觉地处于与法律认同的精神状态中，不但具有严格的法律意识，而且处处按照法律来约束自己的行为。事实上，没有这种普遍的法权人格作为基础，不但"依法治国"的口号落不到实处，而且社会主义的市场经济也无法健康地进行运作。另一方面，在哲学社会科学，尤其是伦理学的指导下，也应该努力确立起普遍的道德实践主体。众所周知，道德是分层的，至少存在着社会公德、家庭道德、职业道德、管理者道德等不同的道德层次。我们这里说的"道德实践主体"也就是自觉地用比较高尚的或高尚的道德理念来约束自己的行为。显然，没有普遍的道德实践主体的确立，不但"以德治国"的口号难以贯彻到现实生活中，而且社会主义精神文明的建设也会蹈于空谈。

四、传承、弘扬民族精神的根本载体

马克思曾经说过，"人民最精致、最珍贵和看不见的精髓都集中在哲学思想里"①，而"任何真正的哲学都是自己时代精神的精华"②。也就是说，哲学社会科学还负有传承、重塑和弘扬民族精神的伟大历史使命。人所共知，民族精神是一个民族赖以生存和发展，并自立于世界民族之林的精神支柱。中华民族在其悠久的历史发展进程中形成了勤劳勇敢、自强不息、热爱和平等伟大的民族精神。这一精神与我们党领导人民在长期革命、建设和改革开放中形成的优良传统相结合，形成了中华民族生生不息、发展壮大的强大精神动力。当代理论工作者面临着的一个重大的课题是：如何使哲学社会科学成为传承、重塑和弘扬民族精神

---

① 《马克思恩格斯全集》第 1 卷，人民出版社 1956 年版，第 120 页。
② 同上书，第 121 页。

的根本载体？

一方面，哲学社会科学要认真地吸纳国外一切有价值的思想文化遗产，尤其是马克思主义的文化，熔铸百家，自出机杼，始终本着开放的心态来更新自己的民族精神，从而使之不流于僵化或萎缩。另一方面，中国的哲学社会科学工作者又不能妄自菲薄，而应该站在当今的历史高度上，运用马克思的历史唯物主义的理论，认真地研究中华民族的思想传统，批判地继承其一切合理的因素，以便使我们的民族精神始终正道直行，保持其旺盛的生命力。

综上所述，繁荣发展哲学社会科学乃是建设中国特色社会主义的一项重大任务，也是我们理论工作者义不容辞的历史责任。让我们共同努力吧！

2004年

哲学：刨根究底的思索[①]

——《散沙集》自序

　　我们十分遗憾地发现，在哲学研究这个最倡导思索和怀疑的领域里，迷信和盲从丝毫不亚于其他学科领域。比如，古希腊哲学家亚里士多德说过的一句名言——哲学源于对自然万物的惊异——就常常是其他第一流的哲学家引证的警句。其实，这句名言不但没有说出真正有价值的东西，反而磨平了哲学思维不同于其他学科思维的那种特异性。

　　明眼人一看就知道，又有哪门学科不是起源于对自然万物的惊异呢？然而，哲学与其他实证科学不同的地方恰恰在于，它不仅在观察自然万物中直接地产生惊异的感受，更重要的是，它也在反思中对自己和其他实证科学惊异于自然万物的原因感到惊异。也就是说，它不是停留在"惊异"中，而是停留在"对惊异的惊异"中，这正是哲学思维的特异性之所在，即就其本质的含义而言，哲学思维主要不是在感性观察中展开的，而

---

　　① 原载《云南大学学报（社会科学版）》2004 年第 3 期第 3—7＋94 页。收录于俞吾金：《散沙集》，人民出版社 2004 年版；俞吾金：《俞吾金讲演录——时代的哲学沉思》，长春出版社 2011 年版，第 30—39 页；俞吾金：《哲学随感录》，北京师范大学出版社 2016 年版，前言。——编者注

是在理性的反思中进行的。假如古代人对各种天文现象普遍地感到惊异，那么哲学研究者的使命并不是重复地说出这种惊异感，他们真正的惊异对象应该是：为什么古代人会普遍地对各种天文现象发生兴趣？在反思中，他们意识到，古代人的生存在很大的程度上依赖于自然环境和气候的变化，而自然环境和气候的变化又与各种天文现象有关。这种反思表明，古代人之所以对各种天文现象普遍地感到惊异，主要是他们的生存关切所导致的。

正是这种注重反思的特异性决定了哲学思维与其他学科思维之间的根本性差异。要言之，哲学思维乃是一种刨根究底式的思维，它的主要反思对象乃是人类理性的各种创造物。就它的运思方式而言，它具有以下五个重要的特征：

一是对研究对象的理论预设的检讨。

众所周知，任何一个理论体系，甚至任何一种信念都有自己的理论预设。所谓"理论预设"，也就是前提性的、基础性的东西，它是任何一个理论体系或任何一种信念得以成立的条件。在通常的情况下，人们的思索总是在他们所未曾自觉地反思过的"理论预设"的基础上展开的。换言之，只有在理论预设本身是无懈可击的情况下，在它的基础上引申出来的理论体系或信念才是站得住脚的。然而，实际上，许多理论体系或信念所赖以为基础的"理论预设"往往是靠不住的。正如维特根斯坦所说："有牢靠基础的信念的基础是没有基础的信念。"①哥德尔的不完全定理也启示我们，任何一个公理系统都是不完全的，都在其自身之外拥有一些未曾言明的前提，关键是这些前提是否具有合法性。与其他实证科学的运思方式不同，哲学反思的重点并不落在作为研究对象的理论体系或信念所牵涉的具体问题上，而是落到它们赖以存在的"理论预设"上。一旦哲学研究者证明这个"理论预设"是靠不住的，那么，在它的基

① M. Munitz, *Contemporary Analytic Philosophy*, New York: Macmillan Publishing Co., INC, p. 333.

础上引申出来的理论体系或信念也就不攻自破了，在最好的情况下，它们也必须做出相应的修正。

比如，当一位学者，如一位新康德主义者，随口说出自己的信念——"我确信，历史上的一切都是偶然的"——时，这一信念必定蕴含着如下的"理论预设"，即在历史上存在着某种必然性的东西。有人也许会提出这样的反驳：既然这位学者确信历史上的一切都是偶然的，他又怎么可能把历史上存在着某种必然性的东西作为自己的"理论预设"呢？但实际情形恰恰就是这样。事实上，当这位学者断定"历史上的一切都是偶然的"时，他所做的这一全称肯定判断已经把"偶然"必然化了。既然"历史上的一切都是偶然的"，那么偶然就成了绝对的、必然性的东西。所以，这位学者的初始动机也许是要强调偶然性在历史上的重大作用，但他做梦也没有想到，他的信念所赖以成立的"理论预设"却和他希望表达的意思正好相反。

在某种意义上可以说，哲学运思的深刻之处就是直奔研究对象的"理论预设"，所以它常常可以在片刻之际把一个理论体系或一种信念拆解为一片废墟。人们常常把哲学误解为一门高高在上的学问，实际上，它从来不在高处，相反，是在最低处。它是通过自己的批判性思维为一切实证科学、理论体系或信念奠定基础的。它的主要功能不是泛泛地指导人们如何进行思维，而是具体地引导人们如何把自己的思维奠基于可靠的"理论预设"之上。

二是对研究对象自身融贯性的探索。

在通常的情况下，人们对任何一个理论体系或信念的叙述，总是通过一组语句或话语来进行的。这些语句或话语之间是相互融贯的，还是相互矛盾的，这是我们判断任何一个理论体系或信念是否有价值的一个重要标志。文德尔班就把"形式逻辑的一贯性"理解为对哲学史上任何一个哲学家的思想进行探讨的一个基本的"原则"。他这样写道："每个哲学家都习惯于自己一整套观念；他的思维总脱离不了这些观念，而且在发展的过程中总受到心理必然性的限制。批判的研究必须确定：他有多大可能让他思维的各不相同要素相互协调。"①文德尔班把这样的哲学研究方式称之为"内在批判"或"形式批判"。也就是说，不注重对研究对象中的单个语句或话语含义的研究，而是注重对不同的语句或话语在含义上的差异，甚至矛盾进行反思。

比如，历来的研究者很少注意孟子学说，尤其是他的人性理论在形式逻辑上的不融贯性。我在以往的研究中曾经指出，他的人性理论具有三个自相矛盾之处。②矛盾之一：孟子说："人性之善也，犹水之就下也。"③意思是：人性之善和人在其行为上向善乃是自然而然的事情，其蕴含着的另一层含义是：作恶反倒是违反人的自然本性的。然而，既然人就其自然本性而言是善的或向善的，为什么孟子不像道家那样主张"道法自然"，还要喋喋不休地去谈论所谓"教"的作用呢？矛盾之二：孟子说："人之所以异于禽兽者几希。"④在另一处，他又说："人之有道也，饱食暖衣，逸居而无教，则近于禽兽。"⑤根据前面一句话，既然人性本善，而"人之所以异于禽兽者几希"，则可推论出：禽兽的本性也是善的；然而，按照后一句话，如果人"逸居而无教，则近于禽兽"，在这里似乎又假定人和禽兽的本性都是恶的，只有"教"，即教化才能使人远离恶而趋于善。矛盾之三：一方面，孟子说："恻隐之心，人皆有之；羞恶之心，人皆有之；恭敬之心，人皆有之；是非之心，人皆有之。"⑥另一方面，他又强调："无恻隐之心，非人也；无羞恶之心，非人也；无辞让之心，非人也；无是非之心，非人也。"⑦既然"四心"是"人皆有之"，那就不可能存在"四心"匮乏的"非人"。反之，如果存在着"四心"匮乏的"非人"，那么，"四心"就绝不可能"人皆有之"。

---

① ［德］文德尔班：《哲学史教程》上卷，罗达仁译，商务印书馆1997年版，第29页。
② 参见拙著《实践诠释学》，云南人民出版社2001年版，第391—410页。
③ 《孟子·告子上》。
④ 《孟子·离娄下》。
⑤ 《孟子·滕文公上》。
⑥ 《孟子·告子上》。
⑦ 《孟子·公孙丑上》。

由于中国传统思想文化语境缺乏形式逻辑的背景，所以其哲学思维也不注重对研究对象的逻辑融贯性的探索。在这个意义上可以说，要提升中国人的哲学思维，就需要对任何一个理论体系或信念的内在融贯性进行认真的探索。平心而论，在这方面，金岳霖、沈有鼎、牟宗三等先生做出了很有价值的探讨，然而，遗憾的是，他们的思想遗产并没有引起我们足够的重视。

　　三是对以往研究者视角的转换。

　　如果说，我们上面谈到的两点都与研究对象有关，那么，这第三点主要是就研究者的主观方面而言的。事实上，当一个哲学家对其研究对象进行思考时，他是无法回避前人和同时代人先于他而对同一个对象所做出的各种研究结论的。他如何在对同一个对象的研究中做出不同于前人和同时代人的创造性的思考，这在相当的程度上取决于他在视角或切入点上是否做出了创造性的调整或转换。

　　海德格尔在《尼采》一书中这样写道："在《快乐的科学》第二版(1887年)中，尼采写道：'我们不能绕过我们的角落环视四周(第374节)。'在这里，人被把握和称呼为'角落站立者'。尼采借此清楚地道出了那种把一般可理解的一切事物都纳入由某个角落规定的视野的做法，亦即对一切事物的人化，并且承认它是对每一个思想步骤都不可避免的。"①按照尼采和海德格尔的看法，人总是从一定的视角或立场出发去观察和思考问题的，在这个意义上，所谓"客观地进行观察"或"立场中立"云云，实际上是不可能的。某些问题之所以被发现并被提了出来，是因为人们自

---

　　①　[德]马丁·海德格尔：《尼采》上卷，孙周兴译，商务印书馆2002年版，第368—369页。当然，肯定视角的作用并不只是尼采和海德格尔的见解，它在当代西方哲学中几乎可以说是一种共识。比如，希尔贝克在其哲学史著作中指出："一部哲学史著作总是带着作者的学术视角、背景知识、研究领域和文化取向的印迹。因此，每一种历史叙述都代表了先前思想的一个视角。不可避免地，人们会强调历史的多样性当中自己觉得相关的、重要的东西。没有人有能力通过中立的眼镜来阅读马基雅维利、马克思和海德格尔。"参见[挪威]奎纳尔·希尔贝克、尼尔斯·吉列尔：《西方哲学史》，童世骏等译，上海译文出版社2016年版，第4页。

觉地或不自觉地先行地进入了蕴含着这些问题的某个视角中。假如人们改变了观察或思考问题的视角，那情形又会如何呢？维特根斯坦告诉我们："一旦新的思考方式被建立起来，各种老的问题就会自行消失；确实，它们变得无法恢复了。因为它们与我们表达自己想法的方式是一起发展的，如果我们像披上新服装一样采纳了新的表达方式，各种老的问题就会连同旧服装一起被抛弃。"①

也就是说，我们不必像科学哲学家卡尔·波普尔或新黑格尔主义者克洛纳一样，过度地强调问题意识的重要性，事实上，比问题意识更为根本的乃是人们观察和思考问题的视角。问题始终是以视角为基础的，或者换一种说法，要意识到某些问题，就必须先行地进入能唤起这些问题的某个视角中。人们通常说的"视而不见"应该做如下的理解，即如果人们没有采纳某个视角，那么他们就不可能见到唯有从这个视角出发才能见到的问题。

既然人们不可能以无视角的或立场中立的方式去观察并思考问题，那么他们又如何去超越前人或同时代人呢？这里的差异在于，通常的研究者是以自发的或不自觉的方式置身于某个视角之中的，而原创性的研究者则在从事任何研究活动之前，都会自觉地对前人、同时代人和自己已然接受的视角进行批判性的反思。一旦他在这种批判性的反思中修正、调整，甚至转换了自己观察和思考问题的视角，他的思维就可能成功地挣脱老问题系列的纠缠，而对同一个研究对象做出与前人和同时代人完全不同的、创造性的阐释。

比如，人们通常把康德的《纯粹理性批判》理解为知识论上的"哥白尼革命"，换言之，人们通常是从知识论研究的视角出发去理解这部伟大著作的历史作用的。然而，海德格尔在考察这部著作时，却力图从本体论研究的新视角出发，对它的历史作用做出新的评价。他写道："《纯

---

① L. Wittgenstein, *Culture and Value*, trans. P. Winch, Chicago: The University of Chicago Press, 1984, p. 48e.

粹理性批判》与‘知识论'毫无关系。"①它关涉的是本体论问题，而不是知识论问题，而康德提出的"先天综合判断何以可能?"的问题也不是知识论问题，而是本体论的可能性的问题。在海德格尔看来，必须从本体论出发重新评价康德的"哥白尼革命"："这是对'哥白尼革命'的意义的正确的解释。通过这一革命，康德把本体论问题推到最显著的地位上。"②

从这里我们可以看出，在创造性的哲学思维中，视角转换起着十分重要的作用，然而，视角转换并不是随心所欲的，它基于研究者对哲学本身的原创性理解，也基于研究者清醒的、有效的批判意识和反思意识。

四是对研究对象的范围和研究者的有限性的考察。

我们知道，任何一个理论体系或信念都蕴含着特定的方法论维度，而这一维度在一定的范围内才是合理的和有效的。然而，任何一个理论体系或信念在其形成和发展的过程中，就其自然本性而言，必定会把只适合于一定范围的方法论扩展到对一切现象的理解和解释上。这样做的结果必定会使某一理论体系或信念超出自己可能适合的范围，成为荒谬绝伦的东西。哲学的反思常常聚焦在这样的点上，即研究对象所蕴含的方法论是否力图把自己所从属的理论体系或信念推广到自己所能适合的范围之外，换言之，研究对象是否在追求一种普适性的解释权。比如，弗洛伊德的心理分析方法在一定的范围内是卓有成效的，然而，当晚年弗洛伊德和他的一些弟子试图把这种方法引入对一切社会文化现象的解释时，就难免引申出一些牵强附会的结论来。

与此同时，作为哲学研究者，我们也必须清醒地意识到，我们是有限的存在物，我们不但在生存能力上是有限的，而且在认识能力上也是有限的。只有深刻地反思并体认自己的有限性，才能获得第一流的批判

---

① M. Heidegger，*Kant and Metaphysical Problem*，Bloomington：Indiana University Press，1962，p. 21.

② Ibid.，p. 22.

意识。比如，康德认为，传统形而上学的许多理论体系都是在知性范畴的超验运用中形成起来的。这充分表明，传统的形而上学家对知性的有限性缺乏基本的认识。康德通过对纯粹理性的批判证明，知性范畴只能在经验的范围内被使用，一旦理性把它们使用到超验的对象——物自体上，就会导致种种虚假的形而上学问题的产生，因为超验的物自体是不可知的。

从上面的论述可以看出，对研究对象的范围和研究主体的有限性的自觉意识，在哲学反思中始终是最活跃的因素之一。

五是对研究者和研究对象之间的媒介物的思索。

如前所述，当我们把哲学思索的主要对象理解为理论体系和信念的时候，语言就成了研究者和研究对象之间的基本媒介物。当然，语言的使用必须符合语法与逻辑，但我们也可以把语法和逻辑看作蕴含在语言中的因素。在哲学史研究中，我们越往前追溯，就越发现，古代的大多数研究者对语言这一媒介物抱着一种天真的信赖。当然，怀疑者也是存在的。比如，据塞克斯都·恩披里克的记载，高尔吉亚在《论非存在或论自然》一书中就提出过三项原则："第一个是：无物存在；第二个是：如果有某物存在，这个东西也是人无法认识的；第三个是：即使这个东西可以被认识，也无法把它说出来告诉别人。"①其中第三个原则就涉及语言、表达及其可理解性的问题。

在 20 世纪哲学的发展进程中，出现了罗蒂所说的"语言学转向"，语言问题得到了前所未有的重视，甚至它不再单纯地被理解为研究者和研究对象之间的媒介物，而是被理解为基础性的存在物。事实上，维特根斯坦在其早期著作《逻辑哲学论》中早已告诉我们：

> 4.003 ……哲学家们的大多数问题和命题根源于这一事实，即

---

① 北京大学哲学系外国哲学史教研室编译：《古希腊罗马哲学》，生活·读书·新知三联书店 1957 年版，第 138 页。

我们不理解语言的逻辑。

4.0031 全部哲学就是"语言批判"(Sprachkritik)(当然不是毛特纳意义上的)。……①

5.6 我的语言的界限意味着我的世界的界限。②

在这些言简意赅的论述中，语言已经被放到哲学思索的核心位置上，维特根斯坦甚至已经把哲学理解为"语言批判"。虽然后期维特根斯坦的思想发生了重大的变化，但他对问题的倚重却一如既往，他在《哲学研究》中写道：

> 203 语言是由许多路构成的一座迷宫。当你从一边进来时，你知道该怎么走；而当你从另一边来到同一个地方时，就不知道该怎么走了。③
>
> 124 哲学不可能干预语言的实际运用，它最终只能描述它的实际运用。④

如果说，早期维特根斯坦还试图按照图像理论来建立一种严密的理想语言，并把哲学理解为"语言批判"的话，那么，晚期维特根斯坦已经放弃了这样的奢望，强调哲学既不可能创造一种理想语言，也不可能为日常语言提供基础，甚至也不可能去干涉日常语言的实际运用，而至多只能对它的实际运用进行描述。与维特根斯坦同时代的海德格尔也高度重视语言问题，在与日本东京大学家富雄教授的一次谈话中，海德格尔表示："早些时候我曾经十分笨拙地把语言称为存在之家(das Haus des

---

① L. Wittgenstein, *Tractatus Logico-Philosophicus*, London：Routledge &Kegan Paul LTD, 1922, p. 63.

② Ibid. , p. 149.

③ L. Wittgenstein, *Philosophical Investigations*, trans. G. E. M. Anscombe, Oxford：Blackwell and Mott, 1963, p. 82.

④ Ibid. , p. 49.

Seins）。如若人是通过他的语言才栖居在存在之要求（Anspruch）中，那么，我们欧洲人也许就栖居在与东亚人完全不同的一个家中。"①把语言理解为"存在之家"，强调人之言说要服从于语言本身的言说，构成海德格尔思想中的一个重要的维度。我们知道，以新实用主义者自居的罗蒂，追随戴维森的思路，甚至干脆否认了语言的媒介作用，强调语言完全是偶然的，从而进一步给语言问题披上了神秘主义的面纱，这就为哲学的探索提供了新的动力。总之，哲学思维乃是一种刨根究底式的思维，也许这正是它的魅力之所在。

我之所以把这本思想随笔命名为《散沙集》，因为其中的论文或文章并没有围绕一个主题而展开，而是以弥散的方式涉及许多不同的主题，而这些主题又够不上利奥塔批评的所谓"宏大叙事"（grand narrative），它们至多是一些有感而发式的"细小叙事"（petty narrative）。必须指出的是，我在这里援引利奥塔的术语，并不等于我无条件地赞成它们。按照我的看法，无论是在现代性的语境中，还是在后现代性的语境中，"宏大叙事"和"细小叙事"都不应该被简单地割裂开来并对立起来。实际上，它们总是并存着的。比如，在后现代性的语境中，难道我们能够抹去"珍惜生命""尊重人权""热爱自由""保护生态环境""反对恐怖主义"这类"宏大叙事"吗？真正地说来，我们只能改变"宏大叙事"和"细小叙事"的内涵及其结构关系，却无法把一切"宏大叙事"从我们的生活和思想中抹去。我们完全有把握这样说，在任何社会形态中，以"共在"（Mitsein）的方式生存着的人类都需要"宏大叙事"，以便在某些方面达成共识，从而使自己的生存和发展成为可能。何况，正像"上"和"下"这两个术语唯有共同存在时，其中每一个术语才能获得自己的意义一样，"大"和"小"这两个术语的关系同样如此。当利奥塔试图否定任何"宏大叙事"的存在权利时，实际上他走到了自己愿望的反面，即他同时也否定了"细小叙事"

---

① 孙周兴选编：《海德格尔选集》（下），生活·读书·新知上海三联书店 1996 年版，第 1008—1009 页。

的存在权利。

在这本文集的诸多细小叙事中，既有对理论问题的思索，又有对现实事件的关注；既有对文化病症的诊断，又有对时代趣味的辨析；既有对学术规范的探索，又有对文学创作的尝试。希望读者怀着足够宽容的心态与这些"散"而"细小"的东西相遇。事实上，在春天的百花园里，既要有姹紫嫣红的花朵，又要有默默无闻的小草，正如泰戈尔所说的：

　　小草呀，你的足步虽小，但是你拥有你足下的土地。①

---

　　① ［印度］泰戈尔：《飞鸟集》，郑振铎译，上海译文出版社1981年版，第11页。

2005年

哲学的困惑和魅力①

中国人常说："水至清则无鱼。"如果我们见到一泓清澈的泉水，我们也许会喜欢它，但不久以后，就会陷入审美疲劳。因为它显得过于清澈、过于单纯，以至于我们的想象力无法施展开来。与此不同的是，哲学却如一个深渊，谁也看不清，想不透。有趣的是，它留下的困惑越多，它彰显出来的魅力就越大。

一、哲学：永无休止的追问

众所周知，古希腊哲学家亚里士多德在《形而上学》中曾经说过，哲学起源于对外部世界的惊奇。这句名言为以后的许多哲学家和哲学史家所引证，用以解释哲学的起源。但在我看来，这句名言似乎没有多大的意义。为什么？因为我们也可以说，所有的科学都起源于对外部世界的惊奇。所以，当亚里士多德说，哲学起源于对外部

---

① 此文为作者 2004 年 10 月于复旦大学所做学术讲座，题为"哲学的困惑与魅力"；2009 年 11 月 18 日于广州大学行政西楼多功能报告厅做学术讲座，题为"哲学的困惑与魅力"；载《文汇报》，2005 年 1 月 2 日。收录于《新华文摘》杂志社编：《新华文摘精华本·哲学卷》，人民出版社 2009 年版。收录于俞吾金：《俞吾金讲演录》，长春出版社 2011 年版，第 1—17 页。——编者注

世界的惊奇时，并没有说出什么新的东西，因为当时亚里士多德区分了两种科学：一种叫 the first science，即第一科学或哲学，指的是研究"存在者之为存在者"（being qua being）的这个部分；还有一种叫 the second science，即第二科学，也就是 physics，即物理学，但当时"物理学"的概念相当于现在"自然科学"的概念，是一切以自然为研究对象的实证科学的总称。也就是说，亚里士多德把哲学和物理学区分开来了。其实，我们也完全可以说，物理学起源于对外部世界的惊奇。由此可见，亚里士多德的这句名言——哲学起源于对外部世界的惊奇——并没有提供任何实质性的新见解，人们夸大它的意义只能表明他们自己缺乏批判性的眼光。

按照我的看法，哲学应该起源于对外部世界的"惊奇的惊奇"，就是 wonder of wonder。假如说，单个 wonder 是对实证科学而言的，举例来说，我们可以说，物理学起源于对外部世界的惊奇，那么，两个 wonder，即 wonder of wonder 则是对哲学而言的。显而易见，与一切实证科学比较起来，哲学的起源具有更深的含义，它实际上是对实证科学关于外部世界的惊奇再表示惊奇。如果说，实证科学家对外部世界的某些现象表示惊奇，并试图加以破解的话，那么，哲学家的思索将更为深刻。他不但像实证科学家一样，对外部世界的某些现象同样表示惊奇，并试图加以破解；他还得站在实证科学家的后面，破解他们在一般情况下不可能提出的第二个问题，即为什么这些实证科学家只是对外部世界的"这些现象"发生惊奇，而对其他现象则无动于衷？事实上，哲学家思索的重点通常落在第二个问题上，这也正是 wonder of wonder 的含义之所在。中国人常用的一句谚语是"螳螂捕蝉，黄雀在后"，如果用到我们现在的话题上来的话，也许能帮助我们对哲学做出合情合理的理解。我们不妨把"蝉"理解为外部世界的某些现象，把实证科学家理解为"捕蝉"的"螳螂"，而把哲学家理解为捕捉螳螂的"黄雀"。当然，哲学家不会像"黄雀"吃"螳螂"那样"吃掉"实证科学家，哲学家感兴趣的是：为什么实证科学家的注意力会聚焦于这些现象，而不是另一些现象？为什么他们会提出这些问题，而不是另一些问题？换言之，实证科学家对自然的观察和思索究竟是受什么深层因素的制约的？

在通常的情况下，实证科学家把外部世界的某些现象作为自己观察和思索的对象，但他几乎从来不会深入下去追问：为什么我会把这些现象，而不是另一些现象作为我关注的对象？显然，这一反身向内、以思索者自身作为思索对象的追问方式，通常是由哲学家来担当的。众所周知，古希腊学者泰勒斯十分注重对天象的观察，以致有一次他仰望天空时，不小心掉进了一个坑里。于是，连他的女仆也讥笑他的迂腐。其实，真正可笑的并不是泰勒斯，而是那个完全缺乏哲学思维的女仆。为什么？因为假如其他哲学家在场的话，他会向自己提出这样的问题：为什么泰勒斯会如此专心致志地观察天象？其实，这个问题是不难解答的。我们知道，在古代希腊社会中，每年秋天农作物究竟是丰收还是歉收，与气候，即天象有着千丝万缕的联系，而农作物的丰收或歉收又直接关系到人们的生存状态。因而我们发现，泰勒斯之所以如此专心致志地观察天象，并不是在从事一种无聊的游戏，或满足于一种奇怪的嗜好，他的这种行为实际上源于他对自己及周围人的生存问题的关切。由此可见，真正迂腐的不是关注人们的生存问题的泰勒斯，而是那位对人们未来的生存状态茫然无知，也毫无关切之情的女仆。

这样一来，我们对哲学与实证科学之间的差异和关系似乎获得了新的理解。要言之，哲学起源于对外部世界的"惊奇的惊奇"，它是为实证科学澄明思想前提的。比如说，在当今社会中，像试管婴儿和人体克隆这类问题，引起了生命科学家和医学工作者的巨大兴趣，而哲学家不仅对这类重大的问题本身发生兴趣，更对生命科学家和医学工作者为什么对这类问题产生巨大兴趣而发生兴趣。也就是说，哲学试图通过自己的刨根究底式的思维方式，澄清生命科学和医学的思想价值基础，即究竟哪些问题的探讨是对人类今后的生存和发展有益的，而哪些则是有害的，从而为生命科学和医学的发展指明方向，因为生命科学家和医学工作者通常关注的是科学事实，而不是隐藏在事实背后的思想价值。

在普通人的心目中，哲学是一门高高在上的学科，是一种十分抽象的学问。这种见解并不是没有道理的，因为哲学思维涉及的通常都是高度抽象的概念，所以，在缺乏抽象思维训练的人们那里，确实会激起一种沮丧的情绪。但在我看来，在所有的学科中，哲学不但不在高处，反倒是在最低处的。也就是说，它是最具基础性的学科。所谓"最具基础性的学科"的含义是，它是为所有的实证科学提供思想价值基础的。换言之，一切实证科学唯有自觉地把自己的全部研究活动奠基于哲学所揭示的思想价值之上，才可能沿着健康的轨道向前发展。当然，正如"水果"这个抽象概念是通过苹果、梨、甘蔗、橘子、香蕉等具体的果实而表现出来一样，哲学也是通过各种不同的哲学流派和见解表现出来的。我们并不是说，一切哲学流派都会拥有正确的思想价值观。其实，在哲学上要形成正确的思想价值观，也需要对不同流派的哲学见解进行批判性的比较和反思。不管如何，正确的思想价值观总是在哲学这个学科的范围内得到澄清的。

如果说，实证科学关注和询问的是事实（fact），那么，哲学关注和询问的则是价值（value）。也就是说，哲学并不以实证科学的方式进行思维，它关注的是实证科学的基本见解的价值基础。众所周知，在意大利画家拉斐尔的名作——《雅典学院》中，画着一个敞亮而典雅的大厅，大厅的中央站着苏格拉底、柏拉图和亚里士多德，周围有好多哲学家、数学家和物理学家，他们或者三五成群地讨论着什么问题，或者独自一个人陷入了深思之中。事实上，《雅典学院》这幅画的主题表明，包括哲学在内的所有学科都起源于我们对外部世界的困惑与惊奇。事实上，正是种种悬而未决的困惑引起了人们对哲学和其他实证科学的经久不衰的兴趣。

后来，德国哲学家狄尔泰写了一篇散文《梦》，在他梦中出现的正是拉斐尔的雅典学院中的情景。狄尔泰由此而发挥道："永不熄灭的形而上学的动力是想解决世界和生活之谜。"①事实上，《雅典学院》这幅画的

① 田汝康、金重远选编：《现代西方史学流派文选》，上海人民出版社1982年版，第7页。

画面也表明，哲学家也就是"问题家"，即善于因惊奇而发问的人，而哲学史实际上也就是问题史。科学发展的历史也是科学家们不断地提出问题、探讨问题的历史。

当然，有的问题是新冒出来的，也有的问题正像奥地利哲学家维特根斯坦所说：如果改变一下它们的提法，那么原来的问题也就消失了。哲学史上存在着各种不同的思想体系，但其核心则无例外地是对各种问题的思索。罗丹的"思想者"的塑像向我们展现出一个体格健壮的中年男子，正托着下巴，聚精会神地思考着。那么，他究竟在思考什么呢？在我看来，他思考的无非是关于人生和宇宙方面的重大问题。

在这个意义上可以说，研究哲学首先需要一种问题意识，也就是说，研究者要善于思索，善于提出自己的问题，并带着问题去进行研究。只有这样，才可能做到有所发现，有所创造。如果一个人在生活中或在阅读文本时从来没有产生过任何疑问，而是见到什么就相信什么，阅读什么就崇拜什么，那么他是不可能在哲学研究的任何一个领域里提出自己的原创性的思想的。记得英国哲学家罗素在《哲学问题》(1912)一书中曾经说过，哲学家们思考的都是一些深奥的问题，如果你要解决他们的问题，那就要用比他们更荒谬的方式来思考问题和解答问题。所有这些都表明，哲学探索与问题意识(或我们的困惑)之间，始终存在着十分密切的联系。

难怪以往的一些文学作品总是对哲学家的沉思，即那种类似于罗丹的"思想者"的沉思，施以怀疑和讥笑。比如，据古代希腊学者的记载，苏格拉底经常站在别人的屋檐下思考哲学问题，有时候竟一动不动地站一天一夜！又如，德国哲学家黑格尔总是边散步边思考哲学问题，有一次竟然走丢了一只鞋也不知道。再如，中国哲学家金岳霖，在西南联合大学教书期间，完成了手稿《知识论》，他把这部书稿看得比自己的生命还重。有一次，遇到空袭，家里其他东西他都没拿，只抱着这部书稿跑了出去。在防空掩体里，他害怕书稿丢失，把它坐在屁股下。等到空袭过后，他还没有从哲学的沉思中完全摆脱出来。他竟然站起身来就走了，忘记了坐在自己屁股下的那部书稿！当他想起来再去找时，那部书稿早就没了。他懊恼万分，但他并没有因此而泄气。凭着自己惊人的记忆力，他居然把这部70多万字的书稿重新撰写出来了。这是何等伟大的毅力啊！在哲学家的生活中总是充斥着一些古怪的故事。事实上，当他们陷入沉思时，就会出现心不在焉或违反常理的举止。然而，他们深入思索的正是宇宙和人类生活中面临的某些重大问题。

对于我们这样一个浮躁和浮夸的时代来说，这种哲学的沉思非但不可或缺，反而显得越来越必要了。事实上，没有这种专心致志的哲学沉思，没有这种思想的深度还在某些学人的身上延续着，这个时代就会像柳絮一样变得轻飘飘的了。记得英国历史学家汤因比曾经提出过"退隐与复出"的重要思想。在他看来，任何一种伟大的、原创性思想的提出，都要经历一个退隐与复出的过程。比如，耶稣在死去（退隐）以后再复活（复出）；佛陀在菩提树下沉思了多年（退隐），后来创立了佛教，开始设坛传道（复出）；同样地，穆罕默德也在沙漠里面壁多年（退隐），创作了《古兰经》，并在布道中赢得了大量的信徒（复出）。所有这些都表明，任何伟大的思想都是在缜密思考的过程中形成并发展起来的。在学术上研究活动中，任何浮躁的、轻率的做法都只可能葬送学术本身。人们通常把那些发到他们 E-Mail 信箱中的广告称作"文字垃圾"，其实，他们应该对"文字垃圾"这个词的内涵给予更宽泛的理解。按照我的看法，对自己所研究的学术问题没有任何实质性推进的所谓"学术成果"都属于"文字垃圾"的范围。这些所谓"学术成果"或许可以解决一个人的学位和职称，却不能真正地推进或提升学术。①

众所周知，马克思写《资本论》前后花了40年时间，去世前也只出

---

① 我们很容易联想起黑格尔说过的一段话："现今我们已经超出康德哲学，每个人都想推进他的哲学。但所谓推进却有两层意义，即向前走或向后走。我们现时许多哲学上的努力，从批判哲学的观点看来，其实除了退回到旧形而上学的窠臼外，并无别的，只不过是照各人的自然倾向，往前作无批判的思考而已。"参见［德］黑格尔：《小逻辑》，贺麟译，商务印书馆1980年版，第118—119页。

版了第一卷；歌德写《浮士德》前后断断续续花了 60 年时间，倾注了大量的心血；同样地，康德为了撰写《纯粹理性批判》，沉默了 12 年，而把这部书稿撰写出来只花了四五个月。

　　所有这些都表明，解决哲学中的困惑需要静下心来认真思考，需要以超功利的心态来追求真理，而任何浮躁的、浮夸的风气都是于事无补的。现在有些青年学者热衷于"炒作"自己，一开口就吹嘘自己出版了多少部著作，发表了多少篇论文。我们很想追问：这些论著都是有质量的吗？它们对我们的学术研究都有实质性的推进吗？假如这些出版物都是东拼西凑、粗制滥造的东西，那么能够证明的，不是它们的作者多么具有原创性，而是出版社和学术刊物的编辑多么缺乏眼光和责任心。就我自己来说，我于 1993 年晋升为正教授，当时就给自己定下了一条不成文的规则：今后凡是我撰写的研究性成果，如果没有体现出新的视角、新的见解或新的方法，决不拿出去发表。在我看来，创新乃是研究性的学术成果的灵魂，如果一篇（部）作品没有灵魂，也拿出去发表，它与谋财害命的行为又有什么区别？

　　其实，在学术上真正具有推进性和穿透力的成果，并不单纯地取决于数量，然而，轻信的人们总是沉湎于"数量崇拜"。所谓"著作等身"的说法，仔细地加以体会，就会发现，其中蕴含着一股强烈的讽刺味。我经常开玩笑说："著作等身"只有以下两种可能性：一种可能性是某个学者的个子长得特别矮小，所以做到著作等身就比较容易；另一种可能性是这位作者的论著的字体特别大，行距特别宽，页边的空白特别多，所以他的论著垒起来大概也比较容易"等身"。真正地说来，学术论著的价值要从其质量上得到规定。比如说，有的自然科学家撰写的论文，不过几百字，一个演算的公式，就获得了诺贝尔奖。由此可见，文字不在于多少，关键在于这些文字是否体现出作者的原创性的思想。如果每篇（部）作品的原创性都是"零"，那么，把所有的"零"叠加起来，仍然是"零"，这里不会有任何奇迹发生。就像所罗门国王所说的，太阳底下无新事。

二、究竟如何理解哲学

如前所述，哲学与实证科学在思维方式的重大差异是：实证科学的思维方式是向外的，而哲学的思维方式既有向外的一面，但也有向内的一面，即对哲学自身的永不休止的反思。

举例来说，假如有个学者说："张三有张三的哲学，李四有李四的哲学。"他的这个说法究竟对不对呢？乍看起来，这样的说法是无可挑剔的，但细加分析，就会发现，这个说法是有语病的，因为它造成了这样一种假象，似乎世界上存在着许许多多不同的哲学。其实，按照我的看法，哲学作为一门学科是唯一的。也就是说，在任何情况下，哲学只能以单数的方式出现。那么，什么东西才可能成为复数呢？我的看法是：哲学家是复数，哲学学派是复数，哲学观点或哲学理论是复数。所以，刚才那句话的正确表述应该是：张三有张三的哲学观点，李四有李四的哲学观点。因为哲学观点可以是复数，然而哲学却始终是唯一的。也就是说，只能有 philosophy，不可能有 philosophies。

如果你深入地思考下去，就会发现，甚至整个哲学学科的分类也存在着严重的问题。比如说，当前中国大学里的哲学系或哲学研究机构通常把哲学划分为以下三个重要的部分：中国哲学、西方哲学和马克思主义哲学。有趣的是，这里的"中国哲学"是以政治国家作为分类原则的，"西方哲学"是以地域作为分类原则的，而"马克思主义哲学"则是以学派作为分类原则的。在这里，没有任何一个分类原则是贯彻到底的。我们不禁要问：在这些缺乏统一性的分类原则中，犹太哲学、阿拉伯哲学、印度哲学、日本哲学、韩国哲学、拉丁美洲哲学、非洲哲学等，又将放在什么地方呢？世界哲学不成了一堆碎片了吗？显然，目前仍然占支配地位的这种分类方式亟须进行改革。

进一步的思索还启示我们，甚至像"中国哲学""印度哲学"这样的概念也是有语病的，它们给我们造成的错觉是：只要有一个国家，就必定会有一种相应的哲学。或者换一种说法，难道哲学竟然可以用政治国家的国境线来划分吗？比如，苏联已经解体为 15 个不同的国家，难道"苏联哲学"也已经被"15 种哲学"所取代了吗？还有，在目前世界上存在的200 多个政治国家和地区中，有的国家非常小，如卢森堡、新加坡、斐济、马尔代夫等，它们几乎不拥有知名的专业哲学家，但我们也必须用"卢森堡哲学""马尔代夫哲学"等加以称呼吗？为什么人们一定要把哲学放在政治单位——国家的框架中进行研究呢？英国历史学家汤因比就主张把比国家范围更宽的"文明"（civilization）作为历史学的研究对象。比如，东亚文明就把许多东亚国家全包含进去了。难道哲学不应该以更灵活的方式来规定自己的研究对象吗？总之，"中国哲学""印度哲学"这类提法的荒唐可笑，丝毫不逊于"中国物理""印度物理"这样的提法。事实上，正如哲学不可以用国境线来划分一样，物理学、数学、生物学等实证科学也不可以用国境线来划分。另外，值得注意的是，一旦"中国哲学""印度哲学"这类提法流行起来，哲学又成了复数。其实，正如金岳霖先生所指出的，逻辑上更合理的表达方式应该是"哲学在中国""哲学在印度"，因为这样的表达方式确保哲学永远处于单数的状态中，永远只是一门学科，而不是像叔本华所批评的，哲学竟然成了一个长着许多脑袋的怪物！

在厘清上述概念后，现在必须对哲学自身进行追问了。这种追问方式几乎出现在任何一部导论性的哲学著作中，即"什么是哲学（What is philosophy）？"人们对这个问题几乎可以说是习以为常了。其实，正是这种"习以为常"阻滞乃至窒息了哲学对自身的追问。在我看来，"什么是哲学？"这种提问方式已经蕴含着一种危险，即阻止我们去通达哲学自身的真理。

为什么？因为"什么是哲学（What is philosophy）？"这种提问方式源于日常语言中"这是什么（What is this）？"的提问方式。比如，我们在教小孩学习语言时，总是指着一个对象，如一个杯子，问他："这是什么

(What is this)？"而他则回答道："这是一个杯子（This is a cup）。"

　　然而，在"这是什么？"的提问方式中，已经包含着一个理论预设，即被询问的对象，如一个杯子已经现成地摆放在我们的面前。当我们以同样的方式去询问"什么是哲学？"时，无形中也引入了一个理论预设，即把哲学也看作一个像杯子那样现成地摆放在那里的、有待于我们去询问的对象。换言之，当人们把哲学理解为一个现成地摆放在那里的东西时，它与询问者之间的意义关系就被遮蔽起来了。实际上，当一个人坐在书房里工作时，一个杯子并不是随意地、偶然地摆放在桌子上的，因为在桌子边工作的人需要喝水，而喝水与这个人的生存相关。也就是说，正因为盛满了水的杯子和工作者有着生存论意义上的联系，这个杯子才会出现在桌子上，从而引起进入书房的、作为观察者的人们的注意，并以主题化的方式进入他们的思想视野。乍看起来，当人们指着一个杯子发问"这是什么（What is this）？"时，这个问题具有随意性和偶然性，因为人们也可以指着桌子上的一支笔或一本书发问。然而，无论是杯子、笔或书，它们以聚合的方式出现在书桌上，绝不是偶然的或随意的，事实上，正是这些物品与正在书房里工作的人构成了一个因缘整体。

　　这就启示我们，真正的哲学思维乃是自觉地让我们自己置身于生存论境遇中的一种思维。事实上，也只有把思维置于这样的境遇中，哲学家才能看到实证科学家或普通的观察者所看不到的东西。也就是说，哲学不能脱离我们的生存状况，以现成的、知识对象的方式被询问。尽管哲学与杯子、笔或书本是有差异的，然而，它们的共同点却是：它们都是人类生存活动中不可或缺的环节。具体地说来，杯子的存在指向人的生理上的需要，笔的存在指向人的写作上的需要，书本的存在指向人的阅读上的需要，而哲学的存在则指向人的精神上的或灵魂上的需要。

　　由此可见，一旦哲学被曲解为像一只杯子那样现成地摆放在桌子上的、单纯的求知的对象，它与作为询问者的人之间的意义关系就被遮蔽起来了。所以，"什么是哲学？"这种单纯求知的提问方式和句型已使我们无法真正地洞见哲学的真谛了。也就是说，人们追问哲学的错误的提问方式使他们永远与哲学失之交臂了。

那么，人们究竟应该以什么样的正确的方式来提问呢？就人与哲学之间的意义关系而言，他们应该以下述方式来提问："为什么人类需要哲学（Why does human being need philosophy）？"正是这一提问方式把我们的注意力引导到另一个方向，即探究哲学对人类究竟有什么意义的方向上，把人类在其生存活动中必定与之打交道的一切（包括哲学）理解为一个因缘整体，而不是看作一个漠然置之的知识性的对象。为了用这种新的提问方式来引导人们对"什么是哲学？"问题的思索，即为了使人们不撇开哲学对人类的生存活动的意义来解答"什么是哲学？"的问题，我提出了"问题际性"（inter-question）这一新概念，即把下面两个问题用连字符号贯通起来进行提问："为什么人类需要哲学—什么是哲学（Why does human being need philosophy-What is philosophy）？"这样做的意图就是要人们在第一个问题的基础上去解答第二个问题，否则，他们就无法获得哲学之真理。

三、哲学认识论中的悖论

一旦着手探讨哲学认识论问题，人们实际上已经假定自己置身于认识论语境之中了。何谓"认识论语境"（epistemological context）？在我看来，所谓"认识论语境"，也就是预先假定认识主体、认识对象和认识媒介（如语言）的存在。因为没有这样的假定，认识论的问题就无法加以讨论。打个比方，某人说："张三马上要去巴黎。"假如这句话是正确的，那么它一定预设了两个前提，即"我"和"巴黎"的存在。有趣的是，以往的哲学教科书总是撇开认识论的语境提出如下的问题：人类诞生前的世界究竟是怎样的？其实，这是一个毫无意义的问题，因为认识论语境事先已经假定了作为认识主体的人、认识对象和认识媒介物的存在，甚至连"人类诞生前的世界"这一短语的提出，也是以人类的先行存在作为必要条件的。所以，当人们撇开认识论的语境，去追问未受人这一认识主体"污染"的世界究竟是怎么样的，乃是一个毫无意义的问题。

因此，人们只能在认识论的语境中去认识世界。事实上，当人们去认识世界时，发现自己面临着一个根本性的困难：一方面，世界乃是生命的流动。换言之，生生不息的生命之流构成了世界的本质。然而，当我们去认识世界时，却无法把握它的流动性，只能通过时间、空间和各种范畴、概念去切割世界。在某种意义上，活生生的世界被"谋杀"了，甚至被切成了一堆碎片。有趣的是，人们希望自己去认识一个活生生的世界，但他们却不得不通过时空和概念的媒介去认识世界，然而，吊诡的是，一旦通过这些媒介，活生生的世界就成了一堆没有生命的碎片。如何从这种认识论的悖论中解脱出来？哲学家们想出了两种不同的方法。

一种方法以黑格尔为代表，主张通过概念自身的辩证运动，使概念自身也流动起来，以便用流动着的概念辩证法去把握流动着的世界。这个理论提出后遭到了许多人的批评。人们普遍认为，概念和逻辑都从属于理性，因此，它们并不能完整地把握世界，因为世界上还存在着许多非理性的现象。就人类来说，除了理性以外，还有本能、意志、欲望和情绪，而这些现象是单纯的理性和概念所无法取代的，但它们又是构成世界的不可或缺的要素。众所周知，叔本华甚至把意志理解为世界的本质。

另一种方法主张，即使概念是流动的，也无法把握流动着的世界，因为此流动非彼流动，何况概念运动又受本质主义的影响，不可能还原出千差万别的世界之原样，因而主张，只有以非概念的、直观的方式才能从整体上把握世界，从而提出了"理智直观"（intellectual intuition）的方法。然而，德国哲学家康德认为，对于普通人来说，直观只能是感性的，只有上帝才具有理智直观的能力。在康德以后，德国哲学家费希特、谢林主张，哲学家也可以有理智直观的能力，但其解释导向了神秘主义，因而黑格尔在《精神现象学》(1807)一书中讽刺谢林的理智直观乃是"黑夜看牛"，什么也看不见。后来，胡塞尔力排众议，提出了"本质直观"和"范畴直观"的新见解，但这也只是就人们对本质关系的把握而言，至于对整个世界或实在的把握，无论是费希特和谢林的理智直观说，还是佛教的顿悟说，都是众说纷纭，无法引申出令人信服的答案来。

四、哲学方法论上的两难

在哲学研究中，方法论上的困惑至少表现在以下两个问题上：

一个是部分与整体之间的关系。这就像诠释学在其诠释方法上所碰到的一个悖论：一方面，为了理解整个文本（整体），人们必须先理解文本中的每个局部，如句子、词组、语词等（部分）。也就是说，不理解每个部分，也就无法理解整体。另一方面，我们也会发现，如果你没有吃透整个文本的精神，那么你对文本中的任何一个部分的理解也是不可能深入下去的。也就是说，不了解整体，就无法了解部分。于是，部分与整体之间形成了一种互为前提的、相互掣肘的关系。

当然，我们必须注意到，整体有两种不同的类型：一种是无机的整体（inorganic totality），即无生命的整体。比如，用一堆砖头垒出一座小山。如果我们把每一块砖头都理解为一个"部分"的话，那么这座小山就是一个"整体"。在这种情况下，整体就是部分的总和。另一种是有机的整体（organic totality），即有生命的整体，情形就完全不同了。比如，一堆尸块可以拼成一个完整的人，但这个人不再具有生命的迹象。对于任何有机的整体而言，整体都是大于部分的，而其生命迹象正体现在整体中。反之，部分只有作为整体之部分的时候，才具有生命力，一旦脱离整体，它的生命迹象就会消失。比如，从一个人的躯体上被砍下来的手就不再是原来意义上的手了，因为它已经失去了生命力。如果我们仔细地进行观察，就会发现，日常生活中的一些不经意的表达会涉及部分与整体之间的关系。

比如人们常常说："窥一斑而知全豹。"意即窥见了金钱豹身上的一个斑点，就可以推想出它的整个样子。其实，对于像金钱豹这样的有机整体而言，整体始终是大于部分的，从部分（一斑）是永远推不出整体（全豹）来的。假如有人向我们展示的只是一张豹皮中的一斑呢？我们能推想出一只活生生的金钱豹来吗？

中国古人也有"一叶知秋"的说法，即观察到一片树叶掉下来了，秋天便来临了。在这一点上，西方人的思维习惯也有与我们雷同的地方，所以他们也称秋天为"the fall"，即树叶"掉下来"的意思。然而，从"一叶"这一意象能否推论出"秋"这个整体来呢？显然，这样的推论是有困难的。假如目前正好是春天，假如正好有一片树叶被虫子咬断叶柄掉了下来，秋天就来临了吗？何况，在有些地方，有些植物四季常青，连冬天也不掉叶子。在那样的环境中说"一叶知秋"岂不是很滑稽吗？总之，我们不能停留在简单化的思维方式上。

另一个是认识者的期望与认识的结果之间的关系。在一般的情况下，就人们认识的期望而言，他们总是希望能够对对象获得客观的认识，但由于他们在认识任何对象之前就已有先入之见，所以客观认识的可能性在认识活动开始之前似乎已经变得不可能了。这也是人们在任何理解和诠释活动中必定会遭遇到的一个悖论。如何解决或超越这一悖论呢？实际上，解决或超越这一悖论都是不可能的，人们只能自觉地应顺这一悖论，在认识任何对象之前，先对作为认识者的自我进行批评性的反思，这种反思绝不可能使自我出离任何立场，从而处于洛克所说的"白板"的状态或韦伯所说的"价值中立"的状态下，而只能达到一个相对合理的立场，即尽可能排除自己的主观情感或其他心理因素的影响，使自己的立场变得更为合理。

其实，深入的研究使我们发现，任何客观性都是奠基于一定的"理论视角"（theoretical perspective）之上的，在这个意义上可以说，客观性也就是使自己的理论视角更切合通常的观察视角。所以，在某种意义上，"偏见比无知离真理更远"这句人们信以为真的格言也就丧失了自己原来的意义。因为既然认识者在认识任何对象之前已有自己的先入之见，也就是说，世界上并没有真正的"无知"状态。相反，"偏见"倒是普遍存在的，因为它实际上就是"先入之见"。既然伽达默尔所说的"偏见"或"先入之见"是不可避免的，那么，人在认识方法上有可能处于无偏见的状态中吗？显然是不可能的。当然，必须指出的是，伽达默尔所说的"偏见"和人们日常生活中所说的"偏见"还是存在着一定的差别的。人们通常把偏见理解为一种错误的观念，而伽达默尔则把它理解为一个中性的概念，他只限于陈述一个事实，即处于传统中的任何一个理解者和诠释者都具有自己观察问题、思考问题的独特的理论视角和先入之见。

五、语言表达上的困窘

人所共知，一切科学都要使用语言，哲学也不例外。然而，在 20 世纪，西方哲学发展中出现了所谓的"语言学转向"（linguistic turn），而在我们这里，哲学的反思还很少触及语言问题。其实，当我们随心所欲地使用语言时，语言也正使我们陷入种种表达上的困境之中。只有自觉地反思语言表达中存在着的种种困惑，哲学思考才能实质性地向前发展。众所周知，语言问题可以从两个不同的角度加以探索：一是语义学（semantics），即从语词、句子和文本的意义入手来探讨问题；二是语用学（pragmatics），即从语言在日常生活中的具体使用的角度出发来探讨问题。

先来看语义学上存在的问题。比如说，其一，苏格拉底曾经对别人说过一句名言："我知道我什么也不知道。"听起来他很谦虚，但深入的分析会使我们引申出相反的结论来。假如苏格拉底什么也不知道，那他又是怎么知道他自己什么也不知道的呢？反之，如果他知道自己什么也不知道，那他就绝不可能使用"我知道……"这样的句型。其二，苏格拉底能够说出"我知道我什么也不知道"这句话，必定有两个前提：第一，他必定知道，用他已经掌握的语言可以表达自己的思想。显然，如果他连这一点也不知道，他就不可能说话。第二，他也必定知道，他用语言表达自己的思想，他人有可能理解。显而易见，如果他对这一点也缺乏信心，那他就不可能对别人说话。由此可见，苏格拉底在说出"我知道我什么也不知道"这句名言前，他对上面两点必定是知道的，而绝不可能什么也不知道。在这个意义上，他的谦虚乃是伪装出来的。

再来看另一个例子。众所周知，笛卡尔也说过一句名言："我思故我在。"他把这句名言理解为自己的哲学的第一真理。但仔细分析下去，就会发现，这句名言绝不可能成为第一真理。为什么？因为这句名言要得以成立，至少有以下两个前提：

第一，"我思"之"我"是相对于"你""他""我们""你们""他们"这些称谓而言的。也就是说，笛卡尔必须先知道"你""他""我们""你们""他们"这些称谓的含义，才有可能使用"我"这个字。换言之，"我"这个字不能离开"你""他""我们""你们""他们"这些字而单独地获得自己的意义。也就是说，"你""他""我们""你们""他们"这些字和"我"这个字具有同样的始源性。所以，如果笛卡尔今天还活着的话，他将不得不承认，在他可能使用"我"这个字之前，"你""他""我们""你们""他们"必定都已存在。这就表明，始源性地存在的乃是"我"与"你""他""我们""你们""他们"之间的关系网络，世界上绝不可能存在一个孤零零的、横空出世的"我"。这就启示我们，在笛卡尔的"我"启动思维之前，"你""他""我们""你们""他们"就已经与"我"共存在那里了。"你""他""我们""你们""他们"这些存在者不是从"我"推论出来的，而是与"我"同时共存的。

第二，"我思"中的"思"必定是以语言作为载体的，因为世界上根本不可能存在无语言载体的"思"。于是，我们发现，笛卡尔的"我思"要成为可能，就必定先行地存在可供笛卡尔进行思索的语言载体。也就是说，在笛卡尔可能进行"我思"之前，作为"我思"之载体的社会语言必须先已存在。从上面的两点分析可以得出结论，即"我思故我在"根本不可能成为第一真理，相反，它是奠基于其他理论预设之上的。

再来看语用学上存在的问题。人们通常以为，他们是用语言来表达自己的思想的，但在相当多的情况下，他们也不知不觉地用语言来掩饰自己的思想。所以，有些话必须经过深入的反思才能明白其真正的含义。

比如，在日常生活中，当一个人犯错误以后，别人总会用"人非圣贤，孰能无过"这句话去安慰他。这句话试图表达的原意是：人人都会犯错误。其实，这句话的真实含义正好相反，它的意思是：普通人是会犯错误的，但圣贤却是不会犯错误的。如果把这层意思说得更明白一些，就是：伟大人物是不会犯错误的。而这样的见解不正是现代迷信的思想基础吗？

又如，孔子说："己所不欲，勿施于人。"这句话已经被许多学者视作道德上的"黄金律"。其实，仔细地推敲起来，这句话也是有语病的，把其中的两个否定词"不"和"勿"去掉，它就转化为"己所欲，施于人"了。而"己所欲，施于人"正是"己所不欲，勿施于人"的本质含义。换言之，"己所不欲，勿施于人"的含义是表面性的，而"己所欲，施于人"的含义才是实质性的。那么，"己所欲，施于人"究竟是什么意思呢？它的意思无非是：凡是我自己喜欢的东西，放到其他人身上也一定会喜欢。人们很快就会发现，这层意思并不是好的兆头。难道我喜欢吃鱼，就叫大家都跟着我吃鱼吗？我喜欢听流行音乐，就叫大家都跟着我听流行音乐吗？事实上，在孔子的这句名言中，蕴含着一种相反的、人们必须加以警惕的思想倾向，即权力意志。因为这句话力图把说话者自己塑造成至高无上的权威。难道人们忘记了，孔子在《论语》中也说过"己欲立而立人，己欲达而达人"这样的话吗？这充分表明，我们应该注意人们在使用语言时实际上赋予语言的含义究竟是什么，而不能停留在对语词的表面含义的认同上。

顺便指出，人们总是把语言作为交流思想的工具。显然，这种见解包含着双重的误解。其实，语言不但不是我们的工具，反过来，我们倒是语言的工具。为什么这样说？道理很简单，在日常生活中，一只具体的猫诞生了，过了一些时间，它又死去了。然而，"猫"这个语言上的概念却是永恒的。语言就像一条大河，生生不息，而一只只具体的猫，就像河水表面的泡沫，刚产生不久就破灭了。具体的猫是如此，具体的人也是如此。实际上，具体的事物都面临着类似的命运。柏拉图于2000多年前提出的"理念论"（theory of idea）之所以至今仍然具有经久不衰的活力，因为它强调的正是"理念"，即概念的永恒性。

所以，日常生活中的真正过程绝不是人们把语言当作工具来使用，而是语言把人们当作工具来使用。正如维特根斯坦所说的：语言的界限就是人们思想的界限。陷入自大狂的人们常常觉得自己的思想是十分自由的，可以思考自己愿意思考的任何问题。然而，他们的这种自我感觉完全缺乏可靠的思想基础。事实上，他们感受到的自由不过是戴着镣铐的舞蹈，因为当他们的思想像一只风筝似的在天上翱翔的时候，他们竟然忘记了自己肚子上牵着的那条线！

无数事实表明，人们运用语言表达思想的空间是非常有限的，他们如何表达，用什么方式表达，对外部世界中的什么问题发生兴趣，所有这些早就为人们已经熟悉的语言及其相应的语法所规定。有时候，人们为了说明自己的见解是多么富有创意，频繁地使用这样的句型——"我发现""我确定""我相信"，仿佛我真的做出了什么伟大的发现或提出了什么惊人的观点似的。其实，这里的"我"只是一个形式化的主体，真正主宰着这些人的思想的乃是意识形态化的语言主体。也就是说，当一个人通过意识形态的教化而获得语言表达能力和独立思考能力的时候，也正是他的独立思考能力完全丧失的时候。乍看起来，他仿佛熟练地说着自己想说的语言，实际上，这些语言的表达式都是意识形态经过教化而植入到他的思想中去的。也就是说，他的大脑早已失去独立思考问题的能力，蜕化为一个盛放意识形态语言的单纯的容器！比如说，有人夸口道："我最近读了好多书，学到了好多知识。"其实，把这句话翻译出来的意思就是：我已经被这些书牵着鼻子走了，我已经在多大的程度上失去自我了。直到有一天，当这个人表示，他发现书本中的某个观念是错误的，或者他意识到某个权威人士的见解是站不住脚的，他的自我才开始苏醒并浮现出来。

总而言之，哲学本身充满了困惑。然而，唯其如此，它才充满了活力和魅力。在某种意义上，哲学家的思考就像大漠中的跋涉。在饱尝艰辛之后，当他看到前面有一片绿洲时，心中的愉悦之情是无法用语言来表达的。实际上，对于真正的思想者来说，一门学问越是不确定，越是难以把握，越是富有挑战性，就越能激起他进行探索的经久不衰的兴趣和热情。反过来说，哲学作为一门古老的、充满了智慧的学问，它需要的也不是三心二意的同路人，而是普罗米修斯式的殉道者。正如马克思在其《博士论文》的"序"中告诉我们的："对于那些以为哲学在社会中的地位似乎日益恶化而为之欢欣庆幸的可怜的懦夫们，哲学再度以普罗米修斯对上帝的奴仆赫尔墨斯（Hermes）所说的话来回答他们：

你知道得很清楚，我不会用自己的

痛苦去换取奴隶的服役：

我宁肯被缚在崖石上，

也不愿作宙斯的忠顺奴仆。

普罗米修斯是哲学的日历中最高尚的圣者和殉道者。"①

---

① 马克思：《博士论文》，贺麟译，人民出版社 1961 年版，第 3 页。

2007年

哲学教育三题议①

记得法国哲学家笛卡尔曾经说过："……应当相信，一国文化和文明的发展，全视其国的哲学繁荣与否而定。一个国家如果生下了真正的哲学家，那乃是它的最大的特权。"②尽管真正的哲学家寥若晨星，但他们的诞生却与一个国家的哲学教育状况有着莫大的关系。笔者认为，成功的哲学教育一定会调动各方面的资源，努力处理好以下三个方面的关系：

一、狭义的哲学教育与广义的哲学教育

我们这里说的"狭义的哲学教育"主要是指学校，尤其是大学教育中包含的哲学教育，"广义的哲学教育"除了学校里的哲学教育外，还包括社会上各种渠道的哲学教育，如来自家庭、朋友、社会学术团体、大众传媒、互联网等的哲学教育。比较起来，前者是学院化的，后者是社会

---

① 原载《文汇报》2007 年 2 月 11 日。收录于俞吾金：《哲学随感录》，北京师范大学出版社 2016 年版，第 169—172 页。——编者注
② ［法］笛卡尔：《哲学原理》，关文运译，商务印书馆 1958 年版，第 4 页。

化的；前者是系统性的，后者是分散性的；前者是理想主义的，后者是现实主义的。就最后一点差别而言，它常常使上面提到的这两种哲学教育方式处于冲突之中。比如，狭义的哲学教育总是把这样的理想灌输给学生，即哲学乃是追求真理的事业，而广义的哲学教育则通过现实生活中的许多个案启发受教育者：生活是错综复杂的，在有的情况下，如在"文化大革命"期间，不仅追求真理、坚持真理是非常困难的，甚至连讲真话也是十分危险的。

在这个意义上可以说，狭义的哲学教育与广义的哲学教育之间的关系也就是理想主义与现实主义的关系。如果人们在哲学教育中脱离现实生活，只谈学院化的"理想"，这样的哲学教育只能是苍白的。反之，如果人们在哲学教育中无原则地迎合现实生活，只考虑"适应"，不考虑"超越"，只赞同"媚俗"，不赞同"批判"，那就会牺牲哲学教育本身所蕴含的追求真理、追求独立思想的本性。这就启示我们，成功的哲学教育必须自觉地把狭义的哲学教育与广义的哲学教育、理想主义的哲学教育与现实主义的哲学教育有机地结合起来，两者不可偏废。

二、哲学教育阶段和目标的定位

就狭义的哲学教育来说，以往之所以收效不大，甚至引起人们的普遍厌倦的心理，归根结底，是因为人们没有对哲学教育的不同阶段和培养目标做出正确的定位。

我们知道，在目前的教育制度中，学生从高中阶段起开始学习哲学。进了大学后，假如他们选择了哲学专业，还要完成本科生、硕士生和博士生的学习阶段，其中一小部分人可能还会经历博士后的阶段。在这些不同的阶段上，哲学教育如何体现出差异，是一个极为重要的问题。我们认为，在高中生阶段，哲学教育应该定位在如何引起高中生对哲学的兴趣上；在哲学本科生的阶段上，应该定位在如何使大学生成为哲学一级学科方面的通才；在哲学硕士生的阶段上，应该定位在如何使硕士生成为哲学下面的某个二级学科的通才；在哲学博士生的阶段上，应该定位在如何使博士生成为某个二级学科中的某个研究方向上的专才；在哲学博士后的阶段上，应该定位在如何使博士后成为某个二级学科中某个方向上的某个问题研究的尖端人才。总之，应该根据不同的阶段和学生的不同的年龄特征，对哲学教育的不同阶段做出相应的定位。

同时，也应该对哲学教育的培养目标做出明确的定位。人们以往总是受到如下的培养目标的影响，即希望能够培养出一大批富有创新思想的哲学家。其实，历史和实践一再证明，在哲学教育的受众中，能够成为真正的哲学家的永远是极少数人。事实上，绝大多数受到哲学教育的学生是缺乏天赋的，他们至多只能获得一定的哲学修养，却不可能在哲学研究的领域里获得创造性的成果。要言之，能够成为真正的哲学家的永远是极少数人。认识到这一点，就不会对哲学教育的培养目标寄予过高的期望，而会把这一过高的期望值降下来，做出正确的定位，从而使哲学教育的资源得到最合理的使用。

三、哲学教育中的科学精神和人文精神

我们这里说的"科学精神"主要是指蕴含在自然科学研究中的精神导向，如注重实验和观察、尊重事实、尊重自然规律、追求真理等；"人文精神"主要指蕴含在人文科学研究中的精神导向，如珍惜生命、维护人权、尊重人格、提倡民主、倡导公正、追求自由、保护弱势群体等。

众所周知，在当代生活中，自然科学及其应用性的成果——技术，起着非常重要的作用，它们也给予当代的哲学教育以重大的影响。然而，在当代的哲学教育中，片面地贯彻科学精神是不够的，因为自然科学研究主要关注事实，不探索隐藏在事实中的价值。比如，就人体克隆来说，生命科学作为自然科学的分支之一，只探讨它是否可能以及何以

可能的问题，但并不深入追问：假如人体克隆获得成功，它将给整个人类的生存和发展带来什么样的影响和后果。价值问题主要是人文科学探索的对象。由此可见，要使受教育者在思想观念上得到均衡的发展，就必须在科学精神和人文精神之间建立必要的张力，而这正是当代哲学教育无法回避的课题。综上所述，成功的哲学教育必须正确地处理好上述三方面的关系，以便最大限度地利用哲学教育方面的资源，为人类造福。

2009年

哲学思维的四个触角[①]

　　在普通人的眼光中，哲学是一门玄虚高妙的学问，而哲学家们则是不食人间烟火的幻想家。如果说，古希腊喜剧作家阿里斯托芬在《云》中嘲笑了哲学家苏格拉底，那么，法国剧作家莫里哀则在《伪君子》中塑造了一个令人喷饭的哲学家的形象。凡是读过钱锺书先生的小说《围城》的读者，也一定会对哲学家褚慎明留下难忘的印象。当然，在这些文学作品中，哲学家的形象被漫画化了，而在现实生活中，哲学不但是一门重要的学问，哲学家也是最受人尊敬的学问家。事实上，当代中国学人心目中最高的学位"博士"在西方被称为 Ph. D.（Doctor of Philosophy），即"哲学博士"的意思。只此一斑，即可见哲学在所有学科中的至高无上的地位。记得法国哲学家笛卡尔曾经说过，一个国家最值得庆幸的事情就是拥有自己伟大的哲学家。如同西方人在思想上感恩于古希腊的先哲苏格拉底、柏拉图和亚里士多德一样，中国人也在精神上受惠于老子、孔子、孟子和庄子这些伟大的思想家。

---

　　① 此文为作者 2009 年 9 月于复旦附中所做学术讲座，题为"哲学：激动人心的思维之旅"；载《解放日报》，2010 年 2 月 28 日，题为"哲学思维的四个触角：俞吾金教授在复旦附中的演讲"。收录于俞吾金：《俞吾金讲演录》，长春出版社 2011 年版，第 18—29页。——编者注

作为一门古老的学问，哲学已有 2000 多年的历史。英国哲学家罗素在《西方哲学史》的"绪论"中指出："一切确切的知识——我是这样主张的——都属于科学；一切涉及超乎确切知识之外的教条都属于神学。但是介乎神学与科学之间还有一片受到双方攻击的无人之域；这片无人之域就是哲学。"①显然，罗素这一广有影响的观点并不是严格的，因为他遗忘了艺术（包括美学）。在我看来，人类文明通常是由四大板块——科学、神学（包括宗教）、艺术（包括美学）和哲学构成的。因此，哲学不应该被片面地理解为介乎科学与神学之间的"无人之域"，它与其他三个板块是共存共荣，一起向前发展的。如果说，科学注重的是观察、实验和归纳思维，艺术注重的是想象力和形象思维，神学注重的是天启、信仰和演绎思维，那么，哲学注重的则是人生境界和辩证思维。

　　哲学思维的与众不同之处在于，它是一种前提性的、刨根究底式的思维。正是这一点决定了哲学探索乃是激动人心的思维之旅。比如，在西方国家，当父母告诉小孩："上帝创造了世界"，小孩常常会天真地追问："那么，上帝又是谁创造出来的呢?"这个看似简单的问题常常使父母陷入窘境。再如，1993 年，作为教练和领队，我曾率领复旦大学辩论队赴新加坡参加首届国际大专华语辩论赛。我们与台湾大学决赛的辩题是"人性本善，还是人性本恶"，对方抽签得到的辩题是"人性本善"，不免喜形于色。在辩论中，对方辩友指出："因为人性本善，所以人随时可以放下屠刀，立地成佛。"我方辩友马上予以反驳："请问对方辩友，既然人性本善，屠刀是怎么拿起来的?"这一反驳立即引起了台下雷鸣般的掌声。显然，这个机敏的反驳击中了对方立论的前提，因为"放下屠刀"的前提是"拿起屠刀"。既然人性本善，怎么会把屠刀拿在手中呢?辩论结束后，我对队员们说，对对方立论前提的追问还可以深入下去：既然人性本善，屠刀是怎么生产出来的? 既然人性本善，屠刀又是怎么

---

　　① ［英］罗素：《西方哲学史》（上卷），何兆武、李约瑟译，商务印书馆 1963 年版，第 11 页。

设计出来的？因为"拿起屠刀"是以生产出屠刀为前提的，而屠刀的生产又是以其设计为前提的。

总之，哲学思维并不是那种专拣细枝末节着眼的佣仆式思维。德国哲学家黑格尔曾经说过，佣仆心中无英雄。意思就是说，佣仆永远看不到他们所服侍的伟大人物的伟大之处，因为他们与之打交道的只是伟大人物吃、喝、拉、撒这些细枝末节。哲学思维是从大处着眼的。正如法国哲学家帕斯卡尔所说，人在宇宙中不过是一根苇草，但人的大脑却可以包容并思索整个宇宙。也正是在这个意义上，帕斯卡尔把他最重要的著作称作《思想录》，而把人称作"会思想的芦苇"。我们认为，包罗万象的哲学思维拥有以下四个触角：

第一个触角：伸向外部世界

古希腊哲学家亚里士多德早已告诉我们，哲学起源于对外部世界的惊奇。确实，人一出生，来到这个大千世界上，有许多现象都会引起他的惊奇。比如，自然界发生的种种现象——风、雨、雷、电、虹、冰雹、地震、海啸、火山喷发、日食、月食等。人们特别感兴趣，而又特别想知道的问题是：我们置身于其中的这个地球，乃至整个宇宙是自古以来就是如此的，还是从其他的东西演化过来的？我们人类是从其他生物演化而来的，还是由超自然的神灵创造出来的？正像法国后期印象派画家高更留下的那幅著名的油画《我们从哪里来？我们是谁？我们到哪里去？》常常会引发我们对上述问题的思索一样。事实上，为了消除这些困惑，人类从远古时期起就走上了漫长的思维之路。初民们留下的美丽而富于想象力的神话传说，无一不蕴含着他们对上述问题的猜测、想象和解答。正如当代英国著名理论物理学家史蒂芬·霍金在《时间简史》一书中告诉我们的：英国哲学家、科学家罗素有一次在大学里举办天文学讲座。讲座结束时，一位身材矮小的老妇人从后面的座位上站起来批评他："你说的这些都是废话。这个世界实际上是驮在一只大乌龟的背上的一块平板。"罗素马上反问她："乌龟站在什么上面?"她回答道："这是一只驮着一只,一直驮下去的乌龟塔啊!"①其实,那位老妇人并不了解,早在1520年,葡萄牙航海家麦哲伦已经发现了大西洋通向太平洋的海峡(这个海峡后来被称为"麦哲伦海峡"),完成了人类有史以来的第一次环球旅行,从而证明地球并不是一块平板,而是一个球体。

随着科学的发展和思考的深入,尽管人类对自己置身于其中的宇宙在局部和细节方面有了更多的了解,但难以置信的是,在20世纪的前面30年,人类对宇宙的起源仍然处于茫然无知的状态下。1929年,美国天文学家哈勃在天象观测中发现了星系光谱的红移现象,而且离地球越远的星系,以越快的速度远离我们而去。这一现象表明,宇宙处于膨胀状态中。正如史蒂芬·霍金所说的:"宇宙膨胀的发现是20世纪最伟大的智慧革命之一。"②这一假设很快得到了天文学界的认同,人们自然而然地联想起牛顿在17世纪提出的万有引力定律,现在想来,如果只有万有引力的话,宇宙就会塌陷到一个点上。而这样的状况之所以没有出现,就是因为宇宙处于膨胀的状态中,而向外膨胀的力正好抵消了向内塌陷的引力。

然而,一旦人们接受了宇宙膨胀的假设,一个新问题又产生了,究竟什么原因导致了这样的结果?1948年,美籍天体物理学家伽莫夫进一步提出了宇宙大爆炸的理论假设。按照这种假设,宇宙最初是由高密度、高温度,而且体积又无限小的原始物质构成的。这些原始物质发生了大爆炸,其碎片向四面八方飞溅开来,并随着温度的下降而不断膨胀,形成了目前我们居住在其中的宇宙。这个大胆的假设自然而然地使人们联想起德国哲学家康德在1755年出版的《宇宙发展史概论》中提出的关于太阳系起源的星云假设。按照这一假设,原始的、星云状的物质

①　[英]史蒂芬·霍金:《时间简史——从大爆炸到黑洞》,许明贤、吴忠超译,湖南科学技术出版社1995年版,第12页。
②　同上书,第48页。

微粒由于相互吸引而不断凝聚，又由于相互排斥而发生旋转运动，从而形成了太阳系。尽管康德的星云假设把生成和发展的理念引入太阳系中，但由于缺少宇宙大爆炸和膨胀的理论背景，他对斥力的解释总显得苍白无力。

20世纪70年代以来，英国天体物理学家史蒂芬·霍金，这个因疾病缠身而坐在轮椅上的伟大科学家，运用爱因斯坦的广义相对论和普朗克的量子理论，提出了一系列原创性的见解，极大地丰富了宇宙大爆炸的理论：首先，他肯定，作为连光也无法逃逸出来的强引力场的"黑洞"并不完全是黑的，而是存在着辐射，当这种辐射导致能量消耗殆尽时，黑洞就会蒸发；其次，肯定黑洞的中心是"奇点"，即以数学的方式假定的无限小的点。正是在这个点上，原始物质的质量和能量达到了极点，引起了大爆炸；最后，肯定宇宙在时间上是有起点的，而在空间上则是无边界的，从而推翻了以牛顿为代表的经典物理学关于时空永恒存在的学说。

尽管宇宙大爆炸理论被越来越多的观测和发现所证实，但仍有诸多谜团没有得到破解，如宇宙会无限地膨胀下去吗？如果膨胀在时间和空间的某个点上终止，引力会导致宇宙的重新塌陷和新的奇点的产生吗？这些问题还有待科学家们的进一步研究。

有趣的是，宇宙大爆炸理论由于肯定宇宙在时间上是有起点的，因而与罗马教廷关于上帝创造世界的理论产生了某种"共鸣"。1981年，霍金到梵蒂冈参加宇宙论会议，受到教皇的接见。令教徒们瞠目结舌的一幕发生了：教皇居然跪倒在霍金的轮椅前，亲切地与他耳语。而在348年前，即1633年，在同一个宫殿里，当时的教皇乌尔班八世签署了谴责伽利略的文件。① 世事沧桑，可见一斑！

---

① 参见［英］史蒂芬·霍金、罗杰·彭罗斯：《时空本性》，杜欣欣、吴忠超译，译者序，湖南科学技术出版社1996年版，第2页。众所周知，基督教的宇宙观是以亚里士多德-托勒密主张的"地心说"为基础的，而伽利略拥护哥白尼提出的"日心说"，自然引起了罗马教廷的不满，当时的宗教裁判所竟然把伽利略监禁起来，强迫他把自己的手放在《圣经》上宣誓，放弃"日心说"。

其实，早在一个多世纪前，德国物理学家克劳修斯就创立了热力学第二定律，并在此基础上提出了"热寂说"，即在一个自身封闭的宇宙中，熵在不断地增加，一切能量最终会转化热能，宇宙将在热寂状态中死灭。这一见解提出后，在理论界也曾掀起轩然大波。在当今世界，无论是宗教界对"末世论"的争论，还是未来学家对"世界末日"的预言；无论是科幻作家对"核冬天"的想象，还是电影编导对"星球大战"和"星球移民"的构思，都蕴含着地球村居民对未来的不确定性的恐惧。而从历史唯物主义的哲学立场来看，一切产生出来的具体事物都会灭亡，但构成这个大千世界的物质则是不灭的。正如恩格斯告诫我们的："物质在它的一切变化中永远是同一的，它的任何一个属性都永远不会丧失，因此，它虽然在某个时候一定以铁的必然性毁灭自己在地球上的花朵——思维着的精神，而在另外的某个地方和某个时候一定又以同样的铁的必然性把它重新产生出来。"①

事实上，人类对外部世界的思索，不仅涉及我们上面提到的宏观世界，也涉及微观世界（如基本粒子、纳米技术等）和中观世界（人类可以感知的周围环境和事物），而所有这些思索又是永无休止的，真堪谓"上穷碧落下黄泉，两处茫茫皆不见"。

第二个触角：伸向内部世界

如果说，人类早期的哲学思维就像小孩扑蝴蝶一样，总是向外伸展的，那么，随着思维的深入和渐趋成熟，它又开始倒过来，指向人类自身，尤其是人类的精神世界，即内部世界了。哲学家们经常使用的概念"反思"（reflection）就有自我倒过来思索自我的意思，中国古代哲学家曾子所强调的"吾日三省吾身"也有类似的含义，但曾子更注重的是道德上

---

① 恩格斯：《自然辩证法》，人民出版社 1971 年版，第 24 页。

的自我反省。

在古希腊神话中，站在山崖上的狮身人面的怪物——司芬克斯向路过的俄狄浦斯提出了如下的问题：早晨四只脚、中午两只脚、晚上三只脚行走的动物是什么？按照规则，如果俄狄浦斯回答不出这个问题，他将被司芬克斯吃掉；如果他准确地解答了这个问题，司芬克斯将坠崖自杀。这就是著名的"司芬克斯之谜"。由于俄狄浦斯准确地说出了谜底——人，司芬克斯不得不坠崖自尽。那么，为什么说人早晨是四只脚、中午是两只脚、晚上是三只脚行走的呢？因为早晨、中午和晚上分别比喻人的儿童、青壮年和老年三个时期。儿童时期手脚都在地上爬，青壮年时期两脚站地，老年时期走路要靠拐杖，成了"三只脚"。这个有趣的司芬克斯之谜是人对自己最初的、直观的认识。

公元 1 世纪，西方产生了基督教。按照基督教的教义，上帝创造了世界，也创造了人类。据说，上帝创造了亚当，并把他置于伊甸园之中。当亚当熟睡时，上帝又从他的身上抽下一根肋骨，创造了夏娃。当亚当和夏娃在撒旦的引诱下偷吃了知善恶树上的禁果后，上帝于盛怒之中把他们逐出了伊甸园。后来亚当和夏娃结成夫妻，成了人类的始祖。长期以来，这个匪夷所思的神话故事支配着人类对自身起源的认识。然而，17 世纪以降，随着自然科学，尤其是生物学的长足的发展，这个美丽的神话遭到了致命的打击。

1859 年，英国生物学家达尔文出版了《物种起源》，1871 年又出版了《人类的由来》，他以不无嘲讽的口吻写道："时常有人毫不迟疑地断言，人的起源是永远无法知道的。但无知比知识往往更容易产生自信之心，那些断言宣称科学将永远不能解决这一问题或那一问题的人大都是一知半解之辈，而不是富有知识之人。"[1]在达尔文看来，人根本不是上帝创造的，而是从古猿演化而来的。在后达尔文时期，人类学家的核心任务就是描绘出人类自身起源的蓝图。按照考古发掘的材料，人类的历

---

① ［英］达尔文：《人类的由来》，潘光旦、胡寿文译，商务印书馆 1983 年版，第 3 页。

史可以追溯到约400万年前的南方古猿；180万年前，南方古猿演化为直立人，一直延续到20万年前；随后又发展出早期智人，延续到约5万年之前；最后出现的是晚期智人，他们与现代人在形态上已经非常接近了。

从哲学上看，古猿向人类的演化是通过直立行走、劳动、创造和使用语言等重要环节而完成的，而这一富于挑战气息的演化过程也在语言文字中积淀下来了。熟悉汉语的人都知道，"人"这个字在甲骨文中作，像侧立的人形，在金文中作，在小篆中作。许慎在《说文解字》中写道："人，天地之性最贵者也。像臂胫之形。"而当一个人称呼自己时，他使用的另一个重要的字就是"我"。有趣的是，"我"在甲骨文中作，简直是一个武装到牙齿的存在物，由此可以想象初民在当时生活中面临的种种困厄与危险。这个字在金文中作，在小篆中作，始终是一个荷"戈"而行的武装分子。鉴此，"我"在当时生存之艰难，已见端倪。

当然，更复杂、更值得研究的还不是人（自我）的外在形态，而是他的精神世界。古罗马哲学家奥古斯丁在其《忏悔录》中曾以细腻的笔触展示了自己青少年时期的精神活动，并发出了如下的感慨："人真是一个无底的深渊！"①人的内心世界是如此之丰富多彩、变幻莫测，以至于很难测量出其深度和广度。

在奥古斯丁之后，法国哲学家笛卡尔使思维的触角进一步伸向人（自我）的内在世界。他曾在军队里服役，并在荷兰的火炉边陷入了沉思，后来提出了"我思故我在"的著名命题。在他看来，其他一切（甚至包括外部世界是否存在）均可被怀疑，但此刻，"我正在怀疑，正在思考"这一点却无法被怀疑。正是在这个阿基米德点上，笛卡尔建立了知识的确定性，即唯有经过自我理性思考的、清楚明白的知识才是可靠的、确定性的知识，而其他都是鬼话。正如英国哲学家休谟后来所说

---

① ［古罗马］奥古斯丁：《忏悔录》，周士良译，商务印书馆1963年版，第65页。

的："我们如果在手里拿起一本书来，例如神学书或经院哲学书，那我们就可以问，其中包含着数和量方面的任何抽象推论吗？没有。其中包含着关于实在事实和存在的任何经验的推论吗？没有。那么我们就可以把它投在烈火里，因为它所包含的没有别的，只有诡辩和幻想。"①

受到休谟思想的激励，德国哲学家康德把对人（自我）的探索归纳为如下四个问题：我能认识什么？我应该做什么？我应该期待什么？人是什么？第一个问题涉及认识论，第二个问题涉及伦理学，第三个问题涉及宗教学，第四个问题涉及人类学。在康德看来，最重要的是第四个问题，即人是什么？然而，遗憾的是，正是在这个最重要的问题上，康德却缺乏深入的思考，而真正做出科学的解答的是马克思。马克思告诉我们，人不是英国小说家笛福笔下的、居住在绝望之岛上的孤独的鲁滨孙，人是社会存在物，他的本质在其现实性上乃是一切社会关系的总和。人总是首先解决吃、喝、住、穿的问题，然后才去从事精神活动、政治活动等。人的内在世界通过其欲望、行为和思维而展开，而这一展开并不是随心所欲、漫无边际的，而是围绕着经济关系的中轴线而展开的。正是在自我与他人的关系中，家庭、社会、国家和国际联合体得以形成，数学、自然科学、人文科学和社会科学得以确立。然而，不管人类对其自身及其内部世界做出了多少探索，人（自我）的神秘性并不因此而稍减。正如德国诗人海涅在《诗歌集》中所吟诵的：

> 啊，美丽的司芬克斯！
> 请给我解释这神秘之谜！
> 我对于这个问题，
> 已经想了几千年时间。

---

① ［英］休谟：《人类理解研究》，关文运译，商务印书馆 1957 年版，第 145 页。

第三个触角：伸向语言世界

假如说，人类作为高等动物，与其他动物之间存在着什么根本性的差别的话，我们或许可以说，人类拥有一个抽象的语言世界。事实上，人们不但运用语言来称谓外部世界（包括人类社会）的万事万物，也用语言相互称呼和命名，并以此表达自己的思想和情感。

当人们熟练地运用语言来从事各种活动时，他们很容易陷入下面的幻觉之中，即把语言理解为进行情感交流和思想交流的工具。然而，实际情形却完全出乎他们的意料之外。语言不但不是人们的工具，反倒成了人们的主宰。换言之，人们反而成了他们所使用的语言的工具，他们常常会用语言去言说一些与自己心中的愿望正好相反的东西，而自己仍然处于浑然不知的情况下。正如马克思所说的："他们没有意识到这一点，但是他们这样做了。"①

比如，1998 年，上海某家电视台的一位编辑打电话给我，说他们正在筹备一个"跨越 20 年"的重要专栏，目的是报道 1978—1998 年上海在改革开放中发生的重大变化，想听听我对这个专栏的意见。我毫不客气地指出："跨越 20 年"这个标题就是错误的，因为从语言学上看，"跨越"的含义就是跨过去、越过去。也就是说，只有当人们不愿意谈论这20 年的时候，才会说"跨越 20 年"。如果他们真正的意图是谈论这 20年，那么这个栏目的标题就应该改为"走过 20 年"。这位编辑听了，半天没有回过神来。他以为自己准确地把握了"跨越"这个词的意思，实际上他从未真正地领悟到这个词的确切含义。②

---

① 《马克思恩格斯文集》第 5 卷，人民出版社 2009 年版，第 91 页。
② 讲到"跨越"这个词，很容易联想起晚年马克思致俄国学者查苏利奇的信。在信件的草稿中，马克思提出了"跨越卡夫丁峡谷"的著名命题，这里的"卡夫丁峡谷"比喻资本主义历史阶段，"跨越"表明要越过，而不是经过这个历史阶段。

又如，人们习惯于把脚踏车称作"自行车"，把电瓶车称作"助动车"。其实，他们正好把自己想要表达的意思说反了。实际情形是：脚踏车应该被称作"助动车"，因为它必须通过脚的力量去"助动"，而电瓶车应该被称作"自行车"，因为只要打开它的马达，它就会自动地往前走。

再如，人们在撰写追悼词的时候，时常会提到死者"生前的好友"。实际上，细加推敲，就会发现，"生前"这个词的含义并不明晰。如果不是按照约定俗成的用法，而是按照字面上去理解，"生前"的含义应该是"出生之前"。而一个人出生之前何来"好友"！所以，准确的说法应该是"死前的好友"。

从上面列举的这些简单的例子可以看出，尽管人们天天在使用语言，但这并不表明他们对语词的含义获得了准确的、明晰的理解。事实上，当被错误理解的语言和文本统治他们思想时，他们的思维和行为会变得非常荒唐可笑。

由此可见，语言世界作为主观世界与客观世界之间的媒介，作为不同的主观世界之间的媒介，起着何等重要的作用。无怪乎西方哲学在20世纪中出现了著名的"语言学转折"。分析哲学传统中的某些哲学家，如英籍哲学家维特根斯坦甚至认为，哲学就是对人们的语言进行分析和治疗。哲学家们由于错误地理解并运用语言来表达自己的思想，从而提出了大量"假问题"。为了解决这些他们信以为真的假问题，他们殚精竭虑地思索着，争论着，无法找出准确的结论来。就像苍蝇一旦飞入了捕蝇瓶，就再也飞不出来了。维特根斯坦认为，他创立的语言哲学的目的就是要引导误入捕蝇瓶中的苍蝇，即那些受困于假问题的哲学家们，从捕蝇瓶中再飞出来。维特根斯坦的见解确实是发人深省的。在日常生活中，人们误用语言的现象几乎随处可见：

比如，当一位女士随口说出"黑颜色的衣服不容易脏"这句话时，她并没有意识到自己说了一句错话。为什么？因为无论是黑颜色、白颜色，还是其他什么颜色的衣服，都容易脏，并不存在黑颜色的衣服不容易脏这种现象。准确的说法应该是："黑颜色的衣服即使脏了也不容易被人们感觉出来。"在这里，问题的要害不是对衣服本身做断言，而是对人们的感觉做断言。

又如，一位学者在长期研究海德格尔哲学的基础上出版了一本书，书名是《海德格尔哲学》。其实，仔细想来，这个书名也是成问题的，准确的书名应该是《我对海德格尔哲学的理解》，因为这本书只是这位学者对海德格尔哲学的一种理解方式，至于这种理解方式是否切合海德格尔哲学本身，是否有资格用"海德格尔哲学"这个短语来命名，还是一个悬而未决的问题。

再如，人们，包括科学家和人类学家在追溯人类祖先的谱系时，常常使用"类人猿"这个概念。其实，这个概念本身就是荒谬可笑的，因为它的含义是"与人类似的猿"。如前所述，人类是从南方古猿演化而来的，也就是说，从时间在先的角度看，是先有猿类，后有人类。换言之，猿类是人类的祖先。因此，人们应该使用的准确概念应该是"类猿人"，即"与猿类似的人"，而不是"类人猿"。因为猿类是早出的，人类是晚出的，怎么可以说早出的猿类反倒像晚出的人类呢？打个比方，一对父子看上去很像。如果有人说"父亲很像儿子"，大家一定会觉得非常可笑，因为父亲出生在先，儿子出生在后，怎么可以倒过来说"在先"的像"在后"的呢？但如果有人说"儿子很像父亲"，大家就会觉得完全合理。由此可见，应该用"类猿人"这个准确的概念取代"类人猿"这个似是而非的、错误的概念。

由此可见，语言世界的重要性是不言而喻的。人们常常以为自己生活在世界上，实际上他们生活在这个世界的语言表述中。他们常常陷入下面这样的普遍性的错觉，即不假思索地把语词等同于语词所指称的实际对象：

比如，当张三在餐馆里点了一份"老鸭汤"，吃得津津有味时，他从来不会去追问，服务员端上来的汤中的鸭子是不是真正的"老鸭"？事实上，他从来没有思索过：究竟什么是"老鸭"？鸭龄超过多少年的鸭子才能算"老鸭"？也就是说，我们并不知道张三实际上是否喝了真正的老鸭汤，而只能说：他以为自己喝了老鸭汤。

又如，当李四每天服用"深海鱼油"时，他也不会去追问，什么叫"深海鱼"？究竟在海平面下多少米生活的鱼才是"深海鱼"？因此，我们也不知道李四实际上是否服用了真正的深海鱼油，而只能说：他以为自己服用了深海鱼油。

再如，王五十分喜欢冯小刚执导的喜剧片《非诚勿扰》，但他从来没有去想过，"非诚勿扰"这个片名有什么问题。其实，这个片名就是十分荒唐可笑的。为什么？因为只要把"非诚勿扰"中的两个否定词——"非"和"勿"去掉，留下来的就是"诚扰"。难道谈恋爱就是"诚扰"，即真诚地打扰别人吗？我们知道，"打扰"是一个贬义词，怎么可以与褒义词"真诚"连用呢？恐怕在哪本词典上都找不到这个词。有人也许会提出疑问：去掉这个片名中的两个否定词是否会改变这个片名原来的意思呢？我们的回答是否定的，因为去掉这两个否定词，不但不会改变"非诚勿扰"的含义，反而会使其原来的含义更明晰地显露出来。假如某人说："我不得不去北京。"抽掉这句话中的两个否定词"不"后，这句话就变为："我得去北京。"句子的整体含义并没有根本性的改变。

上面列举的都是日常生活中的例子。从这些例子中不难发现，人们对语言的盲目信赖已经到了何种程度，以至于见到什么文字，就相信这些文字所指称的对象。总之，他们已在语言世界中迷失了方向。显然，只有借助于哲学的批判性的思维，才能使他们从这种窘境中摆脱出来。

第四个触角：伸向镜像世界

什么是"镜像"？按照当代法国哲学家、心理学家拉康的理论，婴儿在成长的过程中会经历一个"镜像阶段"（6～18 个月）。在这个阶段中，婴儿在镜子里看到了自我的形象，并把镜像，即镜子里的映像理解为理想化的自我。假如对"镜像"做更宽泛的理解的话，就会发现，一个人对来自他人的眼光、话语、观点和要求的认同，实际上都是对理想化的镜像或镜像世界的追求。

无独有偶，哲学也在不断地追求自己的镜像，即追求理想化的哲学自身。众所周知，实证科学一旦确立了自己研究的范围，就不会再反躬自问了。比如，物理学的研究者不会老是追问：什么是物理学？化学的研究者也不会老是追问：什么是化学？然而，有趣的是，哲学家就像不断地呼唤着"阿毛"的祥林嫂。几千年来，一代又一代的哲学家总是孜孜不倦地追问：什么是哲学？并在这个问题上陷入无休止的争论。实证科学家们常常以此讥笑哲学和哲学家们的无能，然而，他们并不理解，这种不间断的反躬自省和对哲学自身镜像的不停息的探寻，正是哲学这门学科的特殊性及其魅力之所在。

哲学作为人类安身立命的最高智慧，它蕴含的范围是如此之广，思索的问题又是如此之深，因而它自身具有某种不确定的特征，需要不断地反思自己，超越自己。正如德国哲学家叔本华所说的，哲学是长着许多脑袋的怪物，每个脑袋都说着不同的语言。有的学者把哲学理解为对宇宙奥秘的探索，也有的学者把哲学理解为人生意义的探寻；有的学者把哲学理解为语言上的分析、批判活动，也有的学者把哲学理解为认识世界的方法论。事实上，正是这种不断的反躬自问使哲学一直保持着思想的高度而不坠落下来，也使哲学的思维之旅历久弥新，永远保持着青春的活力。

2011年

文化传承创新：从自发走向自觉^①

胡锦涛明确要求"全面提高高等教育质量，必须大力推进文化传承创新"。这一思想不但对正确理解并处理现代化与传统文化的关系来说意义重大，而且对中国高等教育事业的发展也具有长远的指导意义，它必将激励高教工作者对文化传承创新由自发走向更加自觉。

一、重视历史经验

在"文化传承"这四个字上，凝聚着胡锦涛同志对以往的历史经验的总结。众所周知，19世纪60、70年代，当黑格尔哲学被德国知识界视作"一条死狗"时，马克思在《资本论》第一卷第二版跋中辛辣地嘲讽了这种肤浅的、虚无主义的思想态度，明确表示："我公开承认我是这位大思想家的学生，并且在关于价值理论的一章中，有些地方我甚至卖弄起黑格尔特有的表达方式。辩证法在黑格尔手中神秘化了，但这绝没有妨碍他第一个全面地有意识地叙述了辩证法的一般运动形式。"在这里，马克思不仅通过对辩证法的肯定

① 载《中国高等教育》2011年第20期，第12—13页。——编者注

而维护了黑格尔的学术声誉，而且启示我们，任何人都不应该对传统文化采取全盘否定的态度。

毋庸置疑，作为世界上第一个社会主义国家的缔造者，列宁继承了马克思这方面的思想传统。

"十月革命"后，苏联知识界出现了所谓"无产阶级文化派"，它把无产阶级文化与一切传统的文化尖锐地对立起来，主张彻底清除传统文化。在《关于无产阶级文化》一文中，列宁十分及时地批判了这一错误思潮："马克思主义这一革命无产阶级的思想体系赢得了世界历史性的意义，是因为它并没有抛弃资产阶级时代最宝贵的成就，相反却吸收和改造了两千多年来人类思想和文化发展中一切有价值的东西。只有在这个基础上，按照这个方向，在无产阶级专政（这是无产阶级反对一切剥削阶级的最后的斗争）的实际经验的鼓舞下继续进行工作，才能认为是发展真正的无产阶级的文化。"在列宁看来，无产阶级文化不但不应该排斥传统文化，相反，应该大胆地继承传统文化中一切有价值的东西。

"五四"时期，少数激进的中国知识分子也曾提出过类似的、具有文化虚无主义倾向的口号。有人主张把所有的线装书扔进厕所里，也有人主张把汉字拉丁化等。这种文化虚无主义的观念在"文化大革命"中再度沉渣泛起。当时流行的"横扫一切牛鬼蛇神""打倒资产阶级学术权威"等口号，几乎使中国传统文化陷入花果飘零的境地。

正是基于这种历史性的思考，胡锦涛总书记把"文化传承"作为当今知识界，尤其是高等教育界面对的一个重大的课题提了出来，值得引起我们高度关切。

二、传承优秀文化

胡锦涛同志指出，高等教育是传承优秀文化的重要载体。显然，这是站在当今时代的高度上，对高等教育的历史使命做出的科学总结。众所周知，前人在应对环境的挑战中留下了极其宝贵的经验。如果后人要以更成功的方式回应环境，就必须批判地选择、提升和概括前人留下的经验。这种对以往经验的选择、提升和概括，主要是通过教育的方式，一代接一代地传递下去的。而在所有的教育方式中，高等教育起着最为重要的作用。一方面，初等教育和中等教育本身就是为高等教育做准备的；另一方面，只有高等教育才能自觉地承担起传承优秀文化的历史使命，而接受高等教育的人也已有成熟的心智来理解传统文化，区分传统文化中的精华和糟粕。

就高等教育中的哲学教育来说，主要是通过哲学史课程的设置来继承并发扬传统哲学思想中有价值的东西的。哲学史课程主要有三种：外国哲学史（主要是西方哲学史）、中国哲学史和马克思主义哲学史。作为高校哲学教师，我们都十分重视哲学史课程。事实上，一个学生如果缺乏哲学史方面的扎实的基础知识，他既不可能准确地理解现、当代哲学思想，也不可能在哲学研究中做出创造性的贡献。因此，各个高校的哲学系通常会安排最优秀的、最有经验的教师来担任哲学史课程的教学工作；此外，也会对哲学基础理论（包括马克思主义哲学原理）课与哲学史课的次序做出合理的调整，在以往哲学教育的课程设置中，哲学基础理论课通常是先上的，哲学史课则是后上的。学生们普遍反映，哲学基础理论课不容易懂。在教育改革的大潮中，听取了学生们的意见，原来的教学次序被颠倒过来了，即先上哲学史课，后上哲学基础理论课。调整后，学生们一致反映，哲学基础理论课变得容易理解了。由此可见，在高等学校的哲学教育中，充分重视哲学史课程的建设，把它们放到优先的、基础性的位置上，具有决定性的意义。

然而，作为高校哲学教师，我们对哲学史课程的重要性的认识还是远远不够的。我们只是从如何上好课、如何使学生们更好地接受哲学教育的角度，去理解哲学史课程的意义的。胡锦涛同志从国家发展的全局出发，把高等教育视为传承优秀文化的主要载体。这一点既使我们对哲学史课程乃至高校的整个哲学教育的意义获得了新的认识，也使我们对优秀哲学文化的传承从"自发"走向"自觉"。显然，有没有这样的自觉性是大不一样的。有了这样的自觉性，我们不但会更谨慎地挑选哲学史乃至全部哲学课程的教材，甚至自己动手编写更适合学生学习的教材，还会更努力开设各种经典著作的导读课程，自觉地担当起传承优秀文化的历史重任。

三、激发思想创新

胡锦涛同志把高等教育理解为思想文化创新的重要源泉，这个观点是他从创新型国家建设的高度出发而引申出来的。胡锦涛同志认为，当今世界正处于大发展大变革大调整的历史时期，在这个历史时期中，综合国力的竞争日趋激烈，创新已成为经济社会发展的主要驱动力，尤其是知识创新已成为国家竞争力的核心要素。胡锦涛同志还区分了三种主要的创新形式，即"原始创新""集成创新"和"引进消化吸收再创新"。所有这些论述都为我们重新认识高等教育的根本任务，尤其是人才培养的主要方向和要求提供了重要的指导思想。

作为高校哲学教师，过去我们考虑得比较多的是如何把自己的知识以及我们认为比较重要的哲学见解传递给学生，正是胡锦涛同志的上述思想促使我们从培养学生的创新思维能力的角度出发去重新认识以往的人才培养活动和教学活动。

就我个人的理解来说，我一直把哲学视为概念思维，因而十分重视对学生的思维能力的培养。为此，长期以来，我为本科生和研究生开设了以下三门课程：一是"当代思维方法批判"。这门课既吸收了西方大学普遍开设的"批判性思维"(Critical Thinking)的部分内容，也吸收了当代外国哲学课程中的各种方法论(如现象学方法、诠释学方法、心理分析方法、语言分析方法、结构主义方法、解构主义方法等)。二是"康德的《纯粹理性批判》精读"。在我看来，康德在哲学上发动的"哥白尼革命"

乃是人类思维发展史上的根本性转变。不幸的是，不少人没有学过康德哲学，因此仍然以"前康德的"方式进行思维。我希望，通过这门课，不但促使学生们的思维进入康德的语境中，还要进一步超越康德，达到当代哲学思维的高度上。三是"哲学导论"。众所周知，哲学思维的特点是强烈的批判意识和创新意识。通过这门课，我的目的是把停留在常识思维中的学生领进哲学的辩证思维的殿堂。此外，我还为本科生开设了"我们应该如何思维"的讲座，并把创造性思维的培养作为其中的一项基本内容。尽管做了这些工作，但以前并没有从胡锦涛总书记所说的高等教育是思想文化创新的重要源泉的高度上去理解这些工作的意义。胡锦涛同志的讲话使我认识到，必须从这个高度出发去重新反思以往的人才培养工作和教学活动，在自己的教学活动中努力激发学生"勤于学习、善于思考、勇于探索、敏于创新"求学精神，切实提升他们的思维创新能力，勉励他们为创新型国家的建设贡献出自己的全部力量。

2012年

高等教育是思想文化创新的重要源泉①

"全面提高高等教育质量，必须大力推进文化传承创新。"这一思想对正确理解并处理现代化与传统文化的关系来说意义重大，对中国高等教育事业的发展具有长远的指导意义。

一、重视历史经验

众所周知，19 世纪六七十年代，当黑格尔哲学被德国知识界视作"一条死狗"时，马克思在《资本论》第一卷第二版跋中辛辣地嘲讽了这种肤浅的、虚无主义的思想态度，明确表示："我公开承认我是这位大思想家的学生，并且在关于价值理论的一章中，有些地方我甚至卖弄起黑格尔特有的表达方式。辩证法在黑格尔手中神秘化了，但这绝没有妨碍他第一个全面地有意识地叙述了辩证法的一般运动形式。"在这里，马克思不仅通过对辩证法的肯定而维护了黑格尔的学术声誉，而且启示我们，任何人都不应该对传统文化采取全盘否定的态度。

作为世界上第一个社会主义国家的缔造者，

① 载《中国社会科学报》2012 年 2 月 27 日 A06 版。——编者注

列宁继承了马克思这方面的思想传统。十月革命后，苏联知识界出现了所谓"无产阶级文化派"，它把无产阶级文化与一切传统的文化尖锐地对立起来，主张彻底清除传统文化。在《关于无产阶级文化》一文中，列宁批判了这一错误思潮："马克思主义这一革命无产阶级的思想体系赢得了世界历史性的意义，是因为它并没有抛弃资产阶级时代最宝贵的成就，相反却吸收和改造了两千多年来人类思想和文化发展中一切有价值的东西。只有在这个基础上，按照这个方向，在无产阶级专政（这是无产阶级反对一切剥削的最后的斗争）的实际经验的鼓舞下继续进行工作，才能认为是发展真正的无产阶级文化。"在列宁看来，无产阶级文化不但不应该排斥传统文化，相反，应该大胆地继承传统文化中一切有价值的东西。

胡锦涛同志把"文化传承"作为当今知识界尤其是高等教育界面对的一个重大课题提了出来，值得引起我们的高度重视。

二、传承优秀文化

高等教育是传承优秀文化的重要载体。前人在应对环境的挑战中留下了极其宝贵的经验。如果后人要以更成功的方式回应环境，就必须批判地选择、提升和概括前人留下的经验。这种对以往经验的选择、提升和概括，主要是通过教育的方式，一代接一代地传递下去的。而在所有的教育阶段中，高等教育起着最为重要的作用。

就高等教育中的哲学教育来说，主要是通过哲学史课程的设置来继承并发扬传统哲学思想中有价值的东西的。然而，作为高校哲学教师，我们对哲学史课程的重要性的认识还是远远不够的。我们只是从如何上好课、如何使学生们更好地接受哲学教育的角度，去理解哲学史课程的意义的。胡锦涛同志从国家发展的全局出发，把高等教育视为传承优秀文化的主要载体。这一点既使我们对哲学史课程乃至高校的整个哲学教育的意义获得了新的认识，也使我们对优秀哲学文化的传承从"自发"走向"自觉"。显然，有没有这样的自觉性是大不一样的。有了这样的自觉性，我们不但会更谨慎地挑选哲学史乃至全部哲学课程的教材，甚至自己动手编写更适合学生学习的教材，还会更努力开设各种经典著作的导读课程，自觉地担当起传承优秀文化的历史重任。

三、激发思想创新

作为高校哲学教师，过去我们考虑得比较多的是如何把自己的知识以及我们认为比较重要的哲学见解传递给学生，正是胡锦涛同志提出的重要思想促使我们从培养学生的创新思维能力的角度出发，去重新认识以往的人才培养活动和教学活动。必须从这个高度出发，去重新反思以往的人才培养工作和教学活动，在自己的教学活动中努力激发学生"勤于学习、善于思考、勇于探索、敏于创新"的精神，切实提升他们的思维创新能力，勉励他们为创新型国家的建设贡献出自己的全部力量。

哲学何谓？[①]

哲学何谓？用通常的话说就是：什么是哲学？用英语来表达，就是：What is philosophy?哲学研究者之所以要不断追问这个问题，主要有以下三点理由：

第一，哲学自身的不确定性。与一切实证科学比较，哲学缺乏一个共同认可的确定的研究领域。正是这种不确定性促使哲学家们不断反躬自问哲学何谓，以便在变化着的时代背景下对哲学做出新的理解和阐释。

第二，正是通过对哲学何谓的解答，解答者选择了一种确定的哲学观，从而自觉地从这种哲学观出发去探索具体的哲学问题。如果一个研究者只注重对具体哲学问题的思考，却缺乏总体上的哲学观，他的思想就会始终处于碎片化的状态中，这样的研究者充其量只能成为哲学匠，却无缘升格为哲学家，更不可能成为原创性的哲学家。

---

① 此文为作者 2012 年 3 月 19 日于北京师范大学所做学术讲座；2013 年 9 月 23 日于中南财经政法大学文沛楼做同题讲座；2013 年 11 月 26 日于山东大学做学术讲座，题为"哲学研究中的若干问题"，讲座 PPT 内容与文章前半部分相似；2018 年 7 月于复旦大学星空讲坛做同题讲座；2011 年 5 月 30 日，同名文章发布于俞吾金教授新浪博客 http：//blog. sina. com. cn/s/blog _ 7a1aca360100tax4. html，讲座与博客文章相比，已有修改；载《文汇报》，2012 年 3 月 19 日，题为"哲学何谓？——俞吾金教授在北京师范大学的讲演"。——编者注

第三，只有当研究者不断追问哲学何谓时，才能在哲学研究中始终保持新鲜的，即永不衰竭的、怀疑的、批判的精神。在哲学研究中经常遭遇到的情景是：当某人站在哲学殿堂之外时，总是充满好奇心地追问：哲学何谓？而一旦成了哲学系的学生，他就再也没有兴趣去追问这个问题了，仿佛他研究哲学必须以忘记哲学为代价。其实，这种不追问的状态正是哲学思维衰退乃至死亡的一个标志。

一、哲学概念的来源

哲学不啻是对智慧的热爱，而且它本身就是智慧。智慧始终是充满生命力的、灵活的理念。这种理念的基础和核心的意识是对具体问题进行具体分析，而正是这种意识确保智慧永远不变质，也永远不僵化。

英语中的 philosophy，在希腊语中是 φιλοσοφια，在拉丁语中是 philosophia。把希腊单词拆开来：φιλο-是"热爱"的意思，-σοφια 则是"智慧"的意思。因此，许多人把 philosophy 理解为"爱智慧"。毋庸置疑，从事哲学研究（do philosophy）必定包含对智慧的热爱，但"热爱"不过是一种情感。尽管哲学包含对情感的研究，但它不应该被归结为感情。哲学，就其最基本的表现方式来说，乃是运用概念思维去探索普遍性的问题。哲学不啻是对智慧的热爱，而且它本身就是智慧。显然，智慧（wisdom）与知识（knowledge）之间存在重大差异。作为已然形成的观念，知识包含有生命的、活的东西和已然死亡了的、僵化的东西，因而需要加以甄别；智慧则始终是充满生命力的、灵活的理念。这种理念的基础和核心的意识是对具体问题进行具体分析，而正是这种意识确保智慧永远不变质，也永远不僵化。

众所周知，西方人称作 philosophy 的学问，在古代中国通常被称为"玄学""元学""理学"或"道学"。自明代以降，以利玛窦为代表的欧洲天主教耶稣会的一批传教士来中国传道布教，他们既带来了西方的宗教、科学、技术和艺术，也带来了西方 philosophy 不同流派的思想。然而，当时 philosophy 在中国的译名尚未统一，它曾被译为"理科""理学""性学""爱知学""智学"和"格致学"等各种名字。尽管这些译名在中国学术界流传一时，却从未得到过研究者们的普遍认同。

据陈启伟先生在《"哲学"译名考》中考证，在 philosophy 这个术语的翻译上，日本学者西周起了关键性作用。1870 年，西周在其生前未发表的、由学生整理的讲演笔记《百学连环》中最早使用"哲学"这个译名。1874 年，"哲学"这个译名首次出现在西周公开出版的著作《百一新论》中。当时，这个译名还没有为日本哲学界普遍接受，直到 19 世纪 80 年代初，日本学者井上哲次郎在编撰日本第一部《哲学字汇》时采用了西周"哲学"的译法，这一译名才逐渐成为日本哲学界普遍接受的名称。

众所周知，在《诗经》中有"维此哲人，谓我劬劳""哲夫成城，哲妇倾城"这样的诗句，而在古代中国人的心目中，"哲"是通晓事理、聪明睿智的意思。有趣的是，日本学者西周用中国字创制出来的译名"哲学"又返回中国，成为中国学者普遍接受的对 philosophy 的定译。

许慎在《说文解字》中指出："哲，知（智）也。"在中国古代语境中，"哲"，同"悊"或"喆"。"哲"字上半部分为"折"。许慎在《说文解字》中说："折，断也，从斤断草。""折"字之所以重要，因为它相当于西方人说的"下判断"或"做决定"。从"悊"字向"哲"字的演化，一方面，它把隐藏在心中的判断通过嘴巴说出来，也就使判断明晰化、公开化了；另一方面，说出来的东西并不一定在心中经过反复思考而得出。在极端情况下，也可能心中想一套，嘴上说一套。由此看来，当代中国哲学研究的复兴似乎应该寄希望于从流于口头表述的"哲"重返注重心灵深思的"悊"，也就是说，使"哲学"复归为"悊学"。

究竟何时起中国学者开始接受并使用"哲学"这个译名？据陈启伟先生研究，中国学者黄遵宪在《日本国志》（1887 年）中谈到东京大学的学科设置时，曾使用过"哲学"这个译名；蔡元培先生也是较早接受并引进"哲学"这一译名的中国学者之一。他说自己"丁戊之间，乃治哲学"。所谓"丁戊之间"也就是 1897—1898 年。毋庸置疑，在普及这个译名时，起了较大作用的是梁启超先生。戊戌变法失败后他亡命日本，在那里创办了《清议报》和《新民丛报》，发表了一系列译介西方哲学的文章，使"哲学"这一译名很快成为报刊上的常用词，也成了中国人普遍接受的定译。

中国人以"哲学"译 philosophy，也不过一百多年历史。由于一个突然的触动，当代中国学者开始思考：既然"哲学"是舶来品，那么，中国哲学究竟是否具有合法性呢？2001 年 9 月，法国哲学家德里达到中国讲学，他的一个著名见解是"中国没有哲学"。随之，中国哲学界爆发了关于中国哲学是否具有合法性的大讨论。其实，德里达并没有贬低乃至否定中国哲学的意思，他想表达的是：中国并没有西方意义上的哲学。换言之，他的观点不过是肯定了中国哲学与西方哲学的差异。

在我看来，关于中国哲学是否具有合法性的问题根本上是一个假问题。我们完全可以换一个角度看问题，即任何系统的文明都无例外地由四大板块组成。前三个板块是：宗教（包括巫术）、实证科学、艺术。至于第四板块，西方称为 philosophy，中国人在把"哲学"作为 philosophy 的定译之前，对第四板块有完全不同的称谓，如"玄学""元学""理学""道学"等。这就启示我们，只要中国文明像其他文明一样存在第四板块，用什么语词（即概念）去称谓它，完全与合法性无涉。

有人也许会责问我：既然你认为中国哲学合法性的问题是一个假问题，为什么又说它是"有意义的问题"呢？因为肯定合法性问题仍然有意义，是就中国文明中的第四板块，即中国哲学的当代研究成果的形式来说的。这些论著在形式上是否具有合法性主要涉及以下两个层面：

第一个层面是：这些论著是否符合国际上通行的学术规范？如果不符合，当然就是不合法的。举例来说，假定研究康德的《纯粹理性批判》至少得参考国际哲学界公认的 30 个权威性文本，而刚在中国出版的某部研究著作只参考了其中 15 个。那就可以断言，这部著作在形式上不合法。第二个层面是：这些论著中关键词的含义是否得到明晰界定？假定某篇哲学论文有五个关键词，而这些词的含义都没有得到严格界定，这篇论文怎么可能传达出明晰的观念呢？显然，这样的哲学论文也是不合法的。

当代中国出版的哲学论著之所以常常在合法性上受到质疑，正是上述两层面的缺失所造成的。其历史原因是：一方面，中国的数学和逻辑学自近代以来都没有长足发展，而对英美的分析哲学，中国人又缺乏普遍兴趣；另一方面，近代以来自然科学发展上的滞后，也使中国缺失欧洲自笛卡尔以来追求确定性的传统，而辩证法思想的早熟又助长了对确定性的漠视。这样看来，当代中国哲学的发展仍然有赖于对研究论著形式上的合法性的追求。

二、对提问方式的反思

我们前面肯定了在哲学研究中不断追问哲学何谓的重要性，但这并不表明我们已无批判地接受了这个问题。事实上，我们发现，这个问题的提问方式存在严重偏失，正是这种偏失导致研究者对哲学的错误理解和阐释。

在通常情况下，人们喜欢提问，但很少注意自己的提问方式是否准确。但是自然的、未经深思的提问方式常常会束缚解答者的思路，甚至把他的整个思路引向错误轨道。

那么，哲学何谓的提问方式究竟有何偏失呢？加以比较就会发现，"What is philosophy?"源自日常生活中的"What is this?"（这是什么），而"What is this?"的提问方式则蕴含以下两个理论预设：其一，在以这种方式提问前，提问对象已然存在。比如甲指着桌子上的杯子问乙：What is this? 乙回答：This is a cup（这是一个杯子）。这一问答过程表明，在甲提问前，作为提问对象的杯子已经摆放在桌子上。用哲学语言来表达，就是杯子已经"在场"（presence）。因而当人们把"What is this?"

转换为"What is philosophy?"时，已经预设：哲学已经像那个杯子一样现成摆放在那里了。也就是说，这样的提问方式根本没有把哲学理解为一个生成过程。其二，"What is this?"体现的是知识论语境中静观者的提问方式。当西方人教小孩学知识时，会指着某个对象问：What is this? 显然，这种提问方式关注的只是这个对象是什么，而全然不关心为什么这个被提问对象（如杯子、哲学）会出现在这里，它与人类的生存活动究竟有何关联。要言之，这种提问方式遮蔽了被提问对象与人类生存活动之间的意义关系。

既然源自"What's this?"的"What's philosophy?"的提问方式存在不妥之处，那么，如何以准确的方式提问呢？我们主张，通过建立"问题际性"（inter-questions）的方式，引入一个新问题来引导人们对"What is philosophy?"的解答。这个新问题是：Why does human being need philosophy?（为什么人类需要哲学？）显然，这样做是基于以下两方面考虑：一是 Why 这个疑问词与 What 不同，后者关注的是对象本身，即它究竟是什么，而前者关注的则是对象与人类之间的意义关系，即它究竟为什么存在。于是，我们建立了下面这个问题际性："Why does human being need philosophy?——What is philosophy?"一旦这两个问题被连字符连接起来，它们就成了一个整体。也就是说，人们必须在第一个问题的引导下去回答第二个问题。事实上，正是这一问题际性使我们摆脱了传统、静观的知识论对哲学本质的遮蔽，而是从哲学与人类生存活动的关联出发，对哲学作出全新理解，即哲学乃是运用概念思维去探究人类存在方式及其意义的学问。

基于上述理解，哲学意识本质上就是关于存在的意识。海德格尔的下述分析也印证了我们对哲学的理解。在《黑格尔的经验概念》（1942—1943 年）中，海德格尔指出，德语名词 Bewusstsein（意识）是由词根 Bewusst-（意识到的）和后缀-sein（存在）构成的。假如我们把词根与后缀的关系理解为动宾关系，那么，Bewusstsein 的构词法已经暗示我们，意识根本上就是对存在的意识。

三、哲学思维演化的四种方式

只有自觉适应语言学的转向，当代中国哲学家才能与国际哲学界进行有效交流，当代中国哲学才能在新的对话和融合中创造新的辉煌。

对哲学史的深入研究表明，人类的哲学思维演化至今，大致经历以下四种代表性的思维方式：

一是独断论（dogmatism）的方式思维。这是在康德哲学以前，尤其是在哲学发轫之初的古希腊哲学家们普遍采用的思维方式。按照这种思维方式，无论人们的感觉、思维器官，还是人们使用的语言都是可靠的，个别事物乃至整个外部世界都是可以认识的。不妨把这种思维方式称作"朴素的乐观主义的思维方式"。然而，当这种思维方式流行时，它已经受到三个不同方向的挑战：一是早期人类对许多自然现象，如风雨雷电、地震海啸、火山喷发等，还无法准确解释；二是巫术、宗教关于灵魂不死的神秘说教，甚至在哲学家中间还广有市场；三是某些思维敏锐的哲学家已经对人的感觉、思维器官和语言的可靠性提出质疑。

比如，古代智者派哲学家高尔吉亚曾经提出三点异议："第一个是：无物存在；第二个是：如果有某物存在，这个东西也是人无法认识的；第三个是：即令这个东西可以被认识，也无法把它说出来告诉别人。"假如说，第一、第二条涉及对人类的感觉和思维器官的可靠性的质疑，那么，第三条则涉及对语言可靠性的质疑。显然，这种朴素的独断论思维方式无力回应上述严峻的挑战，它必然被新的思维方式所取代。

二是现象论（phenomenalism）的思维方式。这种思维方式与独断论思维方式的根本区别在于，后者认为自在之物是完全可以被认识的，而前者则认为，尽管人们可以去思考自在之物，但它们是不可知的。这一由康德创立的现象论思维方式主张，存在着两种不同的认识对象：一种是现象，人们凭借感觉和思维器官能够认识现象；另一种是自在之物，是不可知的。在现象论思维方式的语境中，自在之物由以下三个对象组成，即主观上的最高统一体灵魂、客观上的最高统一体世界、主客观合一的最高统一体上帝。这种现象论思维方式的特征是，从不试图像独断论思维方式那样去认识自在之物，而是把认识局限在自在之物刺激感官时产生的现象上。这种思维方式充分体现出人类的谦恭态度，但它留下的最大疑问是：自在之物究竟是什么？正如德国哲学家耶柯比所评论的，由于对自在之物的兴趣，人们走进了康德哲学，但是，也正是由于对自在之物的疑问，人们又必定会走出康德哲学。

尽管现象论思维方式对人类思想史的发展产生了巨大的影响，并为以后的哲学研究奠定了基础，但自在之物的谜语又促使人类超越了现象论的思维方式。

三是生存论(existentialism)的思维方式。为了探寻自在之物的谜底，叔本华做了如下比喻：在一个化装舞会上，康德为了找一个舞伴而求助于一位女性。他们在跳舞时配合相当默契。舞会结束后，那位女性摘下了假面具。康德突然发现，她正是自己的妻子。众所周知，在现实生活中，康德从未结过婚。叔本华只是借助于这个假想的意象表明，康德的自在之物非但不是不可知的对象，相反，正是他最熟悉的对象。叔本华告诉我们，自在之物就是意志，而意志乃是世界的本质，它在人的生命、身体和欲望中得到了最贴近、最充分的体现。这样一来，叔本华把在康德那里停留在遥远的彼岸世界的自在之物重新带回到人间。

肇始于叔本华的生存论思维方式从根本上颠倒了传统思维方式。按照传统思维方式，人的理性和认识是第一性的，意志和欲望则是第二性的。叔本华则告诉我们，人的意志和欲望是第一性的，理性和认识则是第二性的。理性和认识从来不会任意去思索一个对象，它们思索的永远是自己的意志和欲望所指向的对象。即使理性和认识拥有丰富的想象力，这个想象力也永远是围绕着自己的意志和欲望而展开。

生存论思维方式的巨大贡献是，揭示了人类思维永恒的秘密，即思维始终是围绕意志和欲望而向外伸展的。乍看起来，思维似乎是完全自由的，但仔细观察，就会发现，它系着一条意志和欲望的绳索。在叔本华之后，尼采、海德格尔等进一步改造并提升了这种思维方式，使之在当代精神生活中拥有广泛的影响力。然而，这种思维方式也有自己的阿喀琉斯之踵。因为与其他思维方式一样，它也必须借助语言而被表达出来。只要人们对语言与人类生存活动之间的意义关系还不甚了了，那么生存论思维方式不但不可能通过语言充分彰显出来，还可能处于被语言遮蔽的状态中。

四是以语言哲学为导向的思维方式。在 20 世纪哲学的发展中，出现了美国哲学家罗蒂所说的"语言学转向"（Linguistic Turn）。不同流派的哲学家们不约而同地把目光转向语言问题。维特根斯坦认为，哲学家们常常因为不明了语言的性质而被纠缠在假问题中。在维特根斯坦看来，哲学的主要功能是治疗性的，它不过是语言、逻辑上的分析运动而已。通过分析、澄清语言问题，从而为误入捕蝇瓶的苍蝇们指出一条逃生之路。海德格尔认为，在科学技术高度发展的背景下，形而上学、哲学连同当代语言已经遗忘，甚至完全遮蔽了存在的真理，因而形而上学和哲学都已失去了自己的生命，处于被终结的状态中，而由海氏唤醒的、取代它们的"思"（Deken）则开始了，在海德格尔看来，只有通过思把探寻存在意义的基本语词（概念）犁入语言中去，语言才可能真正成为"存在之寓所"。

具体说来，这种以语言哲学为导向的思维方式主要沿以下两个方向展开：一个是语义学（semantics）方向，主要探讨语词、句子、文本、语境、互文本之间的关系，探讨指称、意义、语义悖论之间的关系；探讨理想语言与日常语言、元语言与对象语言、私人语言与公共语言的关系；等等。在这个研究方向上，索绪尔、罗素、维特根斯坦、奎恩、戴维森、普特南、达米特等哲学家发挥了重要的作用。另一个是"语用学"（pragmatics）方向，主要探讨准确运用语言进行商谈的规则，涉及商谈各方的语言资质、对共识的认可和明晰化；也涉及对言语行为或以言行事问题的探索。如果说，哈贝马斯建立了普遍语用学和商谈伦理学，那么，奥斯汀、塞尔等人则就"以言行事"问题进行了深入的探索。

在某种意义上，当代中国人的思维大致还停留在独断论思维方式的框架内，只有少数人的思维进入了后三种思维方式。尤其是在第四种思维方式中，目前仍在英、美大学中占主导地位的分析哲学起着十分重要的作用。当然，应该把分析哲学与分析哲学所蕴含的方法——分析的方法区分开来，我们主要借鉴的是分析的方法。事实上，只有自觉适应这种语言学的转向，当代中国哲学家才能与国际哲学界进行有效交流，当代中国哲学才能在新的对话和融合中创造新的辉煌。

哲学研究三题议[①]

在哲学研究中，最奇特的现象莫过于人们沿着哲学的分支学科和具体问题，不断地向纵深和细微处进行探索，却遗忘了反身拷问哲学本身。一个人从未接触过哲学时，他会充满好奇心地追问：什么是哲学？一旦他成为哲学研究人员，他就像"管家婆"一样忙于具体事务，再也无心去追问这个问题了。其实，这种不追问状态乃是哲学思维衰弱的标志，它使哲学研究方式越来越趋同于实证科学的研究方式。于是，哲学这门充满智慧的古老学科，就像可怜的司芬克斯，从悬崖上坠落下来了，哲学消失了，哲学家也消失了，触目可见的则是哲学匠。[②]

对"什么是哲学"的问题，笔者已在多篇论文中做出了探索[③]，而本文探讨的以下三个问题实际上也间接地关涉对"什么是哲学"的准确理解。然而，对许多研究者来说，笔者在下面欲加以探

---

① 载《哲学动态》2012年第9期第5—8页。——编者注

② 马克思在其博士论文中把这样的哲学家戏称为"头发哲学家""手指哲学家""足趾哲学家""屎尿哲学家"等。参见马克思：《博士论文》，贺麟译，人民出版社1961年版，第67页。

③ 俞吾金：《哲学何谓》，《文汇报》2012年3月19日第00D版；《哲学思维的四个触角》，《解放日报》2010年2月28日第8版；《哲学的困惑和魅力》，《文汇报》2005年1月2日；《哲学：刨根究底的思维》，《云南大学学报》2004年第3期；《第一哲学和哲学的第一问题》，《哲学门》2001年第1期等。

讨的三个问题似乎从未存在过。换言之，它们从未作为问题出现在他们的思维过程中。对少数勤于思索的研究者来说，或许也关注过这些问题，但并未把它们作为哲学必须面对的基础性的、重大的问题加以探索，因而它们已经"沉落"到这些研究者的无意识层面上，成了思想从不光顾的荒芜之地。

本文的目的是把这些问题重新提到意识的层面上，认真地加以审查，以便对这些实际上无法回避的问题做出合理的解答。

一、哲学是单数还是复数

人们或许以为，哲学既可以处于单数的（singular）状态，也可以处于复数的（plural）状态，而这方面的差异似乎丝毫不会引起他们对哲学这门学科理解上的偏差。实际上，他们在使用与哲学研究有关的一系列基础性概念时，这些概念的含义之所以常常处于含糊不清、飘荡无根的状态，正是由于他们没有对哲学的单、复数状态做出明确的认定而引起的。

比如，人们经常说："张三有张三的哲学，李四有李四的哲学。"如果这个表达方式得到认可，那么世界上至少存在着两种哲学，即张三的哲学和李四的哲学。如果把这样的表达方式扩展到每个有思维能力的人身上，世界上该有多少种不同的哲学。也就是说，哲学会以复数的状态展示自己的存在。葛兰西在《狱中札记》中便有这样的说法："所有的人都是哲学家，每个人都无意识地各有一套哲学，因为哪怕是任何一种智力活动的最起码的表现，哪怕是在'语言'中，都包含有一事实上的世界观。"[①]这里姑且不讨论哲学是否可以归结为世

---

① ［意］安东尼奥·葛兰西：《狱中札记》，葆煦译，人民出版社1983年版，第5—6页。

界观①，我们关注的是，葛兰西确定无疑地把复数形式理解为哲学的存在状态。然而，不少哲学家在他们的论著中随意地使用"一切哲学""所有的哲学"这样的表达方式，从不怀疑它们有什么不妥的地方。如果哲学真的是以复数的状态存在的话，那么人们对哲学是无法进行研究的，因为它们的数量无限制地膨胀着，任何人都无法去把握这种复数状态中的哲学。

笔者认为，上面提到的这些表达方式都是不合法的。作为一门学科（discipline），哲学的存在状态只能是单数，而不可能是复数。我们试着做一个类比。假如有人对我们说："张三有张三的物理学，李四有李四的物理学"，或"张三有张三的数学，李四有李四的数学"，我们一定会觉得很奇怪。难道物理学、数学或其他学科都能以复数的状态存在吗？显然不能。作为学科，无论是哲学、物理学、数学或其他学科，它们永远只能以单数的方式存在。

从语言分析的角度看，人们之所以把哲学的存在状态误认作是复数的，因为他们把哲学与另一些可以以复数方式存在的概念——哲学家、哲学流派、哲学理论、哲学思想、哲学观念、哲学观点、哲学见解等——混淆起来了。我们试着把前面提到的"张三有张三的哲学，李四有李四的哲学"修改为"张三有张三的哲学观点，李四有李四的哲学观点"，"哲学"与"哲学观点"这两个不同的概念就被明确地区分开来了。无论是哲学的单一性，还是哲学观点的复杂性，都被准确地安顿下来了。同样地，假如我们把葛兰西所说的"所有的人都是哲学家"修改为"所有的人都有自己的哲学见解"，"哲学"与"哲学见解"这两个概念的差异便得到了准确的理解。

———————

① 海德格尔区分了"作为世界观的哲学"和"作为存在论的哲学"这两个不同的概念，他指出："哲学是存在论的。与此相反，世界观则是关于存在者的设定性认识，是对存在者的设定性表态，它不是'存在论的'（ontologisch），而是'存在者的'（ontisch）。"参见［德］马丁·海德格尔：《现象学之基本问题》，丁耘译，上海译文出版社 2008 年版，第 13 页。

总之，哲学作为一门学科，它的存在状态只能是单数，根本无法设想世界上存在着许多哲学，就像无法设想世界上存在着许多物理学、数学或其他学科一样。毋庸置疑，能够处于复数状态的只能是哲学家、哲学流派、哲学理论、哲学思想、哲学观念、哲学观点、哲学见解等概念。在表述任何哲学思想时，千万不要把这些可能处于复数状态的概念与始终只能处于单数状态的"哲学"概念混淆起来。

二、哲学归属于政治国家还是归属于地域或区域

在哲学研究中，不管人们是否愿意，总会遭遇到一些耳熟能详的概念，如"中国哲学""亚洲哲学""西方哲学"等。他们从未对这些概念的合法性进行质疑，相反，在不断地接触和运用中，这些概念已经内化为他们心中的权威，似乎它们天然就是合理的，就具有不受批判的豁免权。然而，正如德国学者雅斯贝尔斯所言，真正的哲学思维应该从"想当然"的地方开始。也就是说，应该于不疑处置疑。我们试着考察一下上面提到的三个概念。

先考察第一个概念"中国哲学"。在这个概念中，"中国"指的是政治国家，而哲学则是一门学科，把一个政治国家的名字与一门学科的名字联系起来具有合法性吗？换言之，在一个政治国家与一门学科之间具有必然联系吗？显而易见，我们既无法发现、也无法推论出这种联系。相反，在"中国哲学"这样的概念中倒蕴含着一种思维定式，即世界上也必定存在着"美国哲学""法国哲学""英国哲学""南非哲学""巴西哲学""危地马拉哲学"等。也就是说，只要世界上存在着一个政治国家，就必定存在着与之相应的哲学。试比较一下，假定人们这里说的不是"哲学"，而是"数学"，那么他们会认可"中国数学""美国数学""巴西数学"这样的表达方式吗？难道数学是按照政治国家的国境线来划分的？同样地，其他学科如物理学、生物学、语言学、逻辑学等，也必须按照政治国家的

国境线来划分吗？更棘手的是，以这样的方式称谓哲学，人们会不知不觉地陷入以下两个困境之中：一个是再度把哲学复数化了，因为"中国哲学"这样的提法暗含的逻辑可能性是，全世界有200多个政治国家和地区，就有200多种不同的哲学。在这个问题上，狮子和蚊子都有同样的权利。比如，像加拿大这样的地理大国和斐济这样的国家，都无例外地拥有自己的哲学。按照这样的逻辑，每个大学的哲学系都得开设200多种国家哲学。毋庸置疑，这种以复数形式存在的哲学既无法教授，也无法学习。另一个是政治国家并不是一个固定不变的实体。比如，当苏联存在的时候，人们经常以"苏联哲学"称谓之，但苏联解体后变为15个不同的国家，是否意味着，原来的哲学也解体为15种不同的哲学；反之，欧共体建立后，原来成员国的哲学思想是否完全统一在这个共同体中了？种种考察表明"中国哲学"这类表达方式完全缺乏理论上的合法性。

再考察第二个概念"亚洲哲学"。在这个概念中，"亚洲"是一个地域性的概念，与之相对应的还有非洲、欧洲、大洋洲、南美洲、北美洲、南极洲等。显然，在地域与哲学之间也不存在着严格的对应关系，因为地域是自然而然地形成起来的，而哲学作为人的社会生活的某个维度，是社会地形成起来的。比如，我们现在称之为"古希腊哲学"的那种哲学形态，就是在欧洲、非洲和亚洲哲学思想的互动中形成并发展起来的。在经济全球化时代，不同地域的哲学思想之间的渗透和互动也越来越频繁，呈现出"我中有你，你中有我"的复杂性状态。在这样的发展态势下，简单地用地域概念来限定哲学，显得越来越缺乏理据。何况"亚洲哲学"这类表达方式仍然无法摆脱把哲学复数化的困局。

最后考察第三个概念"西方哲学"。在这个概念中，"西方"是作为区域性概念而出现的，与"西方"这个区域相对应的应该是"南方""北方""东方"和"中部"。然而，人们经常使用的是"西方哲学"和"东方哲学"，其余三个概念几乎从来不用，这就使世界哲学的总体面貌处于破碎状态。退一万步说，即便人们在使用"东方哲学""西方哲学"这样的概念时，他们对"东方""西方"这样的概念也抱着各自不同的理解。比如，当中国人说"外国哲学"这个概念时，实际上指称的是"西方哲学"；而当他们使用"西方哲学"这个概念时，实际上指称的又是"英、美、德、法哲学"。在两种情况下，能指都大于所指。换言之，所说的对象与实际上所指的对象之间存在着明显的差异。何况，以区域称谓哲学，同样会把哲学复数化。由此可见"西方哲学"这类提法同样缺乏理论上的合法性。

有人也许会问，既然用国家、地域、区域这样的概念来修饰哲学都是不合理据的，那么究竟应该如何加以称谓呢？笔者认为，考虑到逻辑上的自洽性，"中国哲学"应该修改为"哲学在中国"，"亚洲哲学"应该修改为"哲学在亚洲"，而"西方哲学"则应该修改为"哲学在西方"。不难发现，这种新的称谓方式既确保了哲学作为一门学科始终处于单数状态，也弱化了政治国家、地域和区域对哲学本身的制约作用，因而是更为合理的。然而，在笔者看来，即使是这类新的称谓方式，仍然无法完全排除政治国家的国境线、地域和区域的分界线对哲学的不正当的制约作用。在这个问题上，英国历史学家汤因比的观点是富有启发性的，他别出心裁地主张把跨越政治国家、地域或区域的"文明"（civilization）作为历史研究的基本单位。与政治国家的国境线、地域和区域这类自然地形成起来的界限不同，文明是通过人的社会化的活动而历史地形成并发展起来的，而哲学正是文明的活的灵魂。比如，在某个文明（假定是东正教文明）所涵盖的一些政治国家中，总是有着相同的宗教背景、类似的生活习俗和语言文化。其实，这种考察方式也完全可以移植到哲学研究中来，把全世界的政治国家分别涵盖在数十个不同的文明中，然后考察哲学在这些不同文明中的具体表现方式。

三、哲学的终结究竟是可能的还是不可能的

众所周知，在二十世纪五六十年代，西方理论界刮起了一股"终结风"。以雷蒙·阿隆、利普塞特和戴尼尔·贝尔为代表的社会学家、政治学家提出了著名的"意识形态终结"的口号。海德格尔也于1964年发表了论文《哲学的终结和思的任务》，对理论界产生了重大的影响。随后，"科学的终结""艺术的终结""确定性的终结"等口号纷纷出笼，成了一种时尚。限于题旨，我们在这里主要分析"哲学的终结"（the end of philosophy）是否可能。

海德格尔在该文中写道："哲学转变为关于人的经验科学，转变为关于一切能够成为人的技术的经验对象的东西的经验科学；而人则通过技术以多种多样的制作和塑造方式来加工世界，人因此把自身确立在世界中。所有这一切的实现在任何地方都是以科学对具体存在者领域的开拓为基础和尺度的。现在，自我确立的诸科学将很快被控制论这样一门新的基础科学所操纵。……哲学之发展为独立的诸科学——而诸科学之间却又愈来愈显著地相互沟通起来——乃是哲学的合法的完成。哲学在现时代正在走向终结。它已经在社会地行动着的人类的科学方式中找到了它的位置。而这种科学方式的基本特征是它的控制论的亦即技术的特性。"①这意味着，原来作为"科学之女皇"（queen of science）的哲学已经溶解在各种经验性的实证科学中，而这些实证科学又将被控制论这样一门基础性的科学所操纵。这样一来，哲学也就不得不走向终结了。在海德格尔的语境中，与"哲学的终结"相对应的是"思"（Denken）之开始。他告诉我们："我们所思的是这样一种可能性：眼下刚刚发端的世界文明

---

① 孙周兴选编：《海德格尔选集》（下），生活·读书·新知上海三联书店1996年版，第1244—1245页。

终有一天会克服那种作为人类之世界栖留的唯一尺度的技术——科学工业之特性。这不会自行通过自身而发生，而是要借助于人对一种决断的期备——不论人们倾听与否，这种决断总是在人的尚未裁定的天命中说话了。同样不确定的乃是，世界文明是否将遭到突然的毁灭，或者它是否将长期地稳定下来，却又不是滞留于某种持久不变，一种持存，而毋宁说是把自身建立在常新的绵延不断的变化中。"①在海德格尔看来，哲学已经消失在经验性的实证科学中，而取代哲学的则是思考人类未来文明命运的"思"。

　　毋庸置疑，海德格尔夸大了自己的哲学思想与传统的哲学思想之间的鸿沟，他甚至反对人们把他的思想称之为"哲学思想"，试图用"思"这个术语把自己与哲学完全对立起来。一方面，海德格尔错误地混淆了以下两个概念——"哲学"与"海德格尔以前的传统哲学观念"——的不同含义。在笔者看来"哲学的终结"是一个虚假的口号，为什么？因为哲学作为人类生存活动中展示出来的一个不可或缺的侧面，根本不可能被终结，即便是某些哲学家们谈论"哲学的终结"的言论，仍然从属于哲学研究的范围。由此可见，即使海德格尔把自己的"思"与"哲学"完全对立起来，哲学史们也不会认同他的主观幻觉，他们仍然会把他的思想作为哲学思想写入当代哲学史中。试图超出哲学不过是海德格尔的主观幻觉，就像闵希豪森男爵试图拉着自己的头发离开沼泽地一样。事实上，当海德格尔说"哲学的终结"时，"哲学"这个能指所指称的实际对象是"海德格尔以前的传统哲学观念"，海德格尔实际上想说的是"海德格尔以前的传统哲学观念的终结"，但他说出来的却是"哲学的终结"。另一方面，海德格尔夸大了"思"这个能指与它实际所指称的对象——"海德格尔的哲学观念"之间的差异。其实"思"并不是凌驾于哲学之上的某种特异性的思维，而不过是"海德格尔的哲学观念"而已。

---

　　① 孙周兴选编：《海德格尔选集》（下），生活·读书·新知上海三联书店 1996 年版，第 1247 页。

总之"哲学的终结"实际上是一个能指和所指故意发生错位的游戏，是海德格尔的主观幻觉导致了这个游戏的发生。这就启示我们，近半个世纪以来流行的所谓"哲学的终结"的观念是奠基于概念误置的基础之上的，是站不住脚的。这种错误的观念或许可以说是源于人类表达思想时的格式塔心理，即人类明明是在谈论某个局部的、特殊的现象，却一定要把它表述为普遍性的现象。一旦从语言学和心理学上解开了这个戈尔迪之结，"哲学的终结"也就作为"伪问题"自行消失了。也就是说"终结"的只能是某种传统的哲学观念、某个哲学学派的理论或某个哲学家的思想，但绝不可能是哲学。

2013年

哲学是"关于世界观的学问"吗?[①]

　　在哲学研究的领域中，经常会遭遇到下面这样的有趣现象：当人们站在哲学殿堂之外时，常常会煞费苦心地去思索"什么是哲学"的问题；而当他们一旦成为哲学专业的研究生，甚至成为职业的哲学研究人员时，反倒不合时宜地遗忘了这个问题，满足于在自己划定的哲学的二级学科的某个方向或某个问题上做实证性研究了。其实，哲学这门学科不同于实证科学的地方正在于它的不确定性，诚如叔本华早已告诉我们的："哲学是一个长有许多脑袋的怪物，每个脑袋都说着一种不同的语言。"[②]有鉴于此，哲学研究者与实证科学研究者不同，经常需要反躬自问：什么是哲学。通过这样的询问，他们一方面使自己的思想始终保持应有的高度，绝不变为实证化的碎片；另一方面也使自己的批判意识始终处于清醒状态，不成为事务主义思维方式的俘虏。

　　毋庸置疑，在解答什么是哲学这个问题时，绝大多数研究者都会不假思索地告诉我们，哲学是"关于世界观的学问"。这充分表明，传统的马

①　载《哲学研究》2013 年第 8 期第 3—9＋128 页。——编者注
②　［德］叔本华：《作为意志和表象的世界》，石冲白译，商务印书馆 2004 年版，第 144 页。

克思主义哲学教科书的观念在人们的潜意识中仍然拥有不可低估的影响，因为这个答案正来自这些教科书。比如，艾思奇在其主编的《辩证唯物主义历史唯物主义》一书中曾经明确地指出："哲学就是关于世界观的学问，哲学观点就是人们对于世界上的一切事物、对于整个世界的最根本的观点。因此它和任何一门自然科学和社会科学不同，它所研究和所涉及的问题，不是仅仅关于世界的某一个方面或某一个局部的问题，而是有关整个世界，有关世界的一切事物（包括自然界、社会和人类思维）的最普遍的问题。"①在这段耳熟能详的论述中，艾思奇不仅鲜明地提出了哲学就是关于世界观的学问的观点，而且申明，他所说的"世界观"中的"世界"乃是"整个世界"，而这整个世界又是由"自然界、社会和人类思维"三大部分构成的。

我们可以毫不夸张地说，艾思奇的上述见解构成了当代中国哲学研究者们的常识。然而，遗憾的是，这些常识却是未经反思的。事实上，一旦反思的触角涉及这些常识，人们立即就会发现，它们不但是靠不住的，甚至根本上就是错误的。

一、两种不同的"世界"概念

众所周知，康德曾把认识的对象分为两种不同的类型：一类是"现象"，即人们通过自己的感官可以经验到的、有限的、受条件制约的对象；另一类是"自在之物"，它们是超感觉经验的、无限的、无条件的对象，而自在之物又有三种不同的表现形式，即作为主观上的最高统一体的"灵魂"、作为客观上的最高统一体的"世界"（或"宇宙"）和作为主客观上的最高统一体的"上帝"。当人们试图用知性范畴去把握灵魂时，就会陷入"谬误推理"，去把握世界整体时，就会陷入"二律背反"，去把握上

---

① 艾思奇主编：《辩证唯物主义历史唯物主义》，人民出版社1961年版，第2页。

帝时，就会陷入"理想"，而这三种结果则统称为"先验幻相"或"先验辩证法"。康德也把灵魂、世界和上帝这些自在之物称作"理念"，而理念作为理性概念，对人们的思维起着范导性的作用，即把人们的认识从有限的、有条件的经验对象导向无限的、无条件的超验的对象。① 然而，在"先验辩证论"的语境中，康德明确地指出，这些超验的自在之物或理念（包括他下面重点讨论的"世界整体"本身在内）是不可知的："实在性、实体性、因果性的概念，甚至存在中的必然性的概念，除了使一个对象的经验性知识成为可能的用途之外，根本没有规定某一个客体的意义。因此，它们虽然能够被用于解释感官世界中的事物的可能性，但却不能被用于解释一个世界整体本身的可能性，因为这个解释根据必然在世界之外，从而不是一个可能经验的对象。"②以上论述表明，既然"世界整体本身"不是一个可能经验的对象，它的解释根据在它本身之外，那么当人们试图用实在性、实体性、因果性和必然性这类只适用于经验范围内的知性范畴去认识它时，必定会陷入先验幻相的第二个种类——四个二律背反之中。③ 这就深刻地启示我们，艾思奇上面提到的整体世界，作为客观上的最高的、无条件的、超验的统一体，根本就是不可知的；原因是知性范畴，只能用来把握世界中可经验的具体事物，却无法把握超验的世界整体本身，因为世界整体本身的根据在世界之外，是人们所无法认知的。

在康德之后，维特根斯坦在《逻辑哲学论》中表示了类似的观点。他把世界理解并阐释为"事实的总和"④，肯定人们可以认识世界中的具体事实，但却无法把握整体世界的意义，因为"世界的意思必定是在世界之外"⑤。也就是说，任何人作为理解者和阐释者，只是整体世界的一

① 比如，康德这样写道："纯粹思辨理性的第二个范导性理念是一般的世界概念。"［德］康德：《纯粹理性批判》，李秋零译，中国人民大学出版社 2004 年版，第 443 页。
② ［德］康德：《纯粹理性批判》，李秋零译，中国人民大学出版社 2004 年版，第 439 页。
③ 同上书，第 439 页。
④ ［奥］维特根斯坦：《逻辑哲学论》，郭英译，商务印书馆 1985 年版，第 22 页。
⑤ 同上书，第 94 页。

部分，只能处于整体世界之中，而不能越出整体世界之外。既然整体大于所有部分的总和，那么始终处于部分状态中的理解者和阐释者便是无法言说整体世界的意义的。在为《逻辑哲学论》所撰写的"导论"中，罗素曾经这样阐释维特根斯坦的观点："这里我们触及了维特根斯坦的基本论点的一个例子：要述说整个世界的任何事情是不可能的，能够说的必定是世界的有限部分。……照上述这种观点看来，只有我们能够处在世界之外，这就是说，只有整个世界对我们来说不成其为整个世界时，我们才能够谈关于整个世界的事物。我们的世界对于某些能从世界之上来俯瞰的高级存在物来说可能是有限的，但是对我们来说，无论它怎样有限，它不可能有界限，因为在它之外一无所有。"①显而易见，在罗素看来，既然我们作为整体世界的一部分，是无法越出这个世界的，那么维特根斯坦坚持整体世界的意义不可言说，也就变得顺理成章了。

然而，凡是熟悉哲学史的人都知道，很多研究者是不同意康德和维特根斯坦关于整体世界的观点的。比如，在康德之后，黑格尔就曾在其《逻辑学》中表示，只要人们把辩证法（比如现象与本质、有限与无限等关系）引入自己的认识过程中，自在之物或理念就是可以认识的。黑格尔甚至告诉我们："再也没有比物自体更容易知道的东西。"②深受黑格尔影响的马克思在《关于费尔巴哈的提纲》中这样写道："哲学家们只是用不同的方式解释世界，问题在于改变世界。"③马克思逝世后，这句名言也被镌刻在他的墓碑上。在这段格言式的文字中，马克思并未对"世界"概念的含义做出任何解释，他只是表明，世界是可以被认识的，也是可以被改变的。

同样地，在维特根斯坦出版了他的《逻辑哲学论》以后，海德格尔在《存在与时间》中从不同的切入点出发探讨了"世界"现象，他明确地表示："'世界'在存在论上绝非那种在本质上并不是此在的存在者的规定，

---

① ［奥］维特根斯坦：《逻辑哲学论》，郭英译，商务印书馆1985年版，第12页。
② ［德］黑格尔：《小逻辑》，贺麟译，商务印书馆1980年版，第126页。
③ 《马克思恩格斯文集》第1卷，人民出版社2009年版，第502页。

而是此在本身的一种性质。"①既然海德格尔语境中的世界是由此在组建起来的，并且是此在本身的一种性质，那么它当然是可以认识的，也是可以言说的。

以上所述是否意味着，马克思和海德格尔关于世界的观点，否定了康德和维特根斯坦的观点？没有。马克思在这里并没有驳斥康德的观点，同样地，海德格尔在这里也并没有驳斥维特根斯坦的观点；他们只是从自己的哲学语境出发，直接阐述自己的世界概念罢了。由此看来，在哲学史上，至少存在着以下两种不同的、但各自影响巨大的世界概念：

一种是以康德和维特根斯坦为代表的世界概念。这种概念所指称的世界，作为整体世界，是以超验的、范导性的理念或自在之物的方式发挥其作用的。也就是说，这个理念引导人们从宏观、中观和微观上去探索广袤无边的世界（宇宙），但迄今为止，他们能够观察到和认识到的世界还只是整体世界的很小一部分，甚至连"大爆炸宇宙学"的假设也是迟至 20 世纪才被科学家们猜测到并提出来的。当然，目前未被认识的东西并不等于今后也必定无法认识。事实上，在人们面前，永远存在着两类不同的未被认识的对象：一类是目前未被认识而今后可能被认识的对象，另一类是目前未被认识、今后也永远不可能被认识的对象。显然，康德和维特根斯坦所主张的整体世界属于后一类对象，也正是在这个意义上，维特根斯坦发出了如下的感慨："神秘的不是世界是怎样的，而是它是这样的。"②按照康德的观点，人只能认识感觉经验范围内的东西，既然整体世界是超感觉经验的，当然它是无法被认知的；而按照维特根斯坦的观点，既然整体世界的意义在世界之外，而人是无法把握整体世界之外的东西的，那么整体世界的意义也就无法通达了。为了叙述上的方便，这里姑且把以康德和维特根斯坦为代表的世界概念称作"整

---

①　[德]海德格尔：《存在与时间》，陈嘉映、王庆节译，生活·读书·新知三联书店1987 年版，第 80 页。

②　[奥]维特根斯坦：《逻辑哲学论》，郭英译，商务印书馆 1985 年版，第 96 页。

体世界"（the whole world）。

另一种是以马克思和海德格尔为代表的世界概念。这种概念所指称的世界，在马克思那里，是以人的实践活动（当然也包括在实践活动中形成并发展起来的感觉经验）为媒介的世界；而在海德格尔那里，就是作为"人之存在"的此在在日常生存活动中与之打交道的"周围世界"。海德格尔指出："迄今为止，我们所看到的世界都是以某种烦忙于周围世界上手的东西的方式并为了这种方式亮相的，而且这种亮相还是随着上手的东西的上手状态进行的。"①在他看来，周围世界是由此在在其生存活动中组建起来的。由此可见，马克思和海德格尔意义上的世界是以人的生存实践活动为媒介的，我们不妨称之为"周围世界"（the environed world）。

显而易见，不管人们在其生存实践活动中如何扩大自己的周围世界，周围世界永远只是整体世界的一个组成部分，这两个世界永远不可能完全被重叠起来。然而，比较起来，对人或此在来说，根本的世界乃是其生存或劳作所系的周围世界。有鉴于此，海德格尔才主张："我们通过对周围世界内最切近地照面的存在者作存在论的阐释这一过程去寻找周围世界之为世界（之为周围世界）。"②

基于上面的分析，艾思奇的理论失误便变得明朗化了，因为他混淆了两种不同的世界概念：一方面，他试图谈论康德或维特根斯坦意义上的整体世界；另一方面，他又试图坚持这个整体世界是可以被认识的。事实上，正如前面所论证的，这个超验的整体世界是无法加以认识的；我们能够认识的，只是以我们的生存实践活动为媒介的周围世界。在这个意义上也可以说，没有"世界观"，只有"周围世界观"或"环境观"。③在许多场合下，研究者们以为自己正在谈论世界观，实际上他们谈论的

---

① ［德］海德格尔：《存在与时间》，陈嘉映、王庆节译，生活·读书·新知三联书店1987年版，第95页。

② 同上书，第82页。

③ 在德语中，Umwelt 既可解释为"周围世界"，又可解释为"环境"。

却是周围世界观或环境观。

二、作为"周围世界"的世界的结构

上面的论证表明，艾思奇以为自己正在谈论康德或维特根斯坦意义上的整体世界，实际上他谈论的却是马克思或海德格尔意义上的周围世界。那么，周围世界又是由哪些部分构成的呢？在艾思奇看来，周围世界是由自然、社会和人类思维这三大部分构成的。在分析这种构成理论是否具有合理性之前，需要关注的另一个重要问题是：艾思奇的这一见解究竟是否具有普遍性？我们不妨看看，肖前等人主编的《辩证唯物主义原理》又是如何看待这个问题的。该书告诉我们："所谓世界观（亦称宇宙观），就是人们对于整个世界、整个宇宙，包括自然界、社会历史和人的思想统在内的根本观点。"①由此可见，肖前等人与艾思奇的想法几乎是完全一致的。事实上，在谈到关于世界的知识时，肖前等人进一步发挥道："哲学则是关于自然知识、社会知识以及思维（认识）知识的概括和总结。"②

显然，以艾思奇为代表的这些研究者们都无例外地认定，作为周围世界的世界是由自然、社会和人类思维这三大部分构成的。其实，只要深入加以探讨就会发现，这个观点并不是他们率先提出来的，它实际上来自恩格斯。恩格斯在《自然辩证法》中谈到许多研究者对黑格尔提出的量变质变规律加以非难时，曾经表示："但是，第一次把自然界、社会和思维发展的一般规律以普遍适用的形式表述出来，这始终是具有世界历史意义的勋业。"③当恩格斯以近乎崇拜的口吻写下这段话时，实际上

① 肖前、李秀林、汪永祥主编：《辩证唯物主义原理》，人民出版社1981年版，第2页。
② 同上书，第4页。
③ 恩格斯：《自然辩证法》，人民出版社1971年版，第52页。

等于暗示我们，他关于世界结构的见解源自黑格尔。众所周知，黑格尔的《哲学科学全书纲要》包括以下三个部分：一是逻辑学（涉及人类思维），二是自然哲学（涉及自然界），三是精神哲学（涉及社会）。我们知道，恩格斯强调自己始终是从唯物主义的立场出发去解读黑格尔的哲学著作的，因而他把黑格尔的世界结构——人类思维、自然界和社会——颠倒过来，就成了他自己的世界图式：自然界、社会和人类思维，而正是这个世界图式为艾思奇、肖前等人原封不动地加以挪用。然而，遗憾的是，研究者们却从未深入地反省过以这样的方式表述出来的世界结构是否具有合理性。毋庸讳言，笔者认为，这样的世界结构是缺乏理据的。

其一，如前所述，在黑格尔的世界结构中，人类思维作为逻辑学的对应物被置于基础性的位置上。尽管恩格斯把人类思维置换为自己的世界图式的最后一个部分，却未对人类思维这个用语做出批判性的考察。事实上，用人类思维取代人类正是黑格尔唯心主义哲学的根本特征。然而，事实上思维只涉及人类的知性和理性，除此之外，人类还具有感觉、情感、本能、意志和欲望，还具有丰富多彩的实践活动形式。这就提示我们，不是仅仅人类思维，而是人类在其生存实践活动的基础上形成的整体生活，才是世界图式的一部分。正如个人不应该被缩减为他的大脑一样，人类也不应该被缩减为人类的思维。

其二，恩格斯的世界图式暗含着自然与人的生存实践活动的分离。一方面，如前所述，恩格斯接受了黑格尔的思路，把以生存实践活动为基础的整全人类生活缩减为人类思维；另一方面，与费尔巴哈一样，恩格斯始终把自然理解并阐释为直观的对象，从而排除了人类的生存实践活动对自然的干预。在《自然辩证法》中，他这样写道："唯物主义的自然观不过是对自然界本来面目的朴素的了解，不附加以任何外来的成分，所以它在希腊哲学家中间从一开始就是不言而喻的东西。"①显而易

① 恩格斯：《自然辩证法》，人民出版社 1971 年版，第 177 页。

见，恩格斯这里所说的"不附加以任何外来的成分"，也就是排除了人类的生存实践活动对自然的影响。也许有人会出来辩护：恩格斯这里说的"外来的成分"不一定指人，或许是指神学目的论对自然的干预。在笔者看来，这样的辩护是苍白无力的。诚然，在恩格斯所说的"外来的成分"中可能包含着神学目的论，但人的实践活动的干预必定也是包含在里面的，而且这一因素在"外来的成分"中起着决定性的作用。凡是熟悉恩格斯的著作《路德维希·费尔巴哈和德国古典哲学的出路①》的人，很容易发现，恩格斯在这部著作中讨论自然与社会的区别时曾经强调，可以"把人对自然界的反作用撇开不谈"。② 然而，需要加以追问的是：恩格斯如此执着的、与人的实践活动相分离的自然究竟是否具有现实性呢？其实，马克思在《1844 年经济学哲学手稿》中早已明确地解答了这个问题："但是，被抽象地孤立地理解的、被固定为与人分离的自然界，对人说来也是无。"③毋庸讳言，在马克思看来，只有经过人类生存实践活动所中介的自然，即人化自然，才是具有现实品格的自然。在《德意志意识形态》的"费尔巴哈"章中，马克思进一步指出："这种先于人类历史而存在的自然界，不是费尔巴哈在其中生活的那个自然界，也不是那个除去在澳洲新出现的一些珊瑚岛以外今天在任何地方都不再存在的、因而对于费尔巴哈说来也是不存在的自然界。"④

不用说，从"时间上在先"的角度看问题，自然确实是先于人类而存在的。然而，这种"时间上在先"却是以"逻辑上在先"作为前提的。因为只有在人类诞生以后，人类才可能用"自然"这个概念去命名某个对象，才可能通过对同位素衰变的测定，精确地计算出地球先于人类而存在的准确时间。也就是说，甚至连"自然先于人类而存在"这样的结论，也只

---

① 我主张把恩格斯这部著作的名称中的 Der Ausgang 译为"出路"而不是"终结"。参见俞吾金：《论马克思对德国古典哲学的扬弃》，载《中国社会科学》2006 年第 2 期第 12—15 页。

② 《马克思恩格斯选集》第 4 卷，人民出版社 1995 年版，第 247 页。

③ 《马克思恩格斯全集》第 42 卷，人民出版社 1979 年版，第 178 页。

④ 《马克思恩格斯全集》第 3 卷，人民出版社 1960 年版，第 50 页。

能由人类通过同位素衰变这种科学实验测算出来。由此可见，从"逻辑上在先"这个角度看，正是人类的存在及其实践活动构成了自然的基础。在这个意义上，根本就不存在与人的生存实践活动相分离的自然。

其三，恩格斯的世界图式也暗含着"自然"与"社会"的分离。马克思主义哲学之所以在列宁和斯大林那里被阐释为"辩证唯物主义和历史唯物主义"，正源于恩格斯的上述分离，即辩证唯物主义的研究对象是自然，而历史唯物主义的研究对象则是社会。辩证唯物主义可以被推广并应用到对社会的研究中，但历史唯物主义却只能研究社会，不能研究自然。毋庸置疑，按照这样的阐释方式，马克思主义哲学被二元化了，而这一分离也为艾思奇、肖前等人编写的马克思主义哲学教科书所沿用。实际上，按照马克思的观点，自然并不在社会之外，相反，它始终不过是社会的一个有机组成部分。在《1844年经济学哲学手稿》中，马克思早已指出："社会是人同自然界的完成了的本质的统一。"①这就明确地告诉我们，自然并不像恩格斯所理解的那样，在社会之外；相反，自然只是社会的一个构成要素。可以发现，马克思所认可的自然非但不与社会相分离，相反，它正是在社会产生的过程中形成并发展起来的，因为马克思曾经明确地指出："在人类历史中即在人类社会的产生过程中形成的自然界是人的现实的自然界；因此，通过工业——尽管以异化的形式——形成的自然界，是真正的、人类学的自然界。"②在马克思看来，如果人们脱离社会去考察自然，那么这样的自然只能是抽象的、虚假的；换言之，这样的自然只存在于他们的幻觉之中。

总之，把作为周围世界的结构理解并阐释为"自然、社会和人类思维"，是不符合马克思的观点的。在马克思看来，世界就是社会，社会就是人同自然界的完成了的本质的统一，而世界或社会的统一是建立于人的生存实践活动的基础之上的。正如马克思所说的："全部社会生活

① 《马克思恩格斯全集》第42卷，人民出版社1979年版，第122页。
② 同上书，第128页。

在本质上是实践的。"①这就深刻地启示我们，只有返回到以马克思和海德格尔为代表的世界概念，我们才能真正超越迄今仍然流行的所谓"自然、社会和人类思维"的虚假的世界图式，真正把握住世界的本质。

三、"世界观"概念的消极含义

众所周知，在海德格尔时代，尤其是通过雅斯贝尔斯的著作《世界观的心理学》的推动，"世界观"概念十分流行。但海德格尔却始终对世界观概念和世界观哲学保持着独立的、清醒的批判意识。在《世界图像的时代》(1938)中，海德格尔阐明了世界观概念的来龙去脉及其本质特征："世界解释愈来愈彻底地植根于人类学之中，这一过程始于18世纪末，它在下述事实中获得了表达：人对存在者整体的基本态度被规定为世界观(Weltanschauung)。自那个时代起，'世界观'那个词就进入了语言用法中。一旦世界成为图象，人的地位就被把捉为一种世界观。"②在德语中，Weltanschauung(世界观)是由 Welt(世界)和 Anschauung(直观、观察)组成的复合词。同样地，Weltbild(世界图象)也是由 Welt(世界)和 Bild(图象)组成的复合词。在海德格尔看来，Weltanschauung 和 Weltbild 这两个词具有相同的含义，因为世界观概念诞生的标志就是世界成为图象，而海德格尔对世界图象的含义又做了专门的说明："从本质上看来，世界图象并非意指一幅关于世界的图象，而是指世界被把握为图象了。这时，存在者整体便以下述方式被看待，即：唯就存在者被具有表象和制造作用的人摆置而言，存在者才是存在着的。在出现世界图象的地方，实现着一种关于存在者整体的本质性决断。存在者的存在

---

① 《马克思恩格斯选集》第 1 卷，人民出版社 1995 年版，第 56 页。
② 孙周兴选编：《海德格尔选集》(下)，生活·读书·新知上海三联书店 1996 年版，第 903 页。

是在存在者之被表象状态（Vorgestelltheit）中被寻求和发现的。"①也就是说，世界成为图象或世界观概念的诞生，并不是指人们大脑中形成了一幅关于世界的图象，而是指他们完全从自己需要的角度出发去利用、制造或摆置所有的存在者，而在传统的哲学观念看来，所有的存在者的总和正是世界。换言之，世界的命运完全被控制在人对周围世界做出的本质性决断中。这使我们自然而然地联想起马克思在批判以资本为基础的生产所创造的普遍有用的体系时所说的话："只有在资本主义制度下自然界才不过是人的对象，不过是有用物；它不再被认为是自为的力量；而对自然界的独立规律的理论认识本身不过表现为狡猾，其目的是使自然界（不管是作为消费品，还是作为生产资料）服从于人的需要。"②

那么，当世界变为图象，即当作为存在者整体的世界变成了单纯的"有用物"，变成了被人的"本质性决断"所"摆置"的对象时，人本身又发生了什么变化呢？海德格尔告诉我们："世界之成为图象，与人在存在者范围内成为主体是同一个过程。"③海德格尔甚至认为，世界成为图象与人成为主体形成了现代历史的具有决定性意义的两大进程。这就深刻地启示我们，世界观概念诞生之际，也正是人的主体性和现代主体性形而上学泛滥之时。与这一过程相伴随的是以下五个现象：现代科学的发展、现代技术的发展、艺术进入了美学的视界内（即艺术被视为人类生命的表达）、人类活动被当作文化加以理解和贯彻、弃神（即对上帝和诸神的无决断的状态）。尤其是现代技术的高度发展，导致了人的主体性的无限膨胀，从而使人征服世界、一部分人控制另一部分人成为可能，而这种可能性归根结底昭示出人类自身毁灭的可能性。

---

① 孙周兴选编：《海德格尔选集》（下），生活·读书·新知上海三联书店 1996 年版，第 899 页。

② 《马克思恩格斯全集》第 46 卷（上），人民出版社 1979 年版，第 393 页。

③ 孙周兴选编：《海德格尔选集》（下），生活·读书·新知上海三联书店 1996 年版，第 902 页。

有鉴于此，海德格尔特别抵制这种以人的主体性操控一切的世界观时代，试图从世界观时代的"世界"(即满足人们需要的单纯的有用物)中突围出来。在《物》中，海德格尔写道："天、地、神、人之纯一性的居有着的映射游戏，我们称之为世界(Welt)。"①毋庸置疑，海德格尔心目中的世界并不是由人的主体性操控的，因为在他的语境中，人只是四重整体(天、地、神、人)中的一部分，故人不但不应该"弃神"，反而应该敬神、敬天、敬地；人的目标不是成为世界的征服者，而是成为世界的守护者和四重整体的维护者。在 1966 年接受《明镜周刊》记者的采访时，海德格尔曾经表示："只还有一个上帝能够救渡我们。"②所有这些论述都蕴含着海德格尔对世界观和这个世界观时代的批判意识。

不宁唯是，海德格尔还通过另一条途径，从理论上拒斥了世界观及世界观哲学。如前所述，海德格尔在批判传统的哲学观念时早已指出，它们不是把世界理解为由此在在其生存活动中组建起来的、当下上手的周围世界，而是把它理解为现成在手的世界，理解为存在者的整体，而世界观的概念蕴含着对这种传统哲学观念的认可。为此，海德格尔指出："哲学是存在论的。与此相反，世界观则是关于存在者的设定性认识，是对存在者的设定性表态，它不是'存在论的'(ontologisch)，而是'存在者的'(ontisch)。"③在海德格尔看来，哲学是存在论的，即以"存在"作为研究对象的，而世界观则是以实证科学的方式去看待"存在者"，即世界万物的。在这个意义上，世界观与哲学无涉。所以，"世界观哲学"本身就是一个可疑的概念，为此，海德格尔告诫我们："只要人们大致了解哲学的概念及历史，[就会明白]世界观哲学这个概念就是木制的

---

① 孙周兴选编：《海德格尔选集》(下)，上海三联书店 1996 年版，第 1180 页。
② 同上书，第 1289 页。
③ [德]马丁·海德格尔：《现象学之基本问题》，丁耘译，上海译文出版社 2008 年版，第 13 页。在该书的另一处，海德格尔说得更直白："世界观和人生观设定了存在者，是实证性的。"参见[德]马丁·海德格尔：《现象学之基本问题》，丁耘译，上海译文出版社 2008 年版，第 10 页。

铁[那种荒谬的东西]。"①

综上所述，海德格尔从哲学理论自身的性质和其纯洁性出发，拒斥了世界观概念和世界观哲学。毋庸讳言，充分了解世界观概念和世界观哲学在海德格尔那里的消极意义，有助于我们走出艾思奇等人倡导的"哲学是关于世界观的学问"的观念，更深刻地认识哲学究竟是什么。

① [德]马丁·海德格尔：《现象学之基本问题》，丁耘译，上海译文出版社 2008 年版，第 13 页。

2014年

历史没有旁观者^①

猫头鹰和高卢雄鸡

记得黑格尔在《法哲学原理》一书中曾把哲学比喻为"黄昏到来时才起飞的密纳发的猫头鹰"。这个比喻蕴含着如下的理论预设，即哲学总是在事后发挥作用的，因为它在黄昏、而非早晨起飞。一些当代哲学家也把哲学定义为对自然科学和社会科学成果的概括和总结，而概括和总结永远只能发生在事后，不可能发生在事前。事实上，当哲学被如此定义的时候，哲学对现在和未来的预测与提示的作用也就被遮蔽起来了。

然而，与黑格尔不同，马克思对哲学有另一个比喻。在《〈黑格尔法哲学批判〉导言》中，马克思写下的最后一句话是："一切内在条件一旦成熟，德国的复活日就会由高卢雄鸡的高鸣来宣布。"马克思关于"高卢雄鸡"的比喻表明，哲学不仅具有事后进行概括和总结的猫头鹰的功能，而且还具有事先进行预测和提示的高卢雄鸡的功能。它在清晨啼叫，预告新一天的来临。这两个

---

① 载《探索与争鸣》2014 年第 11 期第 6—7 页。——编者注

不同的比喻，展示了马克思和黑格尔对哲学功能的不同理解。

众所周知，马克思在写于 1851—1852 年的《路易·波拿巴政变记》中的最后一句话是："如果皇袍终于落在路易·波拿巴的身上，那么拿破仑的铜像就将从旺多姆圆柱顶上被颠覆下来。"果然，20 年后，在巴黎公社起义的熊熊烈火中，拿破仑的铜像从旺多姆圆柱顶上被颠覆下来了，马克思的预言得到了辉煌的证实。事实上，马克思和恩格斯在《共产党宣言》中对未来社会发展趋势的预测也在当今的全球化时代中得到了证实。所有这一切都表明，哲学的预测和提示功能应该受到更多的重视。

如果说，事后的概括和总结容易使思考者变为旁观者，那么，对哲学的预测和提示功能的重视则总是激励着思考者升格为积极的参与者和行动者。在对哲学与时代的关系进行深入的反思时，人们总是或多或少地受到老年黑格尔思想的影响，从而倾向于把哲学理解为时代的"分泌物"，甚至理解为时代的"囚徒"。犹如莎士比亚笔下的里昂提斯所感叹的："我是一片羽毛，什么风都可以把我吹动。"老年黑格尔及其信徒甚至认为，人不能超出自己的时代，就像身体不能超出自己的皮肤一样。

老年黑格尔的保守观点对我们产生了非常大的影响，特别是在理解哲学的时候。然而，青年黑格尔在致青年谢林的一封信中却雄心勃勃地宣布："为塑造我们的时代尽自己最大的力量。"谢林也回应："我在哲学里生活和编织着现代。"

由此可见，青年黑格尔与老年黑格尔是多么的不同！

如果从一个新的角度去探索哲学与时代的关系，那么人们将引申出完全不同的观点。维特根斯坦甚至断言："假如某人仅仅超越了他的时代，时代总有一天会追上他。"言下之意，卓越的思想家不但可以超越他自己的时代，甚至可以超越更多的时代。有时候，一个时代拒斥一个哲学家的思想，不能简单地把这种现象判定为这个哲学家的思想是没有意义的。事实上，在历史上经常出现这样的事情，即整个时代的人的思想都跟不上哲学家的脚步。有的哲学家的思想甚至要经过若干个世纪才能为后人所理解。尼采就曾放话，人们必须提前 200 年做好心理上和艺术上的准备，才能理解他的思想。尼采的这句话，从一个方面来看，固然有点夸张，甚至于有点狂妄，但从另外的角度也反映了作为思想的一种伟大的理念，哲学不是一个时代的简单的分泌物，它高瞻远瞩。如果一个国家有自己的思想家，这是这个国家最值得骄傲的事情，因为在思想上能够站在时代、民族、历史的高处，这确实是这个民族能够做出最伟大的贡献。

在我看来，哲学与时代至少处于双向塑造的互动关系中：一方面，时代塑造着自己的哲学；另一方面，哲学也编织着自己的时代。事实上，历史没有旁观者，每个人都以自己独特的方式参与并塑造着自己的时代。任何热血青年，特别是哲学家，都应该积极投身到社会现实生活中去，如果没有这种参与和塑造的意向，我们就会像法国哲学家狄德罗一样无情地嘲笑他："这身体发霉了，这血液变酸了。"

守护时代的客观价值关系

那么，作为哲学研究者，我们究竟以何种方式编织或塑造自己的时代呢？当然只能以哲学的方式，即理解和阐释的方式来参与并推进当代中国社会的精神生活的发展。当前，我们在精神生活中面临的根本任务就是守护核心价值，实现民族复兴。

就守护核心价值来说，一方面，我们要正确地理解什么是价值。一个流行的见解是，把价值理解为物的属性对人的需要的满足。其实，物的属性对人的需要的满足涉及的只是使用价值，而不是我们这里探讨的价值。价值关切的是人与人之间的社会关系，而不是人与物之间的使用关系。另一方面，我们也要严格地区分主观价值判断和客观价值关系。核心价值之所以值得守护，因为它代表的正是我们这个时代的客观价值关系，而这种客观价值关系正是在深入反思当今生活世界本质的基础上被阐发出来的。

就实现民族复兴来说，一方面，我们要继承并弘扬中华民族正道直行、天行健君子以自强不息的伟大传统；另一方面，我们也要努力把中国人信奉的经验性的实用理性提升为博大精深的实践智慧，以便引导这个伟大民族绕过各种暗礁，跨越各种障碍，自立于世界民族之林。

我们应该让哲学从老年黑格尔的精神枷锁中解放出来，哲学的更贴近的意象不是黄昏到来时才起飞的密纳发的猫头鹰，而是迎着朝霞起舞的高卢雄鸡。这只高卢雄鸡必将在中国引吭高歌，并把自己美妙的声音撒播在宇宙中。把旧世界留给庸人和懒汉吧，新世界是属于开拓者和创造者的，正如歌德笔下的浮士德所坚信的：

> 是的！我完全献身于这种意趣，
> 这无疑是智慧的最后的断案；
> 要每天每日去开拓生活和自由，
> 然后才能够作自由与生活的享受。

附　录

1993年

哲学是对人生意义的探究^①

俞吾金哲学研究的根本特征是不拘执于具体的、低层次的哲学问题，他主张折回到哲学的最高问题，即"什么是哲学"的元问题上去，从根基上对哲学做出新的探讨和说明。从哲学史上看，哲学家们曾对哲学的定义和任务做过无数的论述，俞吾金在深入反思这些论述的基础上认定，哲学的最根本的使命是探索人生的意义。正如歌德说的，"理论是灰色的，而生活之树是常青的"。撇开人生和生活，哲学就成了永不发绿的枯叶。那么，哲学应当如何去探究人生的意义呢？

首先，通过对马克思主义哲学的研究，俞吾金领悟到：第一，社会生活本质上是实践的，实践过程也就是生产过程。在马克思那里，有各种各样的生产：物质资料生产、人的生产、精神生产(亦称"意识的生产""思想的生产")和社会关系的生产。在这个意义上，马克思的实践哲学也就是生产哲学。在诸种生产形式中，最基本的是物质资料的生产，这种生产是人类维持自己生存的第一个前提，也是人类在创造历史过程中的最基

---

① 原载《哲学杂志》1993 年第 1 期。收录于俞吾金：《文化密码破译》，上海远东出版社 1995 年版，第 246—249 页。——编者注

本的活动形式，它从根本上制约着其他生产形式的发展。在这个意义上，马克思的生产哲学也就是生存哲学，换言之，历史唯物主义就是一种特殊的生存哲学，是我们探究社会生活和人生意义的理论前提。第二，在生产劳动中，人与物的关系乃是一种基本的关系。物并不是一种超越一切历史条件的抽象的东西，打上人的劳动印记的物在一定的历史条件下成了私有财产。于是，物化和异化交织在一起，对人类的生活，尤其是劳动者的生活发生了深刻的影响。扬弃私有财产，也就是扬弃人与物的某种特殊关系，其目的是达到人性的复归，实现真正的人的生活。因此，人生的奥秘深藏在人与物的关系中。第三，为要进行生产劳动，人类必定要结成一定的关系。在这个意义上，人不可能像笛福笔下的鲁滨孙，孤独地生活在荒岛上，人本质上是社会动物，人的本质在其现实性上是一切社会关系的总和。从历史上看，人与人之间的关系经历了或正在经历着三大发展阶段，即人与人之间的自然的、血缘上的依赖关系，以物的依赖性为基础的人的关系和以个人全面发展为基础的人的关系。一言以蔽之，不明了人与人之间的具体的、历史的关系，对人生意义的探究只能是一句空话。

其次，通过对西方哲学的研究，俞吾金发现：第一，不管西方人对形而上学怀有多大的热情，他们甚至把人称为形而上学的动物，然而，来自生活世界的新问题永远是使西方哲学青春常在的一个契机。自从柏拉图划分出理念世界和感觉世界，并对感觉世界采取排拒的态度后，西方便形成了以理性主义为范导原则的传统的哲学观。这种拒斥感觉世界的哲学观的极端形式便是基督教的禁欲主义，中世纪的虔诚的基督徒甚至在听到夜莺歌唱时，也在胸前画十字。从文艺复兴开始，哲学又从天国退回到尘世，然而，直到克尔凯郭尔、叔本华、尼采、胡塞尔、海德格尔等大思想家的出现，哲学才从根基上重返生活世界，把探究生存的意义作为哲学的最基本的使命。第二，西方哲学在其发展进程中完成了由知识论哲学到价值论哲学的转换。知识论哲学本着一种抽象的、冷冰冰的态度去探究世界，仿佛这个世界不是人类活动的舞台，而是一个与人无关的、外在的东西；它也认为，人类的根本活动是寻求知识的认识活动，仿佛人类没有肢体，只有大脑，仿佛人的认识活动也就是人的全部生存活动。最先把这种颠倒的哲学观重新颠倒回来的是叔本华。他强调人的生存意志和欲求是第一性的，人的认识活动是第二性的，人之所以热衷于求知，从根本上来说，乃是更好地为自己的生存活动进行谋划。这个支配了西方哲学两千多年的谜语一经揭开，哲学就不再满足于抽象地谈论"真"（真理）和"假"（谬误）的问题了，因为"人"已经融入新哲学的基础，也正是人赋予周围世界以意义和价值，哲学家们再也不能避开人类的价值取向来谈论哲学问题，甚至深奥的形而上学问题了。如果说，古代、中古和近代的西方哲学本质上是自然哲学、知识论哲学，那么，现当代的西方哲学本质上是人生哲学、价值哲学。第三，近现代的西方哲学启示我们，人不仅仅是理性动物，而是知、情、意合璧的动物；弗洛伊德进一步告诉我们，人的大部分心理活动是在无意识的状态下进行的，尤其是情和意的相当部分是在无意识的状态下发生作用的。人类的精神活动和实践活动不光在意识的范围内是有意义的，而且在无意识的范围内也是有意义的。这就告诉我们，对人生意义的探索不能光停留在意识的层面上，还要深入无意识的层面上。

再次，通过对中国哲学文化的研究和反思，俞吾金认识到：第一，中国传统的哲学文化以儒、道、法、佛为主流，比较起来，儒、法主要是入世的，道、佛主要是出世的。入世而不忘退隐，出世而不忘致用，或许可以说是中国人基本的人生态度，也是中华民族精神生生不息地向前发展的一个重要原因。一味入世，人生便显得过于沉重，也易为挫折所击倒；一味出世，人生如无根的浮萍，又显得太飘忽、太缺乏力度。只有在入世与出世之间建立必要的张力，人生的意义才能比较充分地展现出来。第二，中国传统的、主流的哲学文化的主要缺失是对生活世界的遗忘。道家讲"无欲"，佛家讲"灭欲"，自然对生活世界采取排拒的态度；作为儒家创始人的孔子虽然承认"饮食男女，人之大欲存焉"，然而，其基本的人生态度乃是以礼制欲。到程朱理学，提出"存天理，去人欲"的口号，生活世界也就脱离了理学的视域，完全折入宋元以来，尤其是明清以来的戏剧、话本、小说中去了。试问，自明清以降，有哪一本哲学著作比《金瓶梅》和《红楼梦》更深刻、更全面地揭示了当时的生活世界呢？这就告诉我们，在对中国文化的研究中，只有把文史哲的研究结合起来，才能全面地揭示出人生的意义。第三，在现代化的推进下，当代中国文化正处在痛苦的转型过程中，在这一过程中，家族本位正向个体本位演化，原始伦理精神正向法的精神过渡。只有懂得这些变化的历史意义，才能具体地而不是抽象地谈论人生的意义。

最后，通过对美学的研究和反思，俞吾金意识到：尼采用审美的态度对待人生是对的，但他的悲剧美学的思想已在当代世界中陷入了困境。正如马克思、卢卡奇、海德格尔等人所揭示的，近代、现代、当代世界的基本原则是异化，即主体创造了客体，客体又倒过来支配、压抑主体。在人类的生活中，悲剧精神是不可少的，只要有目的，有理想，就会有悲剧。健康的悲剧精神于人生于社会都是有益的，然而悲剧精神一旦变为对目的的盲目崇拜（如尼采对超人的崇拜），它就只能加剧主客体之间的紧张状态，即异化状态。要消除对目的的崇拜，就要引入以喜剧美学为主调的新的时代精神，在喜剧的滑稽、幽默和笑中，主、客体的尖锐对立得到缓解，从而人生的丰富意义在喜剧美学的审美态度中得到充分的展现。

目前，俞吾金正在深入地研究哲学的基础理论。他认为，对于哲学研究来说，重要的不是方法，而是思想基础；不是以何种方式过河，而是要不要过河。必须经常折回到哲学的元问题上去，哲学才能进步；必须深入地探究社会存在，才能准确地、全面地揭示人生的意义。

1996年

对哲学元问题的反思①

——访俞吾金

李瑞英： 听说您近年来一直研究哲学的元问题，能否介绍一下哲学的元问题与人们通常所说的元哲学之间的关系？

俞吾金： 按照人们通常的见解，哲学的元问题是："什么是哲学？"元哲学就是以这个问题作为研究对象的。我认为，"元哲学"这个词实际上是对语言的误用。须知，对"什么是哲学？"的不同回答，形成的并不是不同的哲学，而是哲学的不同的类型。哲学是唯一的，不可能存在若干种哲学。叔本华说："哲学是一个长着许多脑袋的怪物，每个脑袋都说着一种不同的语言。"这个说法形象地肯定了哲学的唯一性和哲学类型的多样性。既然"什么是哲学？"的问题只是相对于不同的哲学类型来说的，既然这个问题仍然在哲学的内部而并没有凌驾于哲学之上，那么"元哲学"的提法也就不攻自破了。退一万步说，假设"元哲学"的提法能够成立，我们就会陷入"恶无限"的思维方式中。因为对"什么是哲学？"的回答会形成不同的"元哲学"，这样就必须建立"元元哲学"

---

① 载《光明日报》1996 年 3 月 9 日，访谈者为李瑞英。——编者注

来研究"元哲学"，而"元元哲学"的不同又会引出"元元元哲学"，以至于无穷。因此，我认为，元哲学是不存在的，存在的只是哲学的元问题。

李瑞英：您对哲学的元问题是如何理解的？

俞吾金：我觉得，首先要考察的是这个问题的提法是否正当。人们通常认为，先提问题，后找答案。但在哲学上，实际情形正好相反，哲学家们常常是先有了结论才去设定问题的。在这里，设问者与设问对象之间的关系作为认知关系是十分疏远的。同样地，当人们提出"什么是哲学？"的问题时，他们已先行地选择了某种类型的哲学，即知识论哲学。这种类型的哲学只是从纯粹认知的角度出发去看待并理解周围的一切。由此可见，"什么是哲学？"的设问方式只有在知识论哲学的框架内才是正当的。一旦我们超越了这种类型的哲学，哲学的元问题也就随之改变了。所以，决不能把"什么是哲学？"的问题理解为唯一的哲学的元问题。

李瑞英：那么，您认为应该把什么问题作为哲学的元问题呢？

俞吾金：知识论哲学的一个不言自明的前提是：人是作为一个纯粹的认知者而生活在这个世界上的。但这个前提从根本上就是错误的，它应该被倒过来：人只有活在这个世界上才可能成为一个认知者。当亚里士多德把哲学理解为人们在解决了紧迫的生存问题之后的求知活动时，他已误导了哲学，剪断了哲学与人的生存活动之间的纽带。如果人们选择了哲学的另一种类型——生存论的本体论，就会发现，人与周围世界的最贴近的关系是意义关系。换言之，哲学的根本任务不是求知，而是领悟生存之道。这样一来，哲学的元问题也就自然而然地改变了，它不再以"什么是哲学？"这样的方式提问，而是以"哲学何以存在？"或者换一种说法，"为什么人类需要哲学？"这样的提问方式暗示出哲学与人类生存活动之间的内在联系。事实上，也只有先行地解答了这个问题，才能正确地回答"什么是哲学？"的问题。

李瑞英：研究哲学的元问题对哲学发展有哪些意义？

俞吾金：我觉得至少有以下两方面的意义。其一，哲学的元问题乃是人们在哲学思考中面对的最根本的问题，它规约着人们对其他一切哲学问题的思考。只有先行澄清这个问题，人们才不会在具体的哲学问题的探讨中陷入迷途。长期以来，在知识论哲学的元问题"什么是哲学?"的规约下，人们在哲学领域里提出的问题是"世界的本质是什么?"；在美学领域里提出的问题是"美的本质是什么?"；在伦理学领域里提出的问题是"善与恶的本质是什么?"，这些问题牢牢地束缚着人们的思想。一旦人们选择了新的哲学观，并随之设定新的哲学的元问题，人们在哲学、美学和伦理学这三大领域里便会面对全新的问题群落。其二，在当代中国哲学的研究中，出现了两种值得注意的倾向：一是片面追求哲学的所谓"纯学术性"，这种倾向蕴含的前提是把哲学理解为知识或学问，所以仍未跳出传统的知识论哲学的窠臼；二是以关心现实问题为借口，力图使哲学只求"器"，不问"道"。在这种情况下，询问哲学的元问题，正是为了把日益实证化、破碎化的哲学重新引回到它的神圣的殿堂之中。

2001年

复旦大学哲学专业课程体系改革方案①

　　复旦大学哲学系是全国哲学人才培养的七大基地之一，近年来又通过了博士后流动站和一级学科的评审。全系现有教职工 47 人，其中教师 40 人。五年来，按照教育部下达的有关精神，我系在哲学专业课程体系的总体改革上做出了积极的探索，并在实践中取得了初步的成效。回顾这些年来的工作，我们深深地体会到，哲学专业课程体系的改革是十分必要的，唯有通过总体上的改革，哲学专业的教学工作才能适应当今时代和生活的需要，培养出合格的人才。

一、对课程体系改革的
潜在前提的分析

　　众所周知，哲学专业课程体系的设置和调整并不是任意的，也不是简单的行政命令所能奏效的，而是受到一些潜在前提的制约。在所有这些前提中，比较重要的是以下四个前提：

　　一是社会转型。毋庸讳言，我们是在当代中

---

　　①　载《教学与研究》2001 年第 9 期第 61—65 页。本文为俞吾金与孙承叔合著。——编者注

国社会的转型(从"以阶级斗争为纲"到"以经济建设为中心"、从计划经济模式到市场经济模式)的背景下来探索哲学专业课程体系的改革的。在转型前,哲学作为一门"准政治的"、最富于阶级斗争的前沿意识的课程,在意识形态中起着核心的作用。当时,不仅高校里的每个哲学系拥有相当多的教职工,而且哲学专业的课程体系也是按照"准政治的"方式来设置的。由于哲学研究闭关自守,当时的课程体系内容贫乏,信息老化,充满了重复。在社会转型的过程中,哲学作为一门学科不但被边缘化了,而且其内容也发生了重大的变化,即它必须根据经济建设和市场机制的客观需求在内容上进行大幅度的调整。其结果是:哲学系教职工人数急剧下降、生源锐减;同时,新的时代条件也对学生的知识结构提出了新的要求。虽然市场经济的规则是有界限的,但哲学专业的课程体系的改革方向在总体上必须契合市场经济和社会转型的客观需要。

二是培养目标。哲学专业课程体系的改革方向还取决于我们的培养目标是什么。换言之,培养目标从根本上决定着课程体系的设置和调整。在改革开放前,哲学专业学生的培养目标是高校师资与党政机关干部,这种单一化的培养模式决定了当时的课程体系设置的基本内容和特征;在改革开放渐渐深入,特别是毕业生的就业制度发生根本变化的背景下,哲学专业学生的培养目标也随之改变了。现在哲学专业的学生在毕业时,不但就业的空间扩大了,而且市场经济还对就业者的学养、素质和技能提出了比较高的要求。这样一来,适合于旧的培养目标的课程体系也就受到了严峻的挑战,所以,我们必须自觉地从与市场经济的需求相协调的、新的培养目标出发,对哲学专业的课程设置做出及时的调整。

三是与国际接轨。哲学专业课程体系的改革当然不能关起门来搞,还有一个与世界一流大学的课程设置接轨的问题。我们认为,这个问题应该辩证地加以认识。一方面,我们要深入研究国外一流大学哲学专业的课程体系,认真学习它们的先进经验,但又不能对它们盲目崇拜,照搬照抄;另一方面,我们必须坚持自己的课程设置的特点和优势(如坚持以马克思主义哲学为指导），但又不能自我封闭、自搞一套，完全不顾哲学专业课程建设的一般规则。

四是保持特色。复旦大学哲学系建系已有四十多年的历史，从而形成了自己独特的学思传统。正是这种学思传统使它具有与其他高校的哲学系不同的特色和优势，如我系的现代西方哲学研究、西方马克思主义研究、马克思主义哲学基础理论研究、宋明理学研究、马克思主义哲学与西方哲学的比较研究等，都居于比较领先的位置。在今后的发展中，我们是抛弃自己原有的特色和优势，还是继续保持它，这也是我们在课程体系的改革中必须加以考虑的前提性因素之一。

为了做好课程体系的改革工作，我们针对本科生、硕士生、博士生和教师，拟定了四种不同类型的问卷。在本科生的问卷中，主要的问题有：我系本科生教学中存在的主要问题是什么？目前本科生的课程设置是否合理？应该压缩哪些旧课程？增加哪些新课程？你对我系的教学改革有何建议和设想？等等。在硕士生（博士生）的问卷中，重要的问题有：目前的硕士生（博士生）培养方式存在哪些根本性的弊端？如何加以改进？硕士生（博士生）的课程设置是否合理？你有什么建议？硕士生（博士生）上课的最佳方式是什么？等等。在教师的问卷中，涉及的问题有：如何调整现有的课程体系？我系应增设哪些新课程？你能为学生开设哪些新课程？你对我系的教学改革有什么建议？等等。

在对200多份调查问卷及国外25所大学哲学专业课程体系进行比较分析的基础上，我们达成了如下的共识：第一，面向21世纪，哲学专业课程体系的改革迫在眉睫、势在必行；第二，本科生、硕士生、博士生的培养要求和课程设置各自应该有明确的定位；第三，我系哲学专业人才的培养，既要适应市场经济的需要并逐步与国际接轨，又要保持和发扬自己原有的优势和特色。

二、课程体系改革的总体思路

哲学专业课程体系的改革既不能以"头痛医头，脚痛医脚"的方式进行，也不能以"小打小闹，走一步看一步"的方式进行，而必须有一个总体的思路和通盘的计划。我们的总体思路可以概括为十六个字，即"总体布局，分层定位，突破一点，全面开花"。这十六个字究竟是什么意思呢？

所谓"总体布局"，就是不以孤立的、割裂的方式，而是结合学生接受哲学教育的全过程，来思考大学哲学专业的课程体系的特殊性和承上启下的性质。众所周知，学生们一般是在读高中的时候开始接触哲学的。对于一个完整地接受了哲学教育的人，这种教育的总体性表现在他求学的阶段的变化上：高中生——本科生——硕士生——博士生——博士后。当然，能够完整地接受这样的哲学教育的人毕竟是少数，但只有从这样的总体格局出发，才可能充分考虑大学哲学专业课程设置的特殊性，并使它适合于学生的相应的学习阶段。

所谓"分层定位"，就是根据学生接受哲学教育过程中的不同的阶段，确定哲学教学的相应的目标：

高中生阶段：培养学生对哲学具有初步的兴趣；

本科生阶段：培养学生成为哲学一级学科上的通才，并具备一定的技能，以适合市场经济的生活方式；

硕士生阶段：培养学生成为哲学所属的某一个二级学科（如"中国哲学"）的通才，并使其具有初步的科研能力；

博士生阶段：培养学生成为哲学所属的某一个二级学科中的某一个研究方向（如"中国哲学"中的"宋明理学阶段"）的专才，并使其具有独立的科研能力和教学能力；

博士后阶段：培养学生成为哲学所属的某一个二级学科中的某一个

研究方向中的某一个重大问题(如"宋明理学"中的"王阳明哲学思想的评价问题")上的研究专家和教学专家。

下面,我们对上述哲学教学中的"分层定位"做一些具体的说明。通过对复旦附中的高中生情况的调查,我们发现,对哲学专业课程体系的改革与学生在高中阶段所接受的哲学教育的情况有着十分重要的联系。由于过去的哲学教学完全忽视了高中生的心理特征,没有拉开高中生与大学本科生之间的距离,把相当于本科生才能接受的哲学理论传授给高中生,从而导致了高中哲学教学的失败。高中生不但没有对哲学产生相应的兴趣,相反,由于老师要求他们对哲学理论中的一些"条条"(如"世界统一于物质""认识是对外部世界的反映"等)采取死记硬背的态度,所以他们反而对哲学产生了厌恶的情绪。一些高中生进入大学哲学系后,之所以专业思想不牢固,老是想着转系,是因为他们对哲学的趣味已经在高中阶段就被破坏了。所以,我们认为,在总体改革的思路中,也必须对高中阶段的哲学教学进行改革,把它定位在对学生的哲学兴趣的激发上;决不应该对高中生进行抽象的哲学理论的说教,而应该通过对哲学史或哲学家的、有趣味的、充满智慧的故事的叙述,激发起他们对哲学的强烈的兴趣。

在本科生教学目标的定位上,过去人们忽视了下面这个重要的因素,即大部分本科生毕业后将走向社会,他们为了迅速地适应社会生活,必须具有一定的技能,单纯的理论说教方面的能力并不会引起用人单位的兴趣。基于这样的考虑,本科生的教学目标应该确定为哲学一级学科的通才的培养,并使学生在社会生活中具有一定的生存能力和竞争能力。

在硕士研究生教学目标的定位上,过去存在的最大问题是:一方面拉不开与本科生教学之间的距离,另一方面又拉不开与博士生教学之间的距离。现在我们把硕士生的教学目标明确地定位在哲学所属的某一个二级学科的通才培养的位置上。这样的教学目标既与本科生的教学目标——哲学一级学科的通才的培养——严格地区分开来了,又与博士生的培养目标——哲学所属的某一个二级学科中的某一个研究方向的专才的培养——严格地区分开来了。总的说来，我们把本科生的哲学教学定位在"基础"和"通才"的层面上，把博士研究生的哲学教学定位在"提高"和"专才"的层面上，而硕士生的哲学教学则介于这两者之间，考虑到硕士毕业生中的大部分也会走向社会，而不会从事职业化的哲学研究和哲学教学工作，所以，对硕士生的培养主要倾向于"基础"和"通才"的层面，但又主张把硕士生的教学目标与本科生严格地区分开来。

对博士生和博士后的培养当然是沿着培养有创造性的专才的方向来进行的，但考虑到博士生的生源问题（考生常常来自边缘地区的非重点大学，其第一动机也往往不是学术方面的，而是出于职称晋升和调换工作环境方面的考虑）和专业基础问题（有一部分学生是跨专业的或未受过系统的哲学训练的），在教学中仍然有一个"补缺"或"由博返约"的问题。对于专业训练不完整的博士生来说，导师可以建议他们去听一些硕士生，甚至本科生的课程；对于专业基础有欠缺的博士后来说，导师只能通过私人谈话的方式具体地加以引导。

所谓"突破一点"，就是以哲学专业本科生的课程体系的改革作为突破点，因为在全部哲学教学工作中，本科生的教学是最为关键的，把这一层面的改革工作做好了，其他层面的改革工作的基础也就被奠定了。

所谓"全面开花"，就是从本科生课程体系的改革入手，全面地推动硕士生、博士生、博士后的教学工作的改革，并对高中期间的哲学教学工作产生实质性的影响，因而从总体上使哲学教学工作上升为一种真正严格的、科学的工作。

三、课程体系的结构性改革方案

我们运用"结构—功能"的方法对哲学专业的课程体系进行改革。这一方法之所以重要，因为在我们看来，哲学教学的目的无非是使学生形成一个合理的知识结构，而这一结构的每一个部分都应该具有相应的功能，以便使学生在今后的不同的工作岗位上充分发挥出自己的潜能并做出创造性的成绩来。按照这种方法，哲学专业课程体系中的每一门课程的设置都有自己必要的、独特的功能，如果没有相应的功能，这样的课程就应该被废止。此外，按照这种方法建立起来的新的课程体系完全是开放式的。这里说的"开放"具有以下两方面的含义：其一，针对人才市场变化的要求，课程体系结构中的相关的部分可以随时进行调整；其二，针对学生的不同情况，课程体系的总体结构可以被"解构"，并从实际情况出发对其各部分重新进行组合。下面，具体介绍我们的结构性改革方案。

首先，我们把以下五类课程组合成本科生的课程体系：

第一类是"基础理论课"，包括：1. 哲学概论，2. 马克思主义哲学原理，3. 逻辑学概论，4. 心理学概论，5. 宗教学概论，6. 伦理学概论，7. 美学概论，8. 科技革命与社会发展。

第二类是"理论历史课"，包括：1. 马克思主义哲学史，2. 中国哲学史，3. 西方哲学史，4. 东方思想文化史，5. 西方思想文化史，6. 西方马克思主义。

第三类是"交叉课"，包括：1. 历史哲学，2. 文化哲学，3. 政治哲学，4. 法哲学，5. 经济哲学，6. 社会哲学，7. 科学哲学，8. 管理哲学。

第四类是"技能课"，包括：1. 英语口语，2. 电脑操作与应用，3. 决策与管理，4. 口才与表达，5. 公关与礼仪，6. 涉外秘书。

第五类是"专题课"，包括：1. 认识论研究，2. 形而上学研究，3. 康德哲学，4. 马恩早期哲学思想研究，5. 现代化理论研究，6. 当代新儒学研究，7. 应用伦理学研究。

在这些课程中，第一、第二类为理论哲学课，目的是使本科生具有哲学方面的基础知识；第三类为应用哲学课，即拓展本科生的知识面，为其今后从事其他学科的研究创造条件；第四类为能力课，是为本科生走向社会做准备的；第五类为提高课，是为本科生今后向研究生方向发展做准备的。在上述本科生的课程体系中，第一、第二类课程是必修课，第三、第四、第五类课程则是选修课。每类课程都具有自己的独特的功能，从而使本科生在四年的学习过程中，既能成为哲学一级学科的通才，又能从自己的实际情况出发，追求自己的目标，从而形成"奠定基础，自然分流，各得其所"的局面。

其次，我们把以下三类课程组合成硕士研究生的课程体系：

第一类是系公共必修课，包括：1. 马克思的《1844年经济学哲学手稿》，2. 康德的《纯粹理性批判》，3. 中国的《周易》。

第二类是学位基础课，以西方哲学硕士生为例，包括：1. 西方哲学史原著选读，2. 现代西方哲学原著选读，3. 西方马克思主义原著选读。

第三类是学位选修课，以西方哲学硕士生为例，包括：1. 现象学专题研究，2. 分析哲学专题研究，3. 后现代主义专题研究等。

最后，我们把以下三类课程组合成博士研究生课程体系：

第一类是系公共必修课，包括：1. 马克思的《1857—1858年经济学手稿》，2. 黑格尔的《精神现象学》，3. 王阳明的《传习录》。

第二类是学位基础课，以西方哲学博士生为例，包括：1. 西方哲学史专题研究，2. 现代西方哲学和西方马克思主义专题研究。

第三类是学位选修课，以西方哲学博士生为例，包括：1. 西方哲学前沿问题研究，2. 胡塞尔的《逻辑研究》，3. 海德格尔的《存在与时间》等。

关于硕士生和博士生的课程体系的设置，我们还要做如下的说明：

第一，我们为什么要设置系公共必修课？这样做一方面是为了提高硕士生和博士生的学养，因为我们挑选出来作为系公共必修课的课程，都是哲学史上极为重要的著作，忽略其中的任何一门都会给哲学系的研究生的知识结构带来严重的影响；另一方面是为了培养出具有复旦特色的，视野开阔的，能打通马、中、西三个二级学科的哲学硕士和博士。

第二，我们为什么要在硕士生的课程体系中设置"专题研究"的课程，在博士生的课程体系中设置"前沿问题研究"的课程？目的是强化硕士生和博士生的问题意识，尤其是前沿问题意识，在从"通才"向"专才"的发展过程中，逐步用"问题导向"取代"学科导向"，用"前沿意识"取代"跟踪意识"，具有极为重要的意义。

综上所述，哲学专业课程体系的结构性改革克服了旧有课程体系形式上的不完整和内容上的僵化，也克服了过去本科生、硕士生和博士生的课程"打混仗"，拉不开距离的弊端（所谓"本科课程硕士化，硕士课程博士化"），明确了不同阶段的培养目标，体现了本科生、硕士生和博士生课程之间既严格区别又密切递进的关系。此外，由于新的课程体系的各部分采用结构性的拼接方法，所以，针对不同的学生在知识结构上的不同的缺陷，可以灵活地进行调整。

四、在新课程体系实施过程中产生的问题和对策

哲学专业课程体系的改革不仅要制定出合理的改革方案，而且要在新方案的实施中，从实际情况出发，不断地进行修正，以期获得良好的效果。

在改革方案的实施中产生的第一个问题是：据本科生的反映，新课程体系的布局变得合理了，但仍然有一个重要的因素制约着这一新课程体系的实施效果，那就是新教材的匮乏，尤其是选修课缺乏规范化的教材，这必然对教师的教学工作产生消极的影响。针对这方面的问题，我们的做法是重点抓好紧缺教材的建设问题。在大量调查研究的基础上，我们发现，本科生呼声最高的是基础课《哲学概论》和交叉课（如政治哲学、法哲学等课程）的教材。于是，我们组织系里的骨干教师，特别是中青年骨干教师，着手编写紧缺教材，经过几年的努力，《哲学概论》已经出版，"交叉学科丛书"（共十八本）的编写也已经起步，第一批书稿已

经完成。这就在一定程度上缓解了本科生新教材匮乏的困难。

在改革方案的实施中产生的第二个问题是：不少研究生抱怨系公共必修课的设立大大加重了他们的学习任务，希望系里能给他们"减负"。针对这样的意见，我们深入地分析了研究生课程的现状，考虑到他们在完成学位课程和学位论文的同时，还必须撰写学术论文，并在核心刊物上发表，"减负"的要求确实有一定的合理性。但从另一方面看，如果我们轻易地放弃了系公共必修课，研究生培养中的复旦特色就很难体现出来。经过反复的讨论，我们仍然坚持系公共必修课的开设，但调整了实施的办法，即硕士生、博士生可以免修属于自己学科点的系公共必修课，比如，马克思主义哲学硕士生可以免修"马克思的《1844 年经济学哲学手稿》"，但不能免修"康德的《纯粹理性批判》"和"中国的《周易》"；马克思主义哲学博士生则可以免修"马克思的《1857—1858 年经济学手稿》"，但不能免修"黑格尔的《精神现象学》"和"王阳明的《传习录》"。我们允许研究生可以"免修"某些课程，这并不等于允许他们可以不读这些重要的著作，而是要求他们以自学的方式阅读这些著作。

在改革方案的实施中产生的第三个问题是：有些教师反映，系里把工作的重心放在课程体系的改革上是对的，但是光抓教学，教学的质量能提高吗？这部分老师的反映使我们认识到，"磨刀不误砍柴工"，课程体系的改革和教学质量的提高，归根结底还是需要科研的带动，因为科研是一种创造性的劳动，它需要运用新观念，提出新问题，找出解决问题的新途径。一般说来，凡是科研上做得比较好的教师，在教学效果上也是比较好的。明白了这一点，我们就在课程体系改革的同时，努力抓好"20 世纪哲学经典文本""马克思主义哲学前沿问题研究丛书""当代中国哲学研究丛书""应用伦理学研究丛书"等大型科研项目，鼓励博士生定期举办学术沙龙，激励教师们在权威刊物和权威出版社出版自己的论著。这样做，有效地提高了教学工作的质量，得到了本科生和研究生的好评。

在改革方案的实施中产生的第四个问题是：在课程体系改革的同

时，教师在教学方法上是否也应该有所改革？我们在反复听取了教师和学生的意见和建议后，认识到：传统的、"满堂灌"的教学方法确实应该加以改变，当今的教学方法应该注重对学生的引导和启发。但教学方法的改变必须慎重，尤其是要把本科生的教学方法与研究生的教学方法严格地区分开来。本科生重在打基础，所以在教学过程中，教师的讲解始终居于主导性的位置，但可以通过课堂提问、分组讨论、多媒体教学、开列课外阅读书目、社会调查等方式，启发他们进行思考，从而彻底摆脱"满堂灌"的传统的教学方法。研究生重在培养其独立思考问题的能力，所以在教学过程中，我们普遍地采用讨论班的形式，让每个参加讨论班的研究生和教师一起参与整个教学过程。其通常的方式是：每次上课先由预先指定的研究生做主题报告，再由其他研究生就他的报告本身向他提问，最后由教师对他的报告和其他研究生的提问做总体上的解答和评论。这样做，教师的讲课就不再是"独白"，而是成了教师和研究生之间的对话。通过经常性的专题报告，不但研究生的独立思考能力和科研能力都得到了锻炼和提高，而且教师通过对学生提出的新问题的回应，也深化了对教学内容的认识，激发起创造性的灵感。

综上所述，复旦大学哲学系在哲学专业课程体系的改革中迈出了可喜的一步，目前，这一改革尚在继续进行中，还有许多新的经验有待于我们去总结，也还有许多问题有待于我们去解决。在改革的过程中，我们也发现，哲学专业课程体系调整的某些内容关系到整个学校的改革方案，甚至关系到整个教育方针，关系到全局性的东西，不是靠一个系的实践就能解决的，它们需要在整个学校，乃至教育部的范围内达成某种共识。显然，这些方面的改革措施的落实还有待于时日。此外，国际上的第一流大学，国内的其他高校的哲学系也有许多先进的经验值得我们学习和借鉴。我们相信，只要坚定不移地沿着改革开放的道路走下去，哲学专业课程体系的调整一定会逐步与国际接轨，不但培养出合格的哲学人才，而且培养出大师级的哲学人才！

编者说明

(一)本卷收录了俞吾金先生 1984 年至 2013 年发表的哲学观与哲学教育相关文章 35 篇，以及在俞先生去世后面世的文章 1 篇，共计 36 篇，按首次发表时间排序。本卷另收入 1 篇相关报道、1 篇访谈和 1 篇报告作为附录。

(二)各篇文章的版本选择，以完整性和修改时间为标准。即：如不同版本差别较大，则收录内容最完整的版本；如各版本主体内容大致一致，不过有小的差别，则收录时间上靠后的修订版本；如各版本基本相同，则收录最初发表的版本。

(三)各篇文章的格式按照《俞吾金全集》的统一体例进行了相应调整。

(四)各篇文章的版本信息以及注释等方面的调整，都以编者注的形式予以标注。编者对原文文字进行了校订。

(五)本卷由汪秀丽、张娜编校。

《俞吾金全集》编委会
2022 年 2 月

图书在版编目（CIP）数据

哲学观与哲学教育论集/俞吾金著 . —北京：北京师范大学
出版社，2024.9
（俞吾金全集）
ISBN 978-7-303-29581-4

Ⅰ.①哲…　Ⅱ.①俞…　Ⅲ.①哲学－文集　Ⅳ.①B-53

中国国家版本馆 CIP 数据核字（2023）第 227659 号

营　销　中　心　电　话　010-58805385
北 京 师 范 大 学 出 版 社
主题出版与重大项目策划部

ZHEXUEGUAN YU ZHEXUE JIAOYU LUNJI

出版发行：北京师范大学出版社　www.bnupg.com
　　　　　北京市西城区新街口外大街 12-3 号
　　　　　邮政编码：100088
印　　刷：北京盛通印刷股份有限公司
经　　销：全国新华书店
开　　本：730 mm×980 mm　1/16
印　　张：22.75
字　　数：320 千字
版　　次：2024 年 9 月第 1 版
印　　次：2024 年 9 月第 1 次印刷
定　　价：98.00 元

策划编辑：祁传华　　　　　　　责任编辑：郭　珍
美术编辑：王齐云　　　　　　　装帧设计：王齐云
责任校对：段立超　陶　涛　　　责任印制：马　洁　赵　龙